KB048970

사용자
책임의 연구

김 형 석 저

박영사

'머 리 말'

이 책은 민법의 사용자책임에 대한 해석론적 연구이다. 적절하다고 생각되는 경우 입법론을 밝히기는 하였지만, 기본적으로 비교법학적 방법의 도움을 받아 민법이 규정하는 사용자책임제756조, 제757조의 내용을 해명하는 법교의학적 연구서로 구성되었다. 먼저 이러한 성격의 책을 공간하기로 한 동기와 배경을 이 자리에서 간단히 밝히고자 한다.

법학과 법률문화가 발달한 나라들에서 연구자들은, 박사학위 논문이든 아니면 다른 형태의 연구서이든, 대개 어떤 주제에 대한 심도 있는 단행 연구서를 작성하여 출판하면서 경력을 시작한다. 이들은 적은 분량의 논문으로는 충분히 드러낼 수 없는 자신의 분석능력과 법적 판단력을 비교적 큰 분량의 연구를 수행하는 과정에서 충분히 보임으로써 연구자의 자격이 있음을 증명한다. 그러나 동시에 그러한 연구는 이전의 학설과 판례의 성과를 종합하고, 문제점을 드러내며, 새로운 해석론을 제안함으로써 법학의 수준을 진전시키는 데 중요한 역할을 수행한다. 실제로 법학의 건강성은 새로운 연구자가 참신한 관점으로 학문적 전통과 대면하여 배우고 비판하며 산출해 낸 그러한 연구업적에 힘입는 바 크다고 생각한다.

그런데 필자는 연구자가 되는 과정에서 외국에서 학위를 취득하였고, 최초로 출간한 책은 바로 그 외국의 실정법에 대한 해석론을 다룰 수밖에 없었다. 이후 귀국하여 연구자로서 활동하기 시작하면서, 필자는 우리 학계에 대한 부채의식을 가지게 되었다. 우리 민법전을 이해하는 작업을 주된 과제로 삼고 있으면서, 신참 연구자로서 우리 학계에 제출했어야 하는 과제를 아직 이행하지 못하고 있다는 생각을 피할 수 없었던 것이다. 이는 박사학위 논문으로 작성하였고 출판했던 첫 번째 책이 우리 민법의 이해를 위해서 직접 참조될 수 있는 내용은 아니었기 때문이다. 그래서 필자는 빠른 시간 내에 박사학위 논문에 준하는 형태의 단행 연구서를 작성해서 초학자로서 학계에 진 빚을 갚아야 하겠다고 생각하게 되었다. 능력부족과 게으름으로 이제야 공간하게 되었지만, 이 책은 그러한 연구계획의 결과물이다. 이 책의 원고는 필자가 독일 튀빙엔대학교에서 연구년을 보내고 있던 2011년부터 본격적으로 작성하기 시작하였고, 그 사이 일부 내용은 학술지에 공간되기도 하였다. 그러나 이 책은 원래 단행 연구서로 구상되었던 것이고, 보다 합리적인 연구업적 평가시스템이 존재하였더라면 처음부터 단행본으로 출간되었을 것이다.

이 책의 성립에 도움을 주신 다음 분들을 특히 언급하고 싶다. 배우자 채성희와 딸아이 명지는 연구년 동안 낯선 외국에 머물면서도 집필에 전념하는 필자를 이해하고 지지해 주었다. 튀빙엔대학교 법과대학의 토마스 핑케나우어 교수는 연구년 동안 좋은 환경에서 연구할 수 있도록 지원하였고, 내용과 관련해서도 여러 유익한 지적과 비판을 해주셨다. 박영사의 조성호 부장, 엄주양 대리는 전문적인 학술서인 이 책의 출간을 맡아 노력해 주셨다. 이 분들께 감사의 말씀을 전한다.

필자의 박사학위 논문을 출간한 첫 번째 책은 할머님과 부모님께 헌정했었다. 이제 두 번째 출간하는 이 책은 학문을 이끌어 주신 두 선생님, 양창수 선생님과 빌링 선생님께 바치고 싶다. 두 분은 필자의 학문의 아버지이시다.

2013년 8월

김 형 석

'차 례'

03_ 사용관계

˚인용에 관한 범례˚

1. 문헌의 인용은 각국에서 일반적으로 통용되는 방법에 따른다. 그러나 여러 번 인용되는 문헌은 참고문헌 목록에서 말미에 [ ]로 제시되어 있는 축약된 형태로 인용하며, 외국 정기간행물에 수록된 논문은 그 정기간행물의 인용방법으로 통용되는 약어를 이용해 인용한다.

2. 특별한 언급이 없이 숫자만 있는 경우, 이는 쪽수를 가리킨다. 그러나 문헌에 문단번호가 있는 경우에는, 문단번호임을 가리키는 문자n., n°, Rn. 등와 함께 그 번호로 인용한다. 다만 예외적으로 하나의 문단번호가 몇 페이지에 걸쳐 있어 문단번호를 지시하는 것만으로는 인용개소를 찾기 어려운 경우가 있는데, 그러한 때에는 쪽수를 병기한다.

3. 특히 19세기 이전의 법률문헌의 경우 하나의 문헌이 여러 판본으로 존재할 수 있다. 이 경우에는 다른 판본의 참조 편의를 위해 해당 개소가 존재하는 편·장·절과 쪽수를 동시에 지시하여 인용한다.

4. 별도의 법률 명칭의 지시 없이 인용하는 규정은 민법의 규정이다. 다만 문맥상 외국의 민법전이 명시적으로 언급되어 있는 경우에는 그 외국의 민법전의 규정을 지시한다.

5. 재판례는 선고법원, 판결/결정 여부, 선고일자, 사건번호, 출전의 순서로 표기하여 인용한다.

[약어목록]

大判	대법원 판결
AC	Official Law Reports: Appeal Cases
AcP	Archiv für die civilistische Praxis
All ER	All England Law Reports
Ass. plén. Cass.	Assemblée plénière de la Cours de cassation
BAG	Bundesarbeitsgericht
BAGE	Entscheidungen des Bundesarbeitsgerichts
BauR	Baurecht
BB	Betriebs-Berater
BGH	Bundesgerichtshof
BGHZ	Entscheidungen des Bundesgerichtshofes in Zivilsachen
Bull. ass. plén.	Bulletin des arrêts de la Cours de cassation - Assemblée plénière
Bull. civ.	Bulletin des arrêts de la Cours de cassation - Chambre civile
Bull. crim.	Bulletin des arrêts de la Cours de cassation - Chambre criminelle
CA	arrêt d'une Cours d'appel
Cass. ch. réunies	arrêt des chambres réunies de la Cours de cassation
Cass. civ.	arrêt d'une chambre civile de la Cours de cassation
Cass. comm.	arrêt de la chambre commerciale de la Cours de cassation
Cass. crim.	arrêt de la chambre criminelle de la Cours de cassation
Cass. soc.	arrêt de la chambre sociale de la Cours de cassation
Ch	Law Reports: Chancery's Division

CP	Law Reports: Common Pleas
D	Recueil Dalloz
DCFR	Draft Common Frame of Reference
DLR	Dominion Law Reports
ER	English Reports
EWCA Civ.	Court of Appeal of England and Wales, Civil Division
Ex	Exchequer
f., ff.	und folgende Seite, und folgende Seiten
H & C	Hurl Stone & Coltman's Exchequer Reports
IRLR	Industrial Relations Law Reports
J	Justice
JCP	Jurisclasseur périodique
JZ	Juristenzeitung
KB	Law Reports: King's Bench Division
LJ	Lord Justice
LR	Law Reports
MDR	Monatsschrift für Deutsches Recht
NJW	Neue Juristische Wochenschrift
NJW-RR	Neue Juristische Wochenschrift - Recht-sprechungs-Report Zivilrecht
OLG	Oberlandesgericht
PETL	Principles of European Tort Law
PIQR	Personal Injuries and Quantam Reports
QB	Law Reports: Queen's Bench Division
Resp. civ. et Ass.	Responabilité civile et Assurances
RTD civ.	Revue trimestrielle de droit civil
SC	Sessions Cases
sq., sqq.	et sequens, et sequentes
TLR	Times Law Reports
VersR	Versicherungsrecht. Zeitschrift für Versiche-rungsrecht, Haftungs- und Schadensrecht

WLR	Weekly Law Reports
WM	Wertpapiermitteilungen. Zeitschrift für Wirt-schafts- und Bankrecht
Yale L.J.	Yale Law Journal
ZSS	Zeitschrift der Savigny-Stiftung für Rechts-geschichte

1

Ⅰ. 문제의 제기

1. 현대 경제는 세분화된 노동분업을 전제로 한다. 현대 사회에서 해결되어야 할 경제적인 과제들은 통상 위계적으로 조직된 다수의 사람들의 협력에 의해서 수행된다. 그런데 위계적으로 조직된 노동분업은 경제적 효율성을 현저하게 제고하지만, 동시에 그에 수반하는 과제수행의 복잡성 증대에 따라 손해를 발생시킬 사고 가능성을 높인다. 여기서 그렇게 발생한 손해비용의 적정한 분담이라는 문제가 제기되며, 현대의 대부분의 법질서들은 위계적으로 조직된 경제활동으로부터 기인하는 손해배상의 문제들을 공평하게 해결하는 문제에 직면해 있다. 이러한 목적을 위해 다양한 법적 제도들이 설계되어 있지만, 그 중심에는 피용자가 사무집행에 관하여 야기한 손해에 대해 그를 사용한 사용자에게 배상할 의무를 지우는 사용자책임이 존재한다. 우리 민법도 제756조 제1항에서 "타인을 사용하여 어느 사무에 종사하게 한 자는 피용자가 그 사무집행에 관하여 제3자에게 가한 손해를 배상할 책임이 있다. 그러나 사용자가 피용자의 선임 및 그 사무감독에 상당한 주의를 한 때 또는 상당한 주의를 하여도 손해가 있을

3

경우에는 그러하지 아니하다"고 하여 사용자책임을 규정하고, 제2항에서 "사용자에 갈음하여 그 사무를 감독하는 자도 전항의 책임이 있다"고 하여 이를 대리감독자에게 확대한 다음, 제3항에서 "전2항의 경우에 사용자 또는 감독자는 피용자에 대하여 구상권을 행사할 수 있다"고 하여 사용자의 피용자에 대한 구상을 정하고 있다.

2. 종래 사용자책임에 대한 판례는 일견 대체로 안정된 모습을 보이고 있으며, 다수설 역시 판례에 의한 운용을 시인하는 경향이었다. 이후 본문에서 살펴보겠지만, 우리 판례는 다음과 같은 해석을 특징으로 한다.

첫째, 사용자책임이 성립하기 위해 피용자가 불법행위제750조의 요건을 충족할 것을 요구하는 대신에 사용자가 선임·감독의 주의를 다하였음을 이유로 하는 면책을 거의 허용하지 않는다.

둘째, 사용관계의 판단과 관련해서는 사용자의 사실상 지휘·감독을 기준으로 하며, 명의대여나 파견근로 등의 사안유형에서 일부 특수법리를 인정하고 있다.

셋째, 사무집행관련성은 사무집행의 외형을 기준으로 판단한다고 하며, 이 기준에 따라 상당히 넓게 사무집행관련성을 긍정하고 있다.

넷째, 제756조 제3항의 취지에 충실하게 사용자의 피용자에 대한 구상을 허용하지만, 개별사건에서 신의칙의 적용에 의해 구상을 제한할 수 있다고 한다.

이러한 판례와 다수설은 우리 민법 제정 이후 사용자책임의 합리적 운용에 큰 기여를 하였음이 명백하고, 앞으로도 확고한 실무의 기초가 되리라고 예상할 수 있다. 그러나 동시에 개별문제와 관련하여 이러한 판례와 다수설에 대해 비판적인 견해들이 개진되어 온 점도 부인할 수는 없다. 이러한 비판적인 의견들을 여기에서 요약한다면 다음과 같다.

첫째, 사용자책임의 구조와 관련하여 제756조를 그 문언에 충실하게 해석해야 한다고 하면서, 한편으로 피용자의 불법행위를 요구하지 아니하여 피해자 보호를 확대하려는 주장과, 다른 한편으로 선임·감독의 주의를 다했다는 것을 이유로 하는 사용자의 면책과 관련해 실무상 이를 인정하여 사용자의 부담을 완화하려는 견해들이 주장된다.

둘째, 사용자의 지휘·감독을 기준으로 하는 사용관계 판단이 모든 사안을 설명할 수 있는 기준인지 여부에 대해 의문이 제기되고 있으며, 이는 특히 명의대여나 파견근로의 경우에 보다 첨예한 형태로 문제된다.

셋째, 사무집행관련성 판단과 관련한 판례의 외형기준이 실질적인 판단기준을 제공하지 못하고 있다는 지적이 있으며, 또한 판례가 사무집행관련성을 너그럽게 인정하고 있는 경향에 대한 비판적인 의견도 개진되고 있다.

넷째, 판례가 개별적으로 신의칙의 적용에 의해 사용자구상을 제한하는 태도가 피용자의 보호에 불충분하고, 구체적 적용에서 명확성을 담보하기 어렵다는 반론이 있을 수 있다.

이러한 상황은 사용자책임과 관련한 여러 법률문제에 관하여 다시 근본적인 논의를 수행할 필요가 있다는 사실을 보여준다. 그러므로 우리 민법이 제정된 지 50여 년이 경과한 지금, 사용자책임의 운용과 관련된 판례와 다수설의 오랜 경험을 평가하여 합리적이고 타당한 내용을 확인할 뿐만 아니라, 그에 비판적인 견해들도 함께 검토하여 있을 수 있는 문제점을 발견하고, 더 나아가 판례이론의 배후에 작동하고 있는 실질적인 평가요소들을 적출하여 보임으로써, 사용자책임의 법리 전반을 종합적으로 재구성하는 작업이 요구된다.

II. 연구의 목적과 방법

이상의 문제제기에 따라 이 책은 기본적으로 제756조, 제757조에 대한 학설과 판례를 개관하면서 이를 비판적으로 평가하고, 그로부터 발생하는 문제점을 확인하며, 그에 따라 우리 민법의 합리적 해석론을 제안하는 것을 목적으로 한다. 요컨대 이 책은 해석법학적 방법으로 사용자책임에 접근하고자 한다.

이 책은 그러한 작업의 과정에서 특히 중점적으로 비교법적인 연구방법을 사용하고자 한다. 보다 넓은 시야를 염두에 두고 우리 법제를 바라보기 위해서 다른 나라의 경험을 참고할 수 있고 또 그로부터 유용한 인식을 획득할 수 있다는 점에 대해서는 많은 연구자들이 의견을 같이 할 것이다. 특히 20세기 중반 이후 경제활동의 고도화에 따른 사용자책임 사건의 증가는 각국에서 이와 관련한 상당한 수준의 논의와 판례변화를 수반하였다. 이러한 외국의 성과를 흡수하여 우리 민법의 해석론에 참고하는 작업은 그 자체로 이론적 의의를 가질 뿐만 아니라, 이후 우리 실무에도 큰 참조 가치가 있다고 생각된다. 그러므로 이 책에서는 비교법적으로 각 법계를 대표한다고 할 수 있는 프랑스라틴법계, 독일독일법계, 영국커먼로의 학설과 판례를 가능한 한 상세히 검토하고, 부수적으로 유럽의 민법통합작업의 성과 역시 함께 고려한다.

그런데 이러한 법해석론적 작업은 사용자책임의 실무적인 운영을 넘어, 제도의 배후에서 작동하는 정책적인 고려를 나타내 보임으로써 이후에 입법적으로 개선되어야 할 방향을 지시할 수도 있다. 즉 현행법의 해석에서 획득한 여러 인식을 바탕으로 앞으로 민법 개정에서 고려해야 할 입법론을 제시할 수 있는 것이다. 여기에 이 책이 연구방법으로 비교법적인 방법을 채택함으로써 여러 가지 입법모델을 분석할 수 있다는 사정도 부가된다. 그러므로 이 책은 해석법학적인 작업을 수행하는 주된 목적을 추구하는 동시에, 적절한 맥락에서 입법론적인 논의도 함께 진행한다. 이후 민법 개정작업에 조그만 기여를 할 수 있기를 희망한다.

2

사용자책임의
입법주의

I. 문제의 제기

1. 사용자책임의 입법주의

(1) 우리 민법 제756조는 "타인을 사용하여 어느 사무에 종사하게 한 자는 피용자가 그 사무집행에 관하여 제삼자에게 가한 손해를 배상할 책임이 있다"동조 제1항 본문고 하여 사용자는 피용자의 손해에 대해 배상의무가 있음을 정하면서도, "그러나 사용자가 피용자의 선임 및 그 사무감독에 상당한 주의를 한 때 또는 상당한 주의를 하여도 손해가 있을 경우에는 그러하지 아니하다"동항 단서고 하여 사용자가 선임·감독의 주의의무를 다하였음을 입증하는 때에는 면책을 허용하고 있다. 그러므로 제756조 제1항의 문언만을 살펴본다면 우리나라에서 적용되고 있는 사용자책임은 사용자의 과실이 추정된 형태의 과실책임이라는 인상을 받기 쉽다.

그런데 이러한 인상은 우리 재판실무를 살펴보면 현재의 '있는 법'과는 잘 부합하지 않는 것으로 나타난다. 우리 판례는 사용자책임이 인정되기 위해서는 피용자의 행위가 위법할 뿐만 아니라 유책해야 한다고 하여 피용자의 불법행위를 요구하고 있으면서,[1] 더 나아가 선임·감독의 주의의무를 다하였다는 사용자의 면책의 항변을 인정한 예가 거의 없어 사용자책임을 사실상 무과실책임으로 운용하고 있기 때문이다. 그리고 이러한 실무의 태도는 대체로 통설의 지지를 받고 있기도 하다.[2]

(2) 이러한 민법의 규정과 실무의 태도를 비교법학적인 인식에 비추어 살펴보면 다음과 같이 설명할 수 있다. 각국이 규율하고 있는 사용자책임의 책임구조는 대체로 대위책임주의를 취하는 입법과 자기책임주의를 취하는 입법으로 구별할 수 있다고 지적된다.[3]

(a) 대위책임주의는 피용자의 불법행위유책성 요건까지 구비되는 위법행위가 성립함을 전제로 하여, 사용자는 자신의 과실이 없더라도 피해자에 대하여 손해배상의 의무를 부담한다고 규정하는 입법주의이다. 이러한 대위책임vicarious liability에 기초한 사용자책임은 사용자에게 면책의 가능성을 인정하지 아니하므로 결국 무과실책임이다. 피용자의 불법행위는 그 자체로 사용자에게 귀속된다. 이러한 대위책임적 사용자책임은 프랑스제1384조 제5항, 영국,[4] 스코틀랜드,[5] 이탈리아제2049조, 네덜란드제6:170조, 남아프리카 공화국,[6] 미국[7] 등 다수의 나라들에서 발견된다.

(b) 반면 자기책임주의에 의하면 사용자책임은 사용자가 피용자의 선임·감독에 대하여 필요한 주의의무를 다하지 못하여culpa in eligendo/vigilando 피해자에게 야기된 손해에 대한 자기책임으로 이해된다. 그러

---

1 大判 1981. 8. 11., 81다298, 집 29-2, 263; 1991. 11. 8., 91다20263, 공보 1992, 74.
2 자세한 것은 민법주해[XVIII]/이주흥, 580 이하 참조.
3 우선 Wagner, 291ff.; 平井, 223 이하 등 참조.
4 Markesinis and Deakin, 666; Weir, 107 등.
5 Busby, Clark, Paisley and Spink, *Scots Law: A Student Guide*, 3rd ed., 2006, n. 5-08.
6 Barney Jordan, "Employment Relations," Zimmermann and Visser ed., *Southern Cross: Civil Law and Common Law in South Africa*, 1996, 388 sqq.; Reid and Loubser, "Strict Liability," Zimmermann, Visser and Reid ed., *Mixed Legal Systems in Comparative Perspective*, 2004, 627.
7 Dobbs, *The Law of Torts*, 2000, 905; 平野晋, アメリカ不法行爲法, 2006, 112-113.

므로 사용자는 선임·감독에 과실이 있는 경우에만 책임을 부담하는 반면, 이는 자기책임이므로 피용자의 불법행위를 요건으로 하는 것은 아니다. 다만 이들 입법은 선임·감독의무 위반에 대한 입증책임을 전환하여 피해자의 보호를 도모하고자 한다. 이러한 자기책임적 사용자책임은 독일제831조, 스위스채무법 제55조에서 채택되어 있다.

(3) 이러한 비교법적 인식을 배경으로 살펴보면, 우리 민법의 규정은 문언만으로는 독일이나 스위스의 자기책임적 사용자책임에 가까운 방식으로 규정되어 있으나, 실무에 의한 운용은 전형적인 대위책임적인 사용자책임의 모습을 가지고 있음을 알 수 있다.[1] 여기서 우리 민법의 사용자책임의 입법주의 및 그에 대한 실무의 운용을 어떻게 평가해야 할 것인지의 문제가 제기된다. 민법의 규율을 불충분한 것으로 평가하여 판례의 태도를 수긍해야 할 것인가? 아니면 법률의 문언에 부합하지 않는다는 이유로 이러한 실무를 비판해야 할 것인가? 이러한 상황에서 민법전이 개정된다면 어떠한 내용의 규율이 입법론으로 타당할 것인가?

2. 역사적·비교법적 연구의 필요성

이러한 질문에 대해서는 단순히 우리 민법의 규정과 우리 실무의 태도를 살펴보는 것만으로는 충분히 만족스러운 해답을 제공하기 어려울 것이다. 사회적 분업에 의해 경제가 조직되어 있는 현대 사회에서 사용자책임의 문제는 여러 나라에서 비슷한 위상을 가지고 제기되고 있고, 그 과정에서 서로 비교가능한 해법과 논거들이 주장되고 있기 때문이다. 그러므로 우리나라에서 사용자책임의 현상을 평가하기 위해서는 다

---

1 그 밖에 스페인이나 일본의 경우에도 우리와 유사하게 자기책임적 사용자책임 규정이 실무상 대위책임적으로 활용되고 있는 모습이 관찰된다고 한다(본장 IV. 2., 3. 참조).

른 나라의 경험을 충분히 참고하는 비교법적인 연구가 불가결하다고 할 수 있다제1장II. 참조. 그러나 동시에 현재 각국이 채택하고 있는 사용자책임의 입법주의들은 오랜 역사적 경험의 산물로서 그것의 법제사적 배경을 살펴보는 것은 이러한 입법주의의 내용을 적절하게 이해하고 평가하는 데 결코 경시할 수 없는 이론적 기초를 제공한다고 보인다. 이러한 의미에서 사용자책임의 입법주의를 법제사적으로 그리고 비교법적으로 탐구하는 것은 우리 민법의 사용자책임의 입법주의를 이해하고 평가하기 위해 중요한 선결적 연구로서 의미를 가진다고 생각된다.

그러므로 본장에서는 사용자책임의 입법주의를 법제사적이고 비교법적인 배경하에서 살펴보는 것을 목적으로 한다. 우선 로마법에서 보조자책임이 어떻게 규율되어 있었는지를 살피고본장II, 그 다음 이러한 로마법의 기초에서 보통법상 전개된 사용자책임의 내용을 고찰한다본장 III. 1. 그리고 그러한 기초에서 제정된 근대 민법전과 이를 계수한 이후 민법전의 규율을 검토한다본장 III. 2. 내지 5., IV. 마지막으로 이러한 연구를 기초로 하여 우리 민법의 사용자책임에 대한 규율 및 우리의 판례를 비판적으로 평가하고, 있을 수 있는 개정에 대한 입법론을 제시하기로 한다본장 V.

II. 로마법에서 보조자책임

1. 도 입

(1) 현대 민법전이 알고 있는 내용과 형태의 사용자책임은 로마법에서 발견되지 아니한다.[1] 그러나 로마법에서도 타인을 사용하는 사람이 그 타인의 불법행위를 이유로 책임을 부담하는 다수의 책임형태

---

1 Seiler, JZ 1967, 526.

들이 존재하고 있었다. 그리고 이러한 로마법에서의 보조자책임은 이후 사용자책임의 발전에 현저한 영향을 주게 된다. 그러므로 아래에서는 이후 사용자책임의 발전에 유의미하였다고 평가되는 내용을 중심으로 로마법의 보조자책임을 살펴보기로 한다.

(2) 로마법은 공공의 질서에 반하여 공적인 소추를 수반하는 위법행위인 범죄행위crimen publica와 개인의 이익을 침해하여 피해자의 주도하에 민사소송에 의해 처벌이 이루어지는 위법행위인 불법행위delicta privata를 구별하였다.1 후자의 경우에 고대법에서는 가해자가 피해자의 신원을 파악하여 인신에 대한 공취攻取가 가능하였으며, 이는 복수를 의미하였다. 이러한 복수는 처음에는 가해자의 생명을 박탈하는 것이었으나 이후 동해보복법lex talionis에 따라 피해자가 입은 동종의 침해로 제한되었다. 그러나 동시에 일찍부터 피해자의 복수 권한 자체도 점차로 제약을 받기에 이르렀다. 즉 피해자나 그의 근친이 일정한 속죄급부를 제공하여 피해자의 신원을 가해자의 공취로부터 회복하려고 하는 시도로부터 점차로 법적인 책임제도가 형성되기 시작하였던 것이다. 처음에는 그러한 급부제공에 의한 속죄는 사실상의 개별협상에 의한 것이었지만, 법질서는 이를 권장하기 시작하였고, 나중에는 불법행위의 유형에 따라 일정한 속죄금poena이 지급되면 피해자는 더 이상 가해자의 인신에 대한 공취를 할 수 없는 내용의 제도로 발전하였다. 이러한 속죄금으로부터 불법행위의 효과로서 손해배상이 출발하였다고 설명된다. 즉 고전기에는 이러한 속죄금이 사적인 불법행위에 대하여 민사소송에 의해 부과되는 유일한 제재수단으로 남게 되었고, 이 속죄금에 대하여 가해자와 피해자 사이에 채권관계가 성립하는 것으로 파악되었던 것이다.

---

1 아래의 내용에 대하여 Kaser/Knütel, §32 Rn. 3, §35 Rn. 11, §50 Rn. 1ff.; Zimmermann, 914 등 참조.

(3) 그러나 이러한 발전과정에서도 속죄금이 현대의 손해배상과 같이 일차적으로 피해자의 손해를 전보하는 수단이 되었던 것은 아니다. 그것은 여전히 사적인 불법행위에 대해 민사소송의 방법으로 부과되는 사적인 제재수단이었다. 그 결과 다수의 대표적인 불법행위 소권들은 고전기에도 여전히 제재적 성질을 가지는 속죄금청구소권actio poenalis이었다.

가이우스에 의하면 소권은 전보적 성질의 소권"rem tantum consequamur", 제재적 성질의 소권"poenam tantum", 그리고 양자의 성질을 모두 가지고 있는 소권"rem et poenam"으로 구별된다.[1] 계약책임에 기한 소권이나 소유물반환소권이 대표적인 전보적 성질의 소권에 해당한다고 설명된다. 이에 대하여 대표적인 불법행위 소권인 절도소권actio furti, 인격침해소권actio iniuriarum, 강도소권actio vi bonorum raptorum 등은 순수하게 제재적인 성질의 소권으로, 피해자는 이들 소권을 행사하는 외에 전보적 성질의 소권을 행사하여 재산적 불이익을 전보할 수 있었다. 예를 들어 절도의 피해자는 절도소권으로 제재를 부과하는 동시에 소유물반환소권으로 물건의 반환을 청구할 수 있었다. 마지막으로 전보와 제재의 성질을 모두 가지고 있는 소권에는 보증인의 변제금구상소권actio depensi, 판결채무이행소권actio iudicati 등이 해당하는데, 또한 아퀼리우스법lex Aquilia에 따른 대표적인 불법행위 소권인 위법재물손괴소권actio damni iniuria dati 역시 이에 속하였다.[2] 여기서 소권의 내용은 제재와 전보의 양자를 고려하여 법률에 의해 정해지고, 이 경우 추가적으로 전보적 소권을 행사할 수는 없게 된다.

이상의 내용에서 나타나는 바와 같이 로마법에서 중요한 기능을 수행하였던 불법행위 소권들의 다수는 일차적으로 전보적 목적을 추구

---

1 이하의 내용은 Gai. 4, 6-9.
2 Kaser I, 621. 물론 이에 대해서는 논쟁이 없지 않다. 일부의 견해는 가이우스의 당해 개소가 고전기의 입장을 보이는 것은 아니라고 평가하고, 고전기에는 아퀼리우스법에 따른 위법재물손괴소권 역시 순수 제재적 성질의 소권이었다고 주장한다. von Lübtow, 36ff. 참조.

하는 제도는 아니었다. 오히려 이들은 고대법의 연원을 반영하여 사적인 불법행위에 대한 사적인 제재수단으로서의 성격을 보존하고 있었음을 알 수 있다. 그리고 이러한 제재적 성질을 가지는 불법행위 소권의 맥락에서 바로 로마법상 중요한 보조자책임으로 기능하였던 종속인가해책임從屬人加害責任; Noxalhaftung[1]이 문제되었다.[2]

2. 종속인가해책임

로마법상 보조자의 과책에 대하여 보조자를 사용한 사람이 책임을 부담한다는 일반적인 법리는 존재하지 않았다. 오히려 누구도 타인의 행위에 의해서는 책임을 부담하지 않는다는 것factum alterius non nocet이 원칙이었다.[3] 그 결과 타인을 사용하는 사람이 책임을 부담하기 위해서는 그러한 타인을 사용하는 과정에서 스스로에게 독자적인 책임요건이 충족될 것이 요구되었다. 그러나 이러한 원칙에도 불구하고 개별적인 영역에서는 타인을 사용한 사람에게 그 타인의 과책을 이유로 무과실책임을 부담하게 하는 제도들이 여럿 존재하였다. 그중에 대표적인 것이 종속인가해책임이다.

(1) 주지하는 바와 같이 로마는 노예제가 경제의 주축이었던 사회였다. 그 결과 로마법에서 보조자책임은 주로 가장권家長權; patria potestas에 복속하는 노예 또는 가자家子가 행한 불법행위에 대해 소유자dominus 내

---

1 여기서 로마법의 용어인 "noxa"의 번역은 어렵다. 이는 일반적으로는 가해행위 내지 그 결과로서 손해를 의미하지만, 본문에서와 같은 맥락에서는 그에 대하여 행위자가 아닌 타인이 책임을 지는 가해행위, 보다 구체적으로는 노예, 가자(家子), 동물의 가해행위에 대해 가장(家長)이나 동물 소유자가 책임을 지는 경우의 가해행위를 의미한다(Heumann/Seckel, *Handlexikon zu den Quellen des römischen Rechts*, 10. Aufl., 1958, 374). 노예, 가자, 동물을 포괄하는 하나의 표현을 찾기 어렵기 때문에 번역이 쉽지 않다. 이하에서는 주로 노예나 가자의 불법행위를 전제로 논의를 진행하므로 동물책임을 제외하여 잠정적으로 '종속인가해책임'이라고 번역하기로 한다.
2 Kaser I, 613; von Lübtow, 41.
3 Kaser/Knütel, §36 Rn. 25; HKK/Schermaier, §§276-278 Rn. 23.

지 가장paterfamilias이 책임을 부담하는지 여부의 문제로 제기되었다. 노예나 가자는 원칙적으로 소송상 당사자가 될 수 없었고, 예외적으로 소송상 당사자가 될 수 있는 경우에도 원칙적으로 재산을 보유할 수 없었기 때문이다.[1] 이에 대한 해답으로 형성된 제도가 바로 가장의 종속인가해책임이다. 가장권에 종속하는 노예나 가자가 제재적 소권을 발생시키는 불법행위로 타인에게 손해를 야기한 경우에, 피해자는 가장에 대하여 종속인가해소권actio noxalis을 행사할 수 있었다. 이러한 소권에 직면하여 가장은 두 가지 가능성 중에서 선택을 할 수 있었다. 즉 그는 가해행위를 한 종속인을 피해자에게 위부委付하여noxae deditio 책임에서 벗어날 수 있었으나 그렇지 않으면 종속인을 여전히 보유한 채 자신이 불법행위를 한 것과 마찬가지로 속죄금을 지급하여야 했다.[2] 이는 현대적인 용어로 말한다면 일종의 선택채무관계로서제380조, 제382조 참조, 가장은 가해를 한 종속인에 대한 권리를 피해자에게 이전할 것을 선택하여 이를 이행할 수도 있지만, 반대로 종속인이 가한 손해에 대해 속죄금 지급을 선택하여 이를 이행할 수도 있다는 의미이다. 그러므로 예를 들어 임차인의 노예가 임차건물을 방화한 경우, 임차인은 임대인에 대해 계약책임 외에도 아퀼리우스법에 따른 책임도 부담하며, 이는 임차인이 동법에 따른 속죄금을 지급하거나 가해 노예를 위부해야 함을 의미한다.[3] 이는 가장의 개인적인 과책과는 무관하게 인정되는 무과실책임이었다.[4]

(2) 고전기에 이러한 종속인가해책임은 책임제한에 의한 가장의 보호라는 관점에서 설명되었다. 즉 가장은 가장권에 기하여 노예나 가자의 불법행위에 당연히 책임을 부담해야 하지만, 그에게 노예나 가

---

1 Kaser/Knütel, §15 Rn. 5ff., §60 Rn. 11ff. 참조.
2 Gai. D. 9, 4, 1; Kaser/Knütel, §50 Rn. 12; Zimmermann, 916; von Lübtow, 43f.
3 Ulp. D. 9, 2, 27, 11. 최병조, 연구, 392 참조.
4 Benöhr, ZSS 97, 276f.

자의 가치 이상의 책임을 부담하게 하는 것은 부당하므로 가해종속인 위부의 권한을 인정한다는 것이다.[1] 그러나 실제로 종속인가해책임의 내용은 불법행위의 제재적 성질의 귀결로서 발전하였다고 보는 것이 현대의 일반적인 견해이다.[2] 즉 노예나 가자가 불법행위를 한 경우 피해자는 복수를 위해 그의 인신을 공취할 권한을 가진다. 그런데 노예나 가자의 경우 가장권에 복속하는 지위에 있으므로 그에 대한 공취는 바로 가장의 가장권과 충돌하는 결과를 가져온다. 그러므로 이러한 충돌을 해소하기 위해 피해자에게는 가장을 상대방으로 하는 종속인가해소권이 인정되었고, 이에 의해 가장의 인적 책임이 발생한다. 이러한 소권이 제기된 경우 가장은 피해자에게 가해종속인을 위부하거나 속죄금을 지급함으로써 피해자의 공취로부터 벗어날 수 있다. 요컨대 종속인가해책임 역시 불법행위가 가지는 사적 제재수단으로서의 성질로부터 발달한 것으로 이해되는 것이다.[3]

이러한 종속인가해책임은 이미 십이표법의 규정XII, 2에 의하여 인정되고 있었고, 이후 이를 기초로 계속해서 발전되었다.[4] 이후에 위법 재물손괴에 관하여 제정된 아퀼리우스법 역시 이에 관한 규정을 두고 있었던 것으로 보인다.[5]

(3) 이러한 연원에 비추어 보면 가장이 종속인가해책임을 부담하는 것은 피해자의 소권이 행사되는 시점에 가해종속인에 대하여 가장권을 행사하고 있다는 사실에서 기인함을 알 수 있다. 그러므로 종속인

---

1 Gai 4, 75. Inst. 4, 8, 2도 참조.
2 Benöhr, ZSS 97, 274; Kaser I, 163; Kaser/Knütel, §50 Rn. 13; Zimmermann, 916.
3 이러한 종속인가해책임은 동물이 가해를 한 경우 동물의 소유자에 대해서도 동일한 내용으로 인정되었다. 이 경우 동물의 영(靈)을 가해자로 보아, 피해자의 사족동물가해소권(四足動物加害訴權; actio de pauperie)이 행사되면 그 상대방인 동물의 소유자는 가해동물을 위부하거나 속죄금을 지급하는 것을 선택하도록 규율되었던 것이다. 우선 Kaser/Knütel, §50 Rn. 14 참조.
4 Kaser I, 163, 630.
5 von Lübtow, 43; Hausmaninger, 41; 최병조, 연구, 392. Gai. 4, 76; Ulp. D. 9, 4, 2, 1 참조. 그러나 반대의 견해로 de Visscher, 325 sqq.

가해책임은 가장권의 존재에 종속하여 인정된다noxa caput sequitur.[1] 예
를 들어 가장이 노예나 가자에 대한 권한을 타인에게 이전하면 그 이
전받은 사람이 종속인가해소권의 상대방이 된다. 마찬가지로 노예나
가자가 가장권에서 벗어나면 가장은 종속인가해책임에서 벗어난다.
그러한 경우 해방된 노예나 가자가 직접 피해자에 대해 책임을 부담
한다. 즉 행위시점이 아닌 소권이 행사되는 시점에 가해종속인에 대
해 가장권을 가지고 있는 사람이 소권의 상대방이 되는 것이다. 따라
서 원칙적으로 피고는 가장 내지 시민법상 노예 소유자이다. 그러나
이후 법무관법의 발전에 따라 피고적격은 노예에 대해 명예법상 소유
권in bonis habere을 가진 사람에게도 확장되었고, 한 걸음 더 나아가 노
예에 대한 선의 점유자bonae fidei possessor도 논쟁에도 불구하고[2] 점차
로 소권의 상대방이 될 수 있다고 인정되었던 것으로 보인다.[3] 반대
로 노예에 대한 악의의 점유자는 — 가이우스의 한 개소個所[4]에도 불구
하고 — 피고적격이 없었다는 것이 일반적인 견해이다.[5] 단순히 특시명
령interdicta에 따른 구제수단을 누릴 수 있는 점유자도 마찬가지이다.[6]

그런데 아퀼리우스법이 적용되는 영역에서는 가장이 노예의 불법
행위 의사를 알고 있으면서도 이를 저지하지 않아 노예가 실제로 불
법행위를 저지른 경우, 가장은 독자적으로 아퀼리우스법을 충족하여
피해자에 대해 배상의무를 부담한다.[7] 그러한 경우 가장의 책임은

---

1 Kaser I, 631; Zimmermann, 917.
2 Imp. Iustian. C. 6, 2, 21 참조.
3 전거와 함께 Kaser I, 631 Fn. 11; Benöhr, ZSS 97, 281f.
4 Gai. D. 9, 4, 13.
5 Benöhr, ZSS 97, 283; de Visscher, 269 sqq., 288 sqq.
6 가령 Paul. D. 9, 4, 22, 1. 그러한 점유자를 위한 법무관의 보호에 대해서는 Benöhr, ZSS
   97, 284, 285 참조.
7 Ulp. D. 9, 4, 2, pr.; Hausmaninger, 41; Benöhr, ZSS 97, 275ff.; Kaser I, 162 Fn. 65, 631
   Fn. 4; 최병조, 연구, 392. 이 점에 대해 아퀼리우스법에 명문의 규정이 있었는지 여부에 대해서는
   논의가 있다(예컨대 von Lübtow, 44ff.는 규정이 있음을 전제한다). 아퀼리우스법이 적용되지 않는
   사안(예를 들어 절도소권이 문제되는 경우)에서 가장이 종속인의 불법행위 의사를 알고 있었다는 사
   정이 어떻게 고려되었는지 여부는 사료상으로 판단하기 쉽지 않다. Benöhr, ZSS 97, 279 참조.

종속인가해책임이 아닌 자신의 독자적 책임이므로, 피해자는 가장에 대해 직접 권리를 행사하는 것이다actio directa. 그러므로 가장은 노예를 위부함으로써 책임에서 벗어날 가능성을 보유하지 아니하고, 가해노예에 대한 권한을 이전하거나 포기한 경우에도 책임에서 벗어날 수 없었다. 그러나 그러한 경우에도 가해노예의 책임은 존속하는지 여부의 문제는 여전히 남는다. 이는 예를 들어 가장이 독자의 책임을 지는 것에 더하여 가해노예에 대한 권한을 이전받은 사람이 종속인가해책임을 부담할 것인지에 관하여 실익이 있다. 이에 대해서는 고전기에도 견해의 대립이 있었으나, 다수의 견해는 가장이 노예의 불법행위 의사를 알고 있었다는 사정만으로 노예의 책임을 면책시킬 수는 없다고 하여, 이후 가해노예에 대해 권한을 취득한 사람은 종속인가해책임을 부담한다고 해석하였던 것으로 보인다.[1] 그러나 가장이 노예에게 불법행위를 지시한 경우에는, 노예는 가장의 도구로 활동한 것에 불과하므로 가장만이 독자적으로 아퀼리우스법에 따른 책임을 부담하며 노예는 면책되어 종속인가해책임이 문제될 여지가 없게 된다.[2]

(4) 가장이 피해자에게 가해종속인을 위부하는 경우, 초기에는 이는 단순히 복수를 위한 무방식 인도에 지나지 않았다. 그러나 점차로 피해자가 위부받은 노예나 가자를 경제적으로 활용할 가능성에 주목하게 됨으로써 가해종속인 위부는 노예 또는 가자에 대한 권리의 이전을 요구하기에 이르렀다.[3] 그러므로 이는 가자의 경우 악취행위mancipatio에 의해, 노예의 경우에는 악취행위 내지 법정양도in iure cessio에 의해 당해 가해종속인에 대한 권리를 피해자에게 이전하는 것을 의미하였

---

1 Ulp. D. 9, 4, 2, 1.
2 von Lübtow, 46f.; 최병조, 연구, 392 참조. 그러나 아퀼리우스법의 적용범위를 넘어 노예가 가장의 지시에 따라 살인 등 중한 범죄를 저지른 경우에는 노예의 면책은 인정되지 않았던 것으로 보인다. Benöhr, ZSS 97, 276.
3 Kaser I, 165.

다.[1] 명예법상 소유자나 선의의 점유자가 피고인 경우에는 그러한 양도방법을 사용할 수 없으므로 인도traditio에 의할 수밖에 없을 것이지만, 그 경우 권리를 이전받은 피해자는 가해종속인 위부를 권원으로 하여 시민법상 소유자에 대한 관계에서 사용취득usucapio을 할 수 있고 그동안 푸블리키우스 소권actio Publiciana과 악의의 항변exceptio doli으로 보호를 받을 수 있었을 것이다.[2]

위부된 가해종속인이 자유인 즉 가자였던 경우homo liber noxae deditus에는 피해자에게 그에 대한 권리를 이전하는 것은 신탁적 성질을 가지고 있었던 것으로 보인다.[3] 즉 가자에게는 피해자에 대한 위부에서 벗어날 수 있는 특권이 인정되었던 것이다. 그에 따라 위부된 가자는 피해자의 권한에 복종하여 경제활동을 하여 손해를 충당한 경우에는 법무관의 도움을 받아 가장에 반환될 수 있었다.[4]

3. 보조자 사용과 관련된 그 밖의 책임유형

지금까지 로마법에서 가장 전형적으로 문제되었던 보조자책임인 종속인가해책임에 대하여 살펴보았다. 그런데 로마법에서는 그 외에도 보조자의 가해행위와 관련하여 보조자를 사용한 사람에게 책임을 부과하는 다른 제도들이 존재하였다.[5] 그리고 이러한 제도들 역시 이후 사용자책임의 발전에 적지 않은 영향을 주었음을 확인할 수 있다. 그러므로 아래에서는 종속인가해책임 외에도 로마법에서 발견되는 보조자책임의 유형들을 살펴보기로 한다.

(1) 먼저 계약책임에서 보조자책임을 살펴보기로 한다. 누구도 타인

---

1 Kaser I, 631.
2 Benöhr, ZSS 97, 285.
3 Kaser I, 631 Fn. 9.
4 Pap. Collatio 2, 3, 1 = FIRA II, 549.
5 Seiler, JZ 1967, 526; Zimmermann, 1120 sqq.

의 행위를 이유로 책임을 부담하지는 않는다는 원칙에 따르면 계약책
임의 영역에서도 채무자는 원칙적으로 이행보조자의 과책을 이유로 책
임을 부담하지는 않는다. 그러한 경우 채무자는 이행보조자의 선임·
감독의 과정에 과책이 있는 경우나 계약의 취지에 반하여 보조자를 사
용한 경우에 자신의 과책을 이유로 채무불이행책임을 지는 것이다.[1]
그러나 로마법에서도 계약유형에 따라 채무자가 이행보조자의 과책에
대해 책임을 부담하는 경우들이 적지 않게 존재하고 있었다.

첫째로, 보관책임custodia이 인정되는 계약에서 채무자는 채무불이행
의 결과에 대해 무과실책임을 부담하므로, 그러한 경우 보조자의 과책
에 대해서도 책임을 지는 결과가 발생한다. 채무자가 자신의 이익을
위하여 채권자의 물건을 점유하고 이를 나중에 반환해야 하는 계약관
계에서는, 채무자는 그러한 물건이 유실되거나 손상을 입지 않도록 감
시할 의무를 부담하며, 반환해야 할 물건이 유실되거나 손상된 경우
불가항력에 의한 것이 아닌 한 그 결과에 대해 무과실책임을 부담하는
법리가 인정되고 있었다.[2] 이를 보관책임이라고 한다. 이러한 보관책
임은 사용차주, 일정한 도급계약에서 수급인, 매매목적물 인도 전의
매도인, 물건의 보관을 사실상 인수한 선주·여관주·축사주畜舍主,[3] 다
른 조합원의 물건을 가공을 위해 보관하고 있는 조합원 등 넓은 범위
에서 인정되고 있었다.[4]

둘째로, 사무처리의 과정에서 노예·가자와 같이 가장권에 종속하는
사람이나 그 밖의 보조자에 의해 계약이 성립하고 그에 따른 책임이

---

1 Kaser/Knütel, §36 Rn. 25; HKK/Schermaier, §§276-278 Rn. 25; Zimmermann, 1120
   sqq. 그러나 개별적으로 선임·감독의 주의의무를 매우 높게 설정하여 현실적으로 무과실책
   임에 접근하는 경우도 없지 않았다고 지적된다.
2 Kaser/Knütel, §36 Rn. 15f.
3 이들의 책임은 이른바 절대적 책임을 지우는 인수책임(receptum)으로부터 출발한 것이지만 이
   후 불가항력의 경우 면책을 인정하는 해석이 관철됨으로써 보관책임에 접근하였고, 그 결과 고
   전기의 법학자들은 이를 보관책임으로 취급하였다고 한다. Kaser/Knütel, §46 Rn. 6; HKK/
   Schermaier, §§276-278 Rn. 24 참조.
4 Kaser/Knütel, §36 Rn. 17.

문제되는 경우에, 이들을 사용한 가장 내지 사용자의 책임을 부가적으로 인정하는 제도가 존재하였다.[1] 노예나 가자는 원칙적으로 의무를 부담할 수 없을 뿐만 아니라, 예외적으로 가능한 경우에도 원칙적으로 그의 재산에 집행을 할 수 없거나 제한된 재산에 대한 집행만이 가능하였기 때문에, 가장을 상대로 하는 책임을 인정할 필요가 있었던 것이다.[2] 재산이 없는 피용자가 사용된 경우에도 사정은 마찬가지이다. 그래서 로마법에서는 사무를 처리한 종속인 내지 피용자의 사용자에게 책임을 물을 수 있는 여러 가지 개별적인 소권들이 인정되었는데, 이후 보통법에서는 이들을 통칭하여 부가적 성질의 소권actiones adiecticiae qualitatis이라고 명명하였다. 특유재산소권actio de peculio, 전용물소권actio de in rem verso, 지시소권actio quod iussu 등이 대표적인 예이지만, 우리의 주제와 관련해서 주목할 만한 다른 소권들로는 특히 다음의 것들을 언급할 수 있다본장 III. 1. (3), 2. (2) 참조.[3] 대선주소권對船主訴權 actio exercitoria은 선주가 사용하는 선장이 선장의 자격으로 부담한 채무에 대하여 선주를 상대로 행사할 수 있는 소권으로, 선장이 종속인인지 아니면 자유인인지 여부와 무관하게 인정되었다. 또한 이와 유사한 것으로 지배인소권支配人訴權 actio institoria이 존재하였는데, 이는 피용자가 상점 또는 기타의 영업의 지배인으로서 부담한 채무에 대하여 영업주를 상대로 책임을 물을 수 있도록 한 소권이었다. 이 경우에도 그 피용자가 종속인인지 여부는 문제되지 않았다.

(2) 앞에서 계약책임과 관련하여 물건의 보관을 사실상 인수한 선주·여관주·축사주가 보관책임의 법리에 기하여 물건의 반환과 관련하여 무과실책임을 부담한다는 것을 보았다. 그런데 그들은 더 나아가 자신의 보조자가 물건의 멸실과 관련해 행한 불법행위를 이유로

---

1 Kaser/Knütel, § 49 Rn. 2ff.
2 Kaser/Knütel, § 49 Rn. 1.
3 Kaser/Knütel, § 49 Rn. 3, 12ff.; 최병조, 논고, 16 이하 참조.

하여 불법행위책임도 부담할 수 있었다. 즉 선주·여관주·축사주가 사실상 인수한 물건이 그 자신이 아니라 그의 피용자에 의해 손상되거나 절취된 경우에도, 법무관 고시는 피해자에게 불법행위에 따른 손해배상 소권actio de furto vel damno in navi aut caupone aut stabulo을 부여하였다.[1] 이는 당시 이들 직업에 종사하는 사람들의 나쁜 평판에 따른 불신 및 거래상의 필요를 이유로 정당화되었다.[2]

(3) 엄밀한 의미에서 보조자책임이라고 할 수는 없지만 실질적으로 그러한 효과를 가지고 있었을 뿐만 아니라 이후에 사용자책임의 발전에 적지 않은 영향을 준 구제수단으로 투하물·유출물소권投下物·流出物訴權; actio de deiectis vel effusis이 있다본장 III. 2. (2) 참조. 로마에서는 열악한 주거사정으로 말미암아 고층 다세대주택insula 거주자들이 오물이나 생활폐수 등을 건물 밖으로 투척함으로써 보행자들이 피해를 입는 사안이 빈번하였다고 하며, 그러한 경우 피해자의 구제를 위해 법무관이 고시에 의해 도입한 권리가 바로 투하물·유출물소권이다.[3] 그에 의하면 주거로부터 무엇인가 거리로 투하되거나 유출되어 손해가 발생하는 경우, 그 주거의 보유자는 무과실의 책임을 부담한다.[4] 여기서 그러한 투하·유출이 그의 행위인지 아니면 다른 거주자의 행위인지, 그에 과실이 있는지 여부는 묻지 아니하고 주거 보유자의 책임이 인정된다는 것이 이 소권의 특징이다. 즉 손해를 야기한 투하·유출이 있는 경우 그것이 기인한 주거의 보유자habitator가 책임을 부담하며, 보유자성 판단에서 중요한 것은 그가 주거에 대한 사실상의 처분권한을 가지고 있다는 사실이다.[5] 그러한 의미에서 투하물·유출물책임은

---

1 전거와 함께 Kaser I, 586.
2 Seiler, JZ 1967, 526.
3 Zimmermann, "Effusum vel deiectum," 301ff.
4 Kaser I, 628.
5 Kaser I, 628f.; Zimmermann, "Effusum vel deiectum," 305f. 그러한 의미에서 일시적인 방문객은 주거의 보유자로 평가되지 않으며, 마찬가지로 소유자라고 해서 반드시 주거의 보유자인 것은 아니라고 한다. 어떠한 권원에 의한 것이든 주거에 대해 사실상 처분권한을 행사하

위험을 이유로 하는 무과실책임의 성격을 가진다.

법률효과와 관련해 살펴보면, 투하물·유출물소권은 제재적 성질
을 가지는 소권으로서 가해의 잠재성이 있는 거주자의 행위를 제재
하려는 목적을 가지고 있었고,[1] 그에 따라 법률효과도 법정되어 있
었다. 즉 주거의 보유자는 손해액의 2배를 배상해야 하며, 그 밖에
자유인이 사망한 경우에는 정해진 속죄금을 지급해야 하고, 자유인
이 상해를 입은 때에는 개별적으로 산정되는 상당한 속죄금을 지급
해야 했다.[2]

이러한 투하물·유출물소권은 그 자체로는 주거의 위험성에 기한
무과실책임으로 타인의 과책에 대한 책임을 도입하는 제도는 아니다.
그러나 주거의 보유자는 그 주거에서 어떤 사람이 물건을 투하하거나
유출한 행위의 결과 발생한 손해에 대해서도 배상의무를 부담함으로
써 현실적으로는 타인의 행위에 대해 무과실책임을 부담하는 효과를
가지고 있음을 부정할 수 없다.[3] 이러한 구제수단의 배후에 있는 사
고방식은 이후 보조자책임의 발전과 관련해 일반화될 수 있는 충분한
소재를 제공한다고 평가할 수 있다.[4]

(4) 그 밖에 투하물·유출물소권과 유사한 기능의 소권으로 입치물·
현수물소권立置物·懸垂物訴權 actio de posito vel suspenso을 들 수 있다. 이는
건물의 베란다나 돌출부에 떨어지기 쉬운 물건을 세워두거나 걸어둠으
로써 아래 거리의 안전에 중대한 위험을 창출한 주거 보유자를 상대로
일정한 속죄금을 부과하는 소권이었다. 이는 제재적 성질의 소권으로
위험의 창출이 있으면 인정되었고 반드시 손해가 발생할 필요가 없었

고 있는 사람이 책임의무자가 된다고 한다.
1 Zimmermann, "Effusum vel deiectum," 305.
2 Kaser I, 628; Zimmermann, "Effusum vel deiectum," 307f.
3 Paul. D. 9, 3, 6, 2 참조. 이 개소에 대해서는 Zimmermann, "Effusum vel deiectum,"
   306f.
4 HKK/Schermaier, §§ 276-278 Rn. 24. 그래서 투하물·유출물책임은 판덱텐 법학에서도 타
   인의 과책을 이유로 하는 책임의 한 유형으로 논의되었다. 예를 들어 von Wyss, 66ff. 참조.

다는 점에서 특징이 있다.[1] 이 소권에서도 구체적으로 어떤 사람이 위험을 야기하였는지 여부와 무관하게 그 주거를 사실상 지배하는 주거의 보유자가 책임을 부담하므로, 마찬가지로 보조자책임으로서 기능할 실질을 가지고 있었다고 말할 수 있다.

(5) 마지막으로 징세수급인徵稅受給人; publicanus의 책임이 언급될 필요가 있다. 국가가 설정한 일정액을 납부하고 남은 차액을 자신의 이익으로 보유하는 징세수급인으로서는 징세과정에서 억압적인 방법을 사용할 위험이 있었다누가복음 3:12-13; 19:8 참조. 그래서 법무관은 고시로 피해자에게 제재적 성질의 소권을 부여하여 그러한 위험에 대처하고자 했다.[2] 그에 따라 징세수급인은, 자신의 불법행위에 대해서뿐만 아니라, 그의 보조자들이 권한을 남용하여 점유를 탈취하거나 물건을 손괴·절취하는 경우에도 책임을 부담해야 했다.[3] 이 책임은 처음에는 종속인가해책임에 준하여 징세수급인 자신의 노예가 보조자인 경우에 인정되었던 것으로 보이지만, 이후 자유인이 보조자로 활동한 경우에까지 확대되었다.[4] 그러나 징세수급인은 보조자들이 징세수급인의 이름으로 활동을 하는 과정에서 손괴·절취 등을 한 경우에만 책임을 부담하므로,[5] 보조자들이 직무를 일탈하여 행한 불법행위에 대해서는 책임이 없다는 의미에서는 책임이 제한되고 있었다. 이러한 사무집행 관련성에 따른 징세수급인의 책임제한은 이후 사용자책임의 발전과정에 중요한 영향을 미치게 된다본장 III. 1. (3) 참조.

---

1 Kaser I, 628f.; Zimmermann, "Effusum vel deiectum," 312.
2 Wicke, 101f.
3 von Wyss, 63f.
4 Wicke, 103f.
5 von Wyss, 64; Wicke, 105.

4. 평가 및 유스티니아누스 입법

(1) 이상의 내용을 종합해 본다면, 로마법은 보조자책임과 관련해 어떠한 교조적인 법리에 집착하지 않고 개별적인 정책적 필요에 따라 유연한 내용의 책임요건들을 정하고 있었고 그 결과 상당히 넓은 범위에서 무과실의 보조자책임을 가능하게 하였다는 사실을 확인할 수 있다. 즉 "로마법에서는 보조자책임에 대해 여러 책임요건들이 존재하였는데, 이들은 서로 상이한 내용과 동기를 가지고 있었다. 이제 이러한 개별규율들의 전체적인 효과를 평가하고자 시도한다면, 로마의 법현실에서 보조자에 대한 포괄적인 책임을 확인할 수 있을 것이다. 특히 이는 로마 자유인들은 압도적으로 자신의 가자들과 노예들을 보조인으로 사용하였다는 사정에 의해 그러하다."[1]

(2) 앞서 살펴본 여러 구제수단들은 유스티니아누스의 입법에도 수용되지만 그 과정에 일정한 수정을 받게 된다.

(a) 종속인가해책임은 이미 후기 고전기에 이르러 제한을 받기 시작하였다. 우선 가자에 대해서는 점차로 피고적격이 인정되었을 뿐만 아니라, 그와 동시에 가자와 관련한 종속인가해책임은 점점 관행에서 사라지게 되었다.[2] 그에 따라 유스티니아누스는 부모가 피해자에게 자녀를 인도하는 것의 비윤리성을 들어 이를 법원法源에서 삭제하면서 폐지하였다.[3] 반면 유스티니아누스는 여전히 노예의 경우에는 종속인가해책임을 인정하였다. 그러나 그는 노예가 피해자에게 이전되어 경제활동을 함으로써 채무액을 충당시킨 경우에는 법무관의 도움을 받아 원래의 권리자에게 반환될 것을 정하였다.[4] 이는 종래 가자에게 인정

---

1 Seiler, JZ 1967, 526. 이에 대해 이상광, 사용자책임론, 25면은 로마법이 "극히 예외적인" 일부 무과실책임을 제외하면 압도적으로 과실책임주의적으로 보조자책임을 규율하고 있었다고 평가하고 있으나, 이는 본문에서 이미 살펴본 바와 같이 지지하기 어렵다고 생각된다.
2 Kaser II, 430; Levy, 346f.
3 Inst. 4, 8, 7.
4 Inst, 4, 8, 3. 그러나 이러한 특권은 서로마 지역의 사료에서 확인되지는 않는다고 한다.

되는 특권을 유스티니아누스가 노예에 대해서도 확대한 규율이다본장II. 2. (4) 참조. 또한 이 시기에는 가해자가 이전받은 노예를 법원에 인도하여 형벌을 받게 한 다음 소유자에게 반환할 수도 있었다고 한다.[1]

(b) 주지하는 바와 같이 후기 고전기에는 도덕철학과 기독교의 영향을 받아 비난가능한 심정으로서의 책임Schuld을 배상책임의 중심적인 요소로 파악하고, 특히 과실culpa을 주관적으로 이해하여, 고전기의 손해배상법에 이러한 해석을 투영하는 시도가 대두하였다고 한다.[2] 종래의 개념들이 혼란을 겪은 서로마 비속법과는 달리[3] 동로마에서는 고전기의 개념들이 유지되었지만, 그래도 후기 고전기에서 시작한 책임의 주관화 경향은 여기서도 계속되었다. 그래서 유스티니아누스와 그의 편찬자들도 동로마 학파의 해석을 따라 책임의 기초를 가해자의 과책Verschulden으로 설명하고 그에 따라 고전기 개소들을 재해석하는 시도가 두드러졌다.[4]

이에 따라 앞서 살펴본 여러 무과실책임의 요건들도 유스티니아누스 입법에서는 그러한 이해에 따라 해석되는 경향을 피할 수 없었다. 예를 들어 유스티니아누스는 보관책임을 당해 계약유형에 특유한 채무자의 의무를 위반한 과실에 기초한 책임으로 이해하였다.[5] 또한 투하물·유출물책임 역시 거주 보유자의 추정적 과실에 기초한 것으로 파악하는 수정을 가하였다고 보인다.[6] 선주·여관주·축사주의 보조자에 대한 책임도 그들의 선임상의 과책에 기초한 것으로 이해됨으로써 그러한 경향에 따르고 있다.[7]

Kaser II, 431 Fn. 48.

1 Kaser II, 431; Levy, 343f.
2 Kaser II, 346.
3 Levy, 99ff.
4 Kaser II, 348ff.
5 Kaser II, 351ff.
6 Ulp. 9, 3, 1, 4의 "과실은 그[주거 보유자]에게 있기 때문이다"(culpa enim penes eum est)에 대해 Zimmermann, "Effusum vel deiectum," 311 참조.
7 Inst 4, 5, 3: "말하자면 그가 악인의 노무를 사용하여 과실(culpa)의 책임이 있기 때문에";

(c) 유스티니아누스는 그의 입법에서 ─ 자의재판책임恣意裁判責任; iudex qui litem suam fecit과 함께 ─ 앞서 살펴본 투하물·유출물책임, 입치물·현수물책임, 선주·여관주·축사주책임을 준불법행위로 포괄하여 규정하면서, 과실culpa을 기초로 하는 아퀼리우스법상의 불법행위책임과 구별하였다.[1] 이들 네 유형의 준불법행위책임 모두를 포괄하게 하는 공통의 기준이 무엇이었는지는 분명하지 않다.[2] 일견 이들 준불법행위책임에 속하는 소권들은 모두 타인의 생명·신체·재산에 대한 위험을 이유로 무과실책임을 부여하는 것으로 이해될 수도 있겠지만, 유스티니아누스가 여러 곳에서 과실을 책임기초로 언급함으로써 그러한 이해의 정당성에 의문이 제기될 소지를 강하게 남겨 두었기 때문이다.[3]

III. 보통법상 전개와 법전편찬

1. 보통법에서 보조자책임의 전개

(1) 앞서 살펴본 로마법에서의 보조자책임은 이후 보통법상 보조자책임 발전의 기초가 되었다. 그러나 이는 보통법에서 로마법의 법리가 그대로 인정되었음을 의미하지는 않는다. 이는 무엇보다도 보통법 특히 현대적 관용기의 보통법에서 노예제도는 소멸하여 더 이상 적용될 수 없는 것으로 이해되고 있었기 때문이다.[4] 그 결과 로마법에서

Kaser II, 428f.

1 Inst. 4, 5.

2 Kaser II, 428 Fn. 24.

3 Zimmermann, "Effusum vel deiectum," 313ff. 참조.

4 Zimmermann, 1119. 예컨대 단적으로 Vinnius, Lib. IV, Tit. 8, L. 7 (1008): "종속인가해소권은 오늘날 전혀 관용(慣用)되고 있지 않는데, 이는 우리에게 노예가 없기 때문이다." 노예제는 중세 시기에도 여전히 상당한 범위에서 존재하고 있었고, 그에 대한 법학적 논의도 진행되고 있었다. 주석학파와 후기주석학파는 현존하고 있던 노예제도에 로마법이 여전히 적용되는 것으로 보았으나, 농노 등 기타 부자유인의 경우 로마법상의 노예와는 구별되는 자유인으로 취급하였다고 한다. 그러나 이후 현대적 관용기에 이르면 노예제는 소멸한 것으로

보조자의 불법행위를 이유로 하는 종속인가해책임은 그 원형대로 계수될 수 없었다. 그러므로 보통법학은 노예가 아닌 보조자의 불법행위에 대하여 그 사용자가 어떠한 요건하에 어떠한 내용의 책임을 부담하는지에 대하여 입장을 새로이 표명하지 않을 수 없었다.[1]

여기서 우선 가장 자연스럽게 생각될 수 있는 해결책은 보조자가 노예가 아닌 자유인인 이상 그는 자신의 불법행위에 대해 스스로 책임을 부담하고, 사용자는 그러한 보조자를 사용하는 것에 그 자신의 고의·과실이 있을 때 손해배상책임을 부담한다는 해석이다. 이는 무엇보다 유스티니아누스가 가자에 대한 종속인가해책임을 폐지하면서 있게 될 것으로 전제한 법상태로 보이므로,[2] 만일 보조자가 노예가 아닌 자유인이라면 같은 내용의 책임이 인정되는 결과가 자연스러울 것이었기 때문이다. 그리고 이것이 실제로 일반적인 견해였던 것으로 보인다. 종속인가해소권에 관한 학설휘찬의 내용은 "오늘날 실무적이 아닌 역사적 성질을 가진다. 이는 우리의 종복從僕; famulus에 대해서도 적용되지 아니하는데, 그는, 자신의 의무에 관해 가해를 하였고 [임무를] 허용한 보조자의 선임에 관해 사용자에게 과실이 귀속되지 아니하는 한, 자신의 불법행위를 이유로 스스로 책임을 부담한다."[3]

이러한 견해는 동시에 자연법학에서도 일반적이었던 것으로 보인다.[4] 자연법학의 영향하에 제정된 1794년의 프로이센 일반 란트법도

평가된다. 이상에 대해 Rüfner, "Die Rezeption des römischen Sklavenrechts im Gelehrten Recht des Mittelalters," Finkenauer (Hrsg.), *Sklaverei und Freilassung im römischen Recht. Symposium für Hans Josef Wieling zum 70. Geburtstag*, 2006, 201ff.; Coing I, 205f.

1 개관으로 Zimmermann, *Roman Law, Contemporary Law, European Law*, 2001, 123 sqq. 특히 네덜란드 보통법의 학설 상황에 대해 자세하게 Wicke, 136ff.

2 Inst. 4, 8, 7 마지막 부분 및 그에 대한 glossa ad "conveniri" (543-544); Puchta, Cursus II, 373 참조.

3 Boehmer, Lib. IX, Tit. IV, §3 (273). 같은 취지로 예컨대 Stryk, Lib. IX, Tit. IV, §IV (171-172); Leyser, Lib. IX, Tit. IV, §I (492); Lauterbach, Lib. IX, Tit. IV, §IX (570); Glück X/2, 9. Buch, 4. Tit., §713 (417f.).

4 Pufendorf, De officio, Lib. I, Cap. VI, §X (119); Svarez, Vorträge, 302ff. 흥미롭게도

이러한 견해에 입각한 규정을 두고 있었다동법 I 6 §§ 60-64.

(2) 그러나 이러한 다수의 견해에 대해서는 다른 결론을 주장하는 소수의 견해도 개진되고 있었다.

하나의 견해는 기본적으로 다수설과 마찬가지로 사용자는 자신의 고의·과실 없이는 피용자의 불법행위에 대해 책임이 없다는 원칙에서 출발하면서도, 사용자가 아직 피용자에게 지급하지 아니한 임금채권이 존속하고 있는 금액의 한도에서는 피해자가 사용자에게 직접 손해배상을 청구할 수 있다고 하였다. "주인과 여주인meesters ende vrouwen은 종복dienaers의 불법행위에 의해 일반적으로 책임을 부담하지 아니하지만, 지급되지 아니한 임금액의 한도에서는 그러하지 아니하다."[1] 이러한 입장은 게르만법 특히 작센법의 태도가 학설에 반영된 것으로 보이며,[2] 특히 네덜란드 보통법 학설에 유력하게 주장되었다고 한다.[3] 그러나 다수설은 피해자가 피용자의 사용자에 대한 임금채권에 집행을 해서 만족을 받는 것이 아니라면 그러한 책임을 인정할 수 없다는 입장을 고수하였다.[4] 임금채무를 부담하는 사용자가 피용자의 다른 채무자와 비교할 때 피용자의 불법행위를 이유로 보다 중한 의무를 부담할 이유는 무엇인가?[5]

푸펜도르프는 가해자가 노예인 경우에는, 가해자가 스스로 배상책임을 부담하는 것이 자연법이겠지만 그에게 재산이 없으므로 주인에게 로마법에서와 같은 종속인가해책임을 부담시키는 것이 정당하다고 말한다(同所 § XI: "그렇지 않고 재산이 없는 심지어 자기 자신도 소유하지 못하는 노예 자신이나 소유자로부터 손해를 배상받지 못한다면, 노예에게 마음대로 가해를 할 일체의 허가를 주게 될 것이기 때문이다").

1 Grotius, *Inleiding tot de Hollandsche Rechtsgeleertheyd* (1631), III, xxxviii, 8 = Lee ed., *Jurisprudence of Holland*, 1926, 484. 같은 취지로 Struve, Lib. III, Tit. XXVII, § I (446).
2 Stryk, Lib. IX, Tit. IV, § IV (172)은 작센슈피겔 II 32 § 1을 인용하면서(Leyser, 同所도 참조) 그 내용의 명확성에 의문을 제기한다. 이에 대해 Lauterbach, 同所는 작센슈피겔의 이 법리를 보조자가 사용자가 지시한 사항을 수행하는 과정에서 불법행위를 한 경우로 한정하여 해석하는 것으로 보인다.
3 Zimmermann, 1119-1120; Wicke, 137ff.
4 Boehmer, Lib. IX, Tit. IV, § 4 (273); Stryk, Lib. IX, Tit. IV, § IV (172); Glück X/2, 9. Buch, 4. Tit., § 713 (418).
5 Stryk, Lib. IX, Tit. IV, § IV (172).

(3) 이에 대해 다른 소수설은 피용자의 불법행위가 그의 직무와 관련된 것인 한에서는 사용자가 피용자의 불법행위에 무과실의 책임을 부담해야 한다고 주장하였다. "주인과 아버지는, 종복이나 아들이 아버지나 주인이 위탁한 의무나 직무와 관련해in officio aut ministerio, cui a patre dominove fuerint praepositi 잘못을 저지른 때에는, 비록 그 보조자에게 임금채무가 없거나 매우 소액의 채무만 있는 경우이더라도 그들의 불법행위를 이유로 연대하여 책임을 부담한다. 부주의하거나 악의적인 사람들의 노무를 일정 직무나 의무에 투입하였다는 사정은 그들에게 귀속되어야 하기 때문이다."[1] 반면 보조자가 자신의 직무를 일탈하여 불법행위를 하였고 사용자가 이를 알지 못하였거나 알았더라도 이를 저지할 수 없었던 때에는 사용자는 임금채권이 존속하는 한도에서만 책임을 부담한다고 한다.[2] 이 견해는 이후의 법전편찬에서 전면에 등장하게 될 대위책임적 사용자책임을 선언하고 있다는 점에서 주목할 가치가 있다. 우선 이 견해는 일견 사용자의 책임 근거를 그의 과실"부주의하거나 악의적인 사람들의 노무를 일정 직무나 의무에 투입"에서 찾고 있지만, 그렇다고 사용자책임을 그의 과책에 좌우되도록 하지는 않는다. 서술에서 명백한 바와 같이, 피용자가 직무와 관련해 불법행위를 한 경우 사용자는 무과실의 책임을 부담한다. 그러므로 이 견해는 복멸할 수 없는 사용자의 과실추정을 이론적 근거로 하여 무과실책임을 인정하려는 것으로 보인다.[3] 더 나아가 이 견해가 로마법원에서 출발하면서도 개별 무과실책임이나 보통법 해석론을 일반화하는 과정에서 로마법원에 존재하지 않았던 결론에 도달하였다는 사실이 주목된다. 예를 들어 이 견해는 사용자의 무과실책임을 주장하면서, 그 전거로서 앞서 살펴보았던 로마법상의 여러 특수 무과실책임들보관책임, 선주·여관주·축사주

---

1 Voet, Lib. IX, Tit. IV, § 10 (445). 이 견해를 주장하는 다른 전거에 대해서는 Wicke, 147f. 참조.
2 Voet, 同所.
3 Wicke, 143f.

책임, 징세수급인책임 등1을 원용하고 있다. 또한 마찬가지의 방식으로 사용자책임의 중요한 요건인 사무집행관련성이 최초로 명확하게 표현되고 있다.2 요하네스 푸트는 여기서 아버지인 파울 푸트를 인용하고 있는데, 후자는 다시 모르나키우스Mornacius를 인용하고 있으며,3 모르나키우스의 서술은 다시 징세수급인의 책임에 관한 바르톨루스Bartolus의 설명을 일반화하고 있다고 한다.4 또한 푸트가 전거로 인용하고 있는 카르프조프Carpzov 역시 특정 사안에서 표명된 법리를 기초로 그러한 사무집행관련성 요건을 일반화하였다고 지적된다.5 그리고 여기서 이들이 사무의 위탁을 지시하기 위해 사용하는 용어praeponere는 로마법의 대선주소권과 지배인소권 법리에서 영향을 받았음을 추측하게 한다.6

2. 프랑스 민법전

사무집행과 관련된 범위에서 피용자의 불법행위에 대해 사용자에게 무과실책임을 부담하게 하는 이러한 태도는 프랑스 민법전1804에 의해 입법적으로 채택되었다.

(1) 프랑스 민법전의 불법행위법 규정은 기본적으로 장 도마Jean Domat의 체계에서 기원한 것으로 인정되고 있다.7 동시에 프랑스 민법전이 불법행위법에 관해 많은 모호한 사항들을 포함하는 6개의 규

---

1 D. 48, 3, 14, pr.; 9, 2, 27, 9; 39, 4, 1, pr./5; 39, 4, 1, 12, 1/2; 47, 5, 1, pr./1/6; 4, 9, 7.
2 Wicke, 145.
3 Paul Voet, *In quatuor libros institutionum imperialium commentarius*, Pars posterior, Gorichemi, 1668, Lib. IV, Tit. VIII, § 6 (478): "그[모르나키우스]는 주인이 위탁한 의무나 사무에 관련해 잘못을 저지른 종복의 이름으로 사용자가 의무를 부담한다는 견해이다."
4 Bartolus ad D. 39, 4, 1, 5 (50): "종복들(familiam)에게 특정 의무를 위탁였는데 이들이 그 맡겨진 의무에 관하여 불법행위를 하였다면, 그는 책임을 부담한다. […] 반면 이들이 위탁을 받은 의무 밖에서 불법행위를 하였다면, 그는 책임을 부담하지 않는다."
5 Wicke, 145.
6 Wicke, 146. 최병조, 논고, 29 참조.
7 Zweigert/Kötz, 619.

정만을 두고 있다는 사정 역시 도마의 저술로 소급된다.[1] 그 배경에는 프랑스 민법전 제정 이전 로마법과 관습법이 적용되던 프랑스에서도 로마법상의 불법행위법은 계수되지 않았다는 사실이 존재한다고 한다. 즉 구체제의 프랑스에서 로마법상의 불법행위 소권체계는 계수되지 않아 적용될 수 없었고, 오히려 대체로 개인의 이익 보호를 위한 형법 규정이 침해된 경우에 그 피해자가 형사절차에서 손해의 전보를 구하는 방법으로 손해배상이 이루어졌다는 것이다.[2] 이는 로마법상 제재적 성질을 가지는 소권이 문제될 수 있었을 경우에도 로마법에서와는 달리 개인이 이를 행사하는 것이 아니라본장 II. 1. (3) 참조 공권력이 형사소추의 문제로 주도하게 되었다는 발전과정과도 관련된다고 한다.[3] 이로써 구체제의 프랑스에서 일반 불법행위책임의 문제는 압도적으로 형사절차의 한 측면으로 이해되게 되었다. 이는 민사저술에 있어서 일반 불법행위법 서술이 소략하게 이루어지거나 아예 생략되는 결과를 발생시켰다. 예를 들어 도마는 다음과 같이 말한다.

"손해를 발생시키는 과책행위(faute)로 다음의 세 가지를 구별할 수 있다. [첫째] 범죄(crime) 또는 비행(délit)에 해당하는 행위. [둘째] 합의에 기한 의무를 위반하는 행위. 예컨대 매도한 물건을 인도하지 아니하는 매도인, 자신의 의무인 수리를 하지 아니하는 임차인의 경우가 그러하다. [셋째] 합의와 아무런 관련이 없으나 범죄나 비행에 해당하지 아니하는 행위. 예컨대 경솔하게 창문 밖으로 의복을 더럽히는 물건을 던지는 경우, 부실하게 관리된 동물이 일정한 손해를 가하는 경우, 과실로 화재를 야기하는 경우, 붕괴될 위험의 건물이 수리되지 아니하여 타인에게 무너져 내려 손해를 발생시킨 경우가 그러하다.

1 Watson, 11 sqq.
2 Lévy et Castaldo, n° 637 (913-914); Deroussin, 724 등 참조.
3 Coing I, 506f. 참조. 이러한 역사적 경험은 현대 프랑스 불법행위법에도 자취를 남기고 있다. 범죄를 구성하는 불법행위의 피해자가 형사절차를 개시할 수 있고 거기서 손해배상을 청구할 수 있도록 하는 민사당사자 제도, 형사과책과 민사과책의 단일성 도그마 등이 이에 해당한다. 아래 제 4 장 145면 주 3, 제 5 장 III. 2. (3) (a) 참조.

이 세 가지 종류의 과책행위 중에서 마지막 종류의 행위만이 본장[제2권 제8장]의 서술대상이다. 왜냐하면 범죄와 비행은 민사상의 소재와 섞여서는 아니 되며, 합의와 관련되는 모든 것은 앞의 권[제1권]에서 이미 설명되었기 때문이다."[1]

여기서 도마는 명시적으로 형사절차에서 취급되는 불법행위의 영역을 서술대상에서 제외하면서, 로마법상의 특수불법행위 내지 준불법행위의 경우로 자신의 논의를 한정하고 있다. 즉 그의 예에서 명백한 바와 같이 그는 로마법상의 투하물·유출물소권, 방목손해소권actio de pastu, 미발생의 임박한 손해damnum infectum에 대한 구제수단에 대해 서술하고 있는 것이다.[2] 그리고 그는 이어서 범죄나 비행에 해당하지 아니하는, 요컨대 형사절차에서 다루어지지 아니하는 과책행위faute에 대하여 간략한 설명을 하면서 불법행위에 대한 부분을 마무리한다.[3] 이렇게 불법행위법의 일부만을 취급한 도마의 간략한 체계가 이후 프랑스 민법전의 규정으로 대체로 승계되었다는 사정으로부터 프랑스 불법행위 규정들이 불충분하고 불명확하다는 사실이 해명된다.[4]

(2) 그렇다면 도마의 체계에서 무과실의 사용자책임은 어떠한 내용을 가지는가? 이에 대해 도마는 "학교의 교사, 수공업자 그 밖에 자신

---

1 Domat, Liv. II, Tit. VIII (470). [ ] 안의 내용은 필자가 부가한 것이다. 여기서 "délit"이라는 말의 의미는 불분명하며, 특히 범죄와 동의어로 사용된 것인지 아니면 다른 무엇을 의미하는지 등이 명백하지 않다. 그러나 이 용어가 형사절차와의 관련성하에서 이해되고 있는 것은 명백하다(Watson, 13 참조). 그래서 여기서는 잠정적으로 '비행'으로 번역하기로 한다.
2 Domat, Liv II, Tit. VIII, Sec. I, II, III (470 sqq.). 최병조, 논고, 70 이하 참조.
3 Domat, Liv. II, Tit. VIII, Sect IV (480 sqq.).
4 상세하게 Watson, 11 sqq. 예를 들어 도마와 마찬가지로 이후 프랑스 민법전의 기초자에게 큰 영향력을 행사한 포티에의 불법행위 관련 서술은 더욱 극단적으로 압축적이어서 대략 세 면 정도에 지나지 않는다(Pothier, n°s 116-122, (158-160)). 심지어 당시 널리 유통되던 교과서인 Argou, *Institution au droit françois*, Paris, 1762는 범죄에 대한 서술 외에는 아예 민사상 불법행위에 대한 서술이 완전히 부재하는 것으로 보인다. 그 결과, 앨런 워츤이 묘사하는 바와 같이, 프랑스 민법의 입법관여자들은 의지할 만한 학문적 권위의 결여에 직면하여 그 내용이 반드시 명확하지 아니한 6개의 규정을 정리해 안출하는 것에 그쳤던 것이다.

의 주거에 기예, 제작 내지 상업의 목적으로 학생, 도제 그 밖의 다른 사람들을 받아들이는 사람은 이들의 행위에 대해 책임이 있다"고 한다.1 그런데 흥미로운 사실은 도마는 여기서 독자적인 사용자책임을 표명하고 있는 것은 아니라는 점이다. 오히려 그는 여기서 교사, 장인 기타 사용자의 책임을 투하물·유출물책임의 한 예시로 들고 있을 뿐이며, 이는 전체 맥락에서 명백하다.2 그런데 이러한 도마의 발상은 이후 포티에에 의해 일반화된다.

"피용자가 그 사용자에게 의무를 지우는 일이 계약당사자의 경우에만 있는 것은 아니다. 어떤 사무를 어떤 사람에게 위탁한 사람은 그의 피용자가 그 사용되는 사무집행에 관해 행한 불법행위와 준불법행위에 대해 책임이 있다. […] 그러나 보조자가 그의 사무 밖에서 폭행이나 절도를 하였다면, 그는 책임을 지지 않을 것이다."3

"예방할 수 있었으나 이를 하지 않은 경우, 주인은 자신의 가사사용인의 불법행위에 대해 책임을 진다. 그리고 가사사용인이 자신이 사용되는 사무에 관하여 불법행위를 한 때에는 주인이 이를 예방할 수 없었더라도 마찬가지이다."4

이러한 주장이 선행 학설의 영향하에서 개진되고 있는 것인지 아니

---

1 Domat, Liv. II, Tit. VIII, Sec I, n° 7 (472).
2 예를 들어 Domat, Liv. II, Tit. VIII, Sec I, n° 8 (472): "앞의 모든 문단[의 서술]은 의도 없이 실수로 투하·유출된 것에 대한 것으로 이해된다. 의도가 있었다면, 그러한 가해는 비행 내지 범죄(le délit ou le crime)로서 행위의 성질 및 제반사정에 따라 매우 중대한 형벌에 의해 제재를 받는다."
3 Pothier, n° 453 (443). 여기서 포티에는 지배인소권에 관한 개소인 D. 14, 3, 5, 8ff.를 인용하고 있다. 또한 Pothier, n° 121 (160)도 참조: "주인(maître)도 자신이 일정 업무를 위해 사용한 종복이나 노무자의 불법행위나 준불법행위로 발생한 손해에 대해 책임을 부담해야 한다. 그가 불법행위나 준불법행위를 예방할 수 없었던 경우에도, 앞서 언급한 종복이나 노무자가 주인이 그들을 사용하는 직무의 범위에서 불법행위나 준불법행위를 한 것이라면 마찬가지이며, 이는 사용자의 부재 시에 그러한 행위를 하였던 경우에도 그러하다. 이러한 내용은 사용자가 좋은 고용인만을 쓰는 것에 주의하도록 확립된 것이다. [그러나] 이들이 자신의 사무 밖에서 행한 불법행위나 준불법행위에 대해서는 사용자는 결코 책임이 없다."
4 Pothier, n° 456 (444-445).

면 포티에 스스로 독자적으로 도달한 결론인지 여부는 이 맥락에서는 명백하지 않다. 18세기 프랑스에서 도마의 영향력을 고려할 때 포티에가 도마의 서술을 모르는 상태에서 일반적 사용자책임으로 나아갔다고 추측하기는 쉽지 않지만, 포티에가 도마의 영향을 별로 받지 않았다는 사정[1]과 도마의 서술은 투하물·유출물소권과 관련되어 있음에 반해 포티에는 지배인소권을 근거로 원용하고 있다는 점을 고려하면 확정적인 답을 내리기는 어렵다. 또한 포티에는 사용자를 위해 사무집행관련성 요건을 추가함으로써 무과실의 사용자책임을 완화한다는 점에서 보통법상 주장되고 있던 특정 견해와 유사한 모습을 보이지만, 이 견해를 직접 수용하고 있는지 여부도 분명하지는 않다. 그러나 어쨌든 그의 견해가 푸트에 의해 대표되는 해법 즉 사용자책임을 무과실책임으로 하되 이를 사무집행관련성에 의해 제한하는 태도와 내용적으로 일치하고 있으며 그 전거를 로마법상 지배인소권에서 찾고 있다는 사실은 주목할 만하다.[2]

(3) 국참사원Conseil d'Etat이 제출한 프랑스 민법전의 초안은 "주인 또는 사용자는 자신들의 가사피용인 또는 피용자를 사용한 사무범위에서 이들이 야기한 손해에 대해 책임을 진다"는 규정을 두어 포티에의 영향이 분명한 문언의 사용자책임을 인정하고자 하였다.[3] 입법이유서는 다른 대위책임과 함께 사용자책임을 피해자의 전보를 보장하는 제도로 이해한다.[4] 동시에 이러한 무과실책임의 제한이 필요함을 인정하

---

1 포티에는 많은 선행 학자들의 견해를 꼼꼼하게 참조하고 활용한 것으로 유명하지만, 도마에 대해서는 인용도 많지 않고 호의적이지도 않았다고 한다. Thireau, "Pothier," Arabeyre, Halpé rin et Krynen éd., *Dictionnaire historique des juristes français*, 2007, 637.
2 이는 특히 포티에가 피용자를 지시하는 용어로 사용하는 "préposé"가 지배인소권에서 사무의 위탁을 지시하기 위해 사용되었던 "praeponere"에서 파생된 것이라는 사실(32면 주 6 참조)에서 잘 나타난다.
3 Fenet XIII, 452. 통령제하에서 국참사원, 심의원, 입법원의 기능과 이들 기구가 프랑스 민법전의 제정과정에서 수행한 역할에 대해서는 남효순, "나뽈레옹법전(프랑스민법전)의 제정에 관한 연구," 서울대학교 법학, 제35권 제1호, 1994, 286면 이하 참조.
4 Treihard, "Exposé de motifs," Fenet XIII, 468: "종종 손해배상의 유일한 보장"(souvent

고 사용자책임의 경우 그것이 사무집행관련성 요건에 의해 충족된다고 말한다.[1] 동시에 심의원Tribunat에서 행한 보고에서는 사용자책임은 다음과 같은 이유로 정당화되었다. "결과적으로 주인에게 배상하도록 명하는 손해는 그가 이익을 취하는 그 업무가 발생시킨 것이 아니겠는가? 그는 악의적이거나 미숙하거나 부주의한 사람에게 신뢰를 부여한 것에 대해 자기 자신을 비난해야 하지 않겠는가? 제 3 자가 자신이 입은 손해의 진정한 원천이자 제일원인인 이러한 무사려한 신뢰의 피해자로 남게 되는 결과가 정당한 것일까? 그러므로 법률은 이 규정에서 형평이 요구하는 것을 확인할 뿐이다."[2] 이 규정은 1804년 2월 8일 심의원에 의해 수용되었고, 1804년 2월 19일 입법원Corps législatif에서 의결되어 이후 공포되는 프랑스 민법 제1384조 제 3 항으로 확정되었다.[3] 그리고 이 규정은 이후 내용의 개정 없이 현재 프랑스 민법 제1384조 제 5 항으로 유지되고 있다.

프랑스 민법에서 사용자책임의 입정과정을 살펴보면 보통법학의 발전과정에서 주장되고 포티에가 확립한 모델 즉 사무집행관련성에 의해 제한되는 무과실의 사용자책임을 최초로 입법적으로 채택하면서도, 보통법학의 논의수준을 넘어서 그에 실질적인 정책적 근거를 제시하고 있다는 점이 주목된다. 이후 논의에서 반복적으로 고려될 정책적 관점들이 여기서 이미 간결한 형태로 발견된다고 말해도 과장이라고 할 수 없을 것이다본장 V. 3. 참조. 물론 이후 19세기 자유주의의 전성시대에는 사용자책임도 (복멸할 수는 없는) 추정된 과실에 기한 책임으로 이해하는 해석이 지배적이었지만,[4] 이러한 경향은 오래 지속되지 못하였고 학설과 판례에 의해 포기되었다.[5] 현재 프랑스 민법의

---

la seule garantie de la réparation des dommages).
1 Treihard, "Exposé de motifs," Fenet XIII, 468.
2 Bertrand-de-Greuille, "Rapport," Fenet XIII, 476.
3 Fenet XIII, 478, 491.
4 Baudry-Lacantinerie II, n° 1352bis.
5 Starck, Roland et Boyer I, n° 887.

사용자책임이 무과실책임이라는 점에 대해서는 이론이 없다.

(4) 마지막으로 프랑스 사용자책임의 입법론에 대해 간략하게 언급하기로 한다. 2000년대 중반 프랑스 법무부Ministre de la Justice는 민법전의 채권법과 시효법의 개정작업을 준비하였다. 그 과정에서 예비초안을 작성할 위원회가 위촉되었고, 이 위원회는 2005년 법무부에 예비초안 및 그 이유서를 제출하였다.[1] 이 예비초안은 기본적으로 사무집행관련성과 피용자면책에 관해 파기원이 형성한 판례법을 규정에 반영하는 것을 목적으로 하고 있으며,[2] 그 결과 사무집행관련성에 의해 제한되는 무과실의 사용자책임이라는 프랑스 민법전의 입법태도는 여전히 유지하고 있다예비초안 제1359조, 제1359-1조, 제1360조: 아래 제5장 III. 3. 참조. 그러므로 프랑스 입법자들이 생각한 입법취지는 여전히 현재성을 가지고 있으며 유의미하다.

3. 오스트리아 민법전

오스트리아 민법전1811은 기본적으로 보통법학의 지배적 견해를 수용하고 있다는 점에서 프랑스 민법과 구별된다.

(1) 오스트리아 민법은 "스스로 관여하지 않은 타인의 위법한 행위에 대해서는 원칙적으로 책임이 없다. 법률이 반대의 내용을 정하는 경우에도, 유책한 자에 대한 구상은 유지된다"제1313조고 하여, 보통법학의 통설에 따라 타인의 과책에 대해서는 책임이 성립하지 아니한다는 원칙을 선언한다. 그리고 동법은 이어서 "자신의 사무처리를 위하여 능력이 부족한 사람 또는 알면서 위험한 사람을 사용한 자는 그

---

1 Pierre Catala/Ministère de la justice éd., *Avant-projet de réforme du droit des obligations et de la prescription*, 2006.
2 Catala, Avant-projet, 165 sqq.

사람이 그러한 성질로 인해 제3자에게 가한 손해에 대해 책임이 있다"제1315조고 하여 예외적으로 사용자책임이 성립할 수 있음을 인정한다. 이 규정은 보통법 학설에 따라 사용자가 선임에 자신의 과실이 있음을 이유로 자기책임을 부담한다는 입장을 반영하고 있는 것으로 보인다. 물론 엄밀한 의미의 선임상 과실은 알면서 위험한 사람을 사용한 사안에 대한 두 번째 경우에만 운위할 수 있겠지만, 규정의 맥락으로 판단할 때에 능력이 부족한 사람을 사용한 사안에 대한 첫 번째 경우 역시 사용자에게 과실이 있다고 평가하는 것으로 추측된다.[1] 실제로 입법관여자 역시 제1315조는 제1313조의 "외견상의 예외"일 뿐이라고 하면서, 그러한 경우 "항상 법률위반이나 과책이 존재하는 것이고, 결국 책임이 있는 사람만이 손해를 부담해야 한다"고 지적하여 이러한 추측을 뒷받침한다.[2]

(2) 그러나 현재 학설에서는 동법 제1315조를 적용범위가 제약되어 있는 무과실의 사용자책임으로 이해하는 견해가 우세하다. 이에 의하면 사용자는 피용자의 불법행위에 대해 과실 없이 책임을 부담하지만, 이는 ① 피용자가 능력이 부족한 경우, ② 피용자가 위험한 성질손해발생의 위험이 아님이 있고 사용자가 이를 알고 있었던 경우에 한정된다고 한다. 즉 이들 사유가 있으면 사용자가 선임·감독 등에 있어 모든 주의를 다하였다고 하더라도 책임을 부담한다는 점에서 무과실책임이라는 것이다.[3] 이러한 무과실책임은 능력이 부족한 사람이나 위험한 사람은 손해발생의 위험원이므로 일종의 위험책임으로 이해되고 설명되고 있다.[4] 물론 피용자의 책임은 그의 행위에 대해 독자적으로 불법행위요건이 충족되는지 여부에 따라 성립하며, 성립하는 경우 피용자는 사

---

1 Gschnitzer, 528: "도식화되고 경직화된 종류의 선임상 과실."
2 Zeiller III/2, 741f.
3 Koziol/Welser II, 358; KBB/Karner, §1315 Rn. 3, 4. 참조.
4 Koziol and Vogel, n. 4; 이상광, 사용자책임론, 28.

용자와 연대하여 책임을 진다.[1]

이렇게 이해한다면 오스트리아 민법의 사용자책임은 무과실책임으로 이해되지만 그 적용범위가 상대적으로 제약된다는 결과가 발생한다. 이로부터 발생하는 난점은 특별규정에 의한 책임들에 의해 완화된다예컨대 동법 제1319a조 등. 특히 오스트리아에서 비교적 넓게 인정되는 위험책임과 법인책임 등이 이에 해당한다.[2]

4. 판덱텐 법학과 독일 민법전

독일 민법전1900은 19세기 자유주의적 태도를 계승한 자기책임적 사용자책임을 정하고 있다는 점에서 프랑스 민법전과 대조를 이룬다.

(1) 19세기 독일의 보통법학판덱텐 법학에서는 현대적 관용기의 통설에 따라 사용자책임은 과실책임으로서 사용자의 선임·감독상 과실이 있어야 가능하다는 견해가 자명한 결론으로 통용되고 있었다.[3] 실제로 판덱텐 법학의 주요 저서에서 사용자책임을 독자적인 책임유형으로 다루는 경우는 거의 살펴볼 수 없고, 로마법에서 계수되어 예외적으로 인정되는 무과실책임만을 개별적으로 기술하고 있었을 뿐이다.[4] 이러한 경향은 독일 민법전 제정 이전의 여러 입법에서도 관찰된다. 전형적인 예로서 바덴에서 주법으로 프랑스 민법전이 계수되는 과정을 들 수 있다. 주지하는 바와 같이 바덴주법은 프랑스 민법전을

---

1 KBB/Karner, § 1315 Rn. 5.
2 KBB/Karner, § 1315 Rn. 6f.
3 von Wyss, 1ff., 70f.; Seiler, JZ 1967, 526f.; Niethammer, 7ff.; Coing II, 522; 이상광, 사용자책임론, 28-29.
4 Niethammer, 21f. 그래서 문헌들은 타인의 불법행위를 이유로 하는 책임이라는 표제하에 로마법상의 선주·여관주·축사주책임이나 투하물·유출물책임 등을 언급하는 것에 그친다. 예컨대 Puchta, Pandekten, § 392(전자만 언급); Dernburg Pandekten II, § 134(후자만 언급); Windscheid/Kipp II, § 457(양자 모두 언급) 등 참조. 또한 다른 관점에서 von Gierke III, 923f., 927f.도 참조.

번역하여 전체로서 계수하면서도 바덴의 구법을 고려하여 부분적으로 수정을 가하였다.[1] 그런데 바덴주법은 사용자책임에 대해서는 무과실책임을 정하는 프랑스 민법 제1384조 제5항에 대해 사용자의 면책입증을 부가하여 이를 추정적 과실책임으로 전환하여 받아들였다.[2] 또한 독일 일반상법전ADHGB; 1861의 제정과정에서도[3] 무과실의 사용자책임에 대한 저항이 발견된다. 심의과정에서는 여러 맥락지배인·상업사용인·임의대리인에 대한 상인의 책임, 운송업자의 책임, 철도업자의 책임, 운송주선인의 책임, 선박소유자의 책임 등에서 사용자의 무과실책임을 정할 것인지 문제되었다. 그러나 기초위원회는 운송업자, 철도업자, 선박소유자의 경우를 제외하고는동법 제395조, 제423조, 제451조 무과실의 사용자책임을 받아들일 것을 거부하고 일반적인 민사적 과실책임에 머무르게 하여 소극적인 태도를 보였던 것이다.[4] 1865년의 작센 민법전[5] 역시 타인의 행위에 대한 책임에 관해 과실책임을 원칙으로 하고 있었다동법 제779조 참조.

그러나 19세기 후반 독일 경제의 급속한 발전에 따라 법학은 점차로 사용자책임의 문제 특히 무과실책임으로 구성된 사용자책임 문제에 직면하게 되었다.[6] 그리고 이는 자연스럽게 당면한 독일의 법통일과 관련된 정책적 논의를 요구하였다. 이러한 사정은 1884년 제17차 독일 법률가대회Deutscher Juristentag가 사용자는 노무자의 과책에 대해 어느 범위에서 책임을 부담하여야 하는지의 문제를 다루었다는 사실에서 잘 나타난다. 여기서 채무불이행책임의 영역에서는 채무자가 이행보조자의 과실에 대해 책임을 부담해야 한다는 견해가 큰 저항 없이 받아들여졌다. 이러한 결론은 이미 이 시점에 이르면 현실적인 필

---

1 Schlosser, 133.
2 Niethammer, 61f.
3 독일 일반상법전의 제정과정에 대해서는 Schlosser, 174ff. 참조.
4 Niethammer, 70ff. 다만 운송주선업자 책임의 경우 과실의 입증책임은 전환되었다(동법 제380조).
5 작센 민법전에 대해서는 Schlosser, 179ff. 참조.
6 Coing II, S. 521f.; 이상광, 사용자책임론, 29.

요성 때문에 이미 거래계의 법적 확신의 수준에 도달한 상태였기 때문이다.[1] 그러나 불법행위법상 사용자책임의 입법적 선택에 대해서는 여전히 의견이 대립하였고, 법률가대회는 결론을 내릴 수 없었다. 특히 판덱텐 법학의 과실책임주의로부터 강한 비판이 제기되었기 때문이다.[2] 그러나 이미 시대의 흐름은 돌이킬 수 없었다. 불과 2년 후인 1886년에 제18차 독일 법률가대회는 불법행위의 영역에서 사용자가 자신의 노무자의 과책에 대해 어느 범위에서 책임을 부담해야 하는지의 문제를 다시 논의하였고, 여기서 법률가대회는 감정의견을 작성한 페터젠Petersen이 제안한 결론 즉 사용자는 채권관계가 없는 경우에도 노무자에게 위탁한 사무집행에 관하여 가해가 이루어진 한에서 노무자가 타인에게 가한 손해에 대해서도 책임을 부담해야 한다는 명제를 채택하였던 것이다.[3]

(2) 그러나 이러한 입법의견은 독일 민법전의 제정과정에서는 반영되지 못했다. 독일 민법전 제1 초안은 "정상적인 가부家父의 주의가 요구하는 경우 그리고 그러한 범위에서" 사용자가 피용자에 대해 감독할 의무가 있다고 정하면서제1초안 제711조 제1항, 그러한 의무를 위반한 사용자는 피용자가 사무집행에 관하여 행한 불법행위로 발생한 손해에 대해 의무위반과 손해발생 사이에 인과관계가 있는 경우 배상의

---

1 Seiler, JZ 1967, 527.
2 Niethammer, 115ff. 감정의견을 작성한 법률가들 사이에서 무과실책임을 주장한 드라이어 (Dreyer), 오토 마이어(Otto Mayer)가 판덱텐 법학의 입장에 선 에네체루스(Enneccerus), 레온하르트(Leonhard)와 대립하였다. 특히 스트라스부르 대학의 교수였던 오토 마이어는 프랑스 민법의 경험에 서서 판덱텐 법학의 과실책임주의와는 다른 결론에 도달하였는데, 이후 그가 프랑스 행정법학 연구에서 출발하여 독일 행정법학의 창시자가 된 사정을 예감하게 한다.
3 Seiler, JZ 1967, 528; Niethammer, 128ff. 물론 이러한 반전은 2년 사이에 법적 확신이 변경되었다기보다는 법률가대회에 참여한 법률가들의 인적 구성의 차이에서 기인한 것일 수도 있다. 그러나 제18차 법률가대회에서 토론에 참여한 법률가들 중에서 실무들은 압도적으로 무과실책임을 지지하였다는 사정, 그리고 제17차 법률가대회에서 판덱텐법학의 입장에서 과실책임을 옹호하였던 에네체루스조차 자신의 입장을 완화하여 위험한 영업의 경우 무과실책임을 받아들이고 일반적인 입증책임 전환을 지지하게 되었다는 사실 등은 19세기 말 독일 민법학에서 사용자책임과 관련된 동향의 변화를 나타내 보인다고 말할 수 있을 것이다.

무가 있다고 정하여제1초안 제711조 제2항, 제710조 제1항 과실책임주의에 기반한 사용자책임을 규정하였다. 제1 위원회는 사용자책임을 선임·감독의무 위반을 이유로 하는 과실책임으로 이해하였고, 명시적으로 무과실책임이나 입증책임전환을 거부하였다.[1] 이로써 제1 초안은 프로이센 일반 란트법과 보통법에 충실한 입법으로 머물렀다. 그러나 이는 법률가대회에서 확인된 시대의 흐름 및 제1 초안이 이행보조자의 과책에 대해서는 합목적적 고려에 기초해 채무자의 무과실책임을 수용하였다는 사정[2]과 비교할 때 다소 의외의 결과라고 볼 수도 있을 것이다. 이에 대해서는 제1 위원회가 채권법 사전초안 담당위원인 폰 퀴벨von Kübel의 사망 때문에 이미 20년 전 즉 1866년에 작성된 드레스덴 채권법 초안을 심의의 기초로 삼았다는 사정, 그리고 제1 위원회 자체가 인적으로 판덱텐 법학의 강한 영향 아래 있었다는 사정이 그 배경으로 지적되기도 한다.[3]

따라서 이후 과실책임주의에 기초한 제1 초안의 사용자책임에 대해 강한 비판이 제기되었다는 사실은 놀랄만한 일은 아니다.[4] 특히 영향력 있었던 기르케는 초안이 지나치게 과실책임주의에 일관하여 가사공동체나 기업과 같이 제3자에 대한 관계에서 단일체로 나타나는 관계와 일회적인 사무집행관계를 구별하지 않고 있음을 비판하였다.[5] 이러한 비판 및 제18차 독일 법률가대회의 결과 등은 제1 초안의 수정을 담당한 제2 위원회의 심의에 영향을 줄 수밖에 없었다. 심의과정에서는 여러 상이한 내용의 제안이 제기되었다. 그러나 결과적으로는 과실책임주의적 사용자책임을 유지하면서 과실의 입증책임을

---

1 Motive II, 736f. = Mugdan II, 411f. 아래의 내용에 대해 서광민, "민법 제756조," 198-199 도 참조.
2 비아커, "판덱텐 법학과 산업혁명," 서울대학교 법학, 제47권 제1호, 2006, 365-366 참조.
3 Seiler, JZ 1967, 528. 그 밖에 이상광, 사용자책임론, 32도 참조.
4 Niethammer, 154ff.
5 von Gierke, *Der Entwurf eines bürgerlichen Gesetzbuchs und das deutsche Recht*, 1889, 260f.("로마법 자체보다 더 로마적").

전환하는 내용의 제안이 받아들여졌다. 제 2 위원회의 다수의견은 타인을 사용하는 사용자는 그에 의해 타인에게 손해가 발생하지 않도록 배려해야 하고 그에 따라 보다 엄격한 책임을 부담하여야 한다는 것이 현대의 법의식에 부합한다고 하면서도, 보통법상의 원칙에 따라 사용자의 책임은 선임·감독상 주의에 기초한 과실책임으로 하면서 그 입증책임만을 전환함으로써 충분하며, 무과실책임을 인정할 경제적 필요는 존재하지 않는다는 것이었다.[1] 다수의견은 무과실의 사용자책임을 주장하는 소수의견에 대해 여전히 과실책임주의에 기초한 비판으로 응수하였다. 특히 기업조직에 의해 이익을 보는 사람이 그로부터 발생하는 손해비용을 부담해야 한다는 지적에 대해서는 그러한 현실상의 필요를 인정하면서도 그러한 규율은 민법이 아니라 특별법에 의해야 하며, 또한 그와 관련된 보험제도의 규율 없이 무과실의 사용자책임이 야기할 영향은 예견할 수 없다고 반박하였다.[2] 그런데 이러한 제 2 위원회 다수의견의 배후에는 법리적 근거 외에 다음과 같은 현실적인 경제적 논거가 발견되며, 이는 매우 시사적이다. 즉 "보호가 필요한 적지 않은 산업부문 및 소농업이 그러한 무거운 부담을 견뎌낼 수 있을지 여부에 대해 특히 의문이 제기되어야 한다. 대기업은 일종의 자기보험으로 스스로를 보호할 수 있거나 자발적으로 형성된 보험조합에 가입할 수 있을 것이다. 그러나 경험에 따르면 작은 기업은 그에게 요청되는 보험가능성을 드물게만 사용한다. 이러한 사정으로부터 민법전이 책임을 인수해서는 아니 되는 위험들이 발생할 수도 있다. 입증책임 전환의 결과로 피해자의 상태는 초안제1초안에 대해 현저하게 개선되었고 사용자의 책임은 적절하게 정해진 것이다."[3]

이렇게 안출된 제 2 초안 제754조에 사소한 수정을 가하여 현행 독

---

1 Protokolle der 2. Kommission, 2778f., 2784f. = Mugdan II, 1092, 1094.
2 Protokolle der 2. Kommission, 2785 = Mugdan II, 1094.
3 Protokolle der 2. Kommission, 2785 = Mugdan II, 1094f.

일 민법전 제831조의 사용자책임 규정이 성립하였다. 이에 의하면[1] "타인을 어느 사무에 사용하는 사람은, 그가 사무의 집행에 관하여 제3자에게 위법하게 가한 손해를 배상할 의무를 진다. 사용자가 피용자의 선임에 있어서, 또 사용자가 장비나 기구를 조달하거나 또는 사무의 집행을 지휘하여야 하는 한도에서는 그 조달이나 지휘에 있어서, 거래상 요구되는 주의를 다한 때 또는 그러한 주의를 하였어도 손해가 발생하였을 것인 때에는, 배상의무는 발생하지 아니한다동조 제1항." 그리고 "계약에 의하여 사용자를 위하여 제1항 제2문에 정하여진 일의 처리를 인수한 사람도 동일한 책임을 진다동조 제2항."

이상의 서술에서 명백한 바와 같이, 현실적 필요에 직면하여 그러나 판덱텐 법학 및 경제적 자유주의의 영향하에 탄생한[2] 독일 민법의 사용자책임은 타인의 과책에 대한 책임이 아니라 선임·감독상 과실에 기초한 사용자의 자기책임이다.[3] 그러므로 피용자는 일반적인 불법행위의 요건을 모두 충족할 필요는 없고 불법행위의 객관적인 요건 즉 위법하게 타인에게 손해를 가하였을 것만이 요구된다. 원칙적으로 피용자의 고의·과실은 요구되지 아니한다.[4] 그리고 이러한 피용자에 의한 위법한 가해에 사무집행관련성이 인정되면 사용자에게는 과실, 보다 엄밀하게 말한다면 피용자를 사용함에 있어서 요구되는 사회생활상 주의의무Verkehrspflichten의 위반이 추정된다.[5] 따라서 사용자는 자신에게 선임·감독의 주의를 다했다는 사실 또는 자신의 과실과 손해의 발생 사이에 인과관계가 없음을 입증함으로써 면책될 수 있다. 또한 판례는 사용자가 기업 등 거대조직인 경우에는 이른바 분산적 면책입증dezentralisierter Entlastungsbeweis을 인정하여, 예컨대 상급

---

1 번역은 양창수 역, 독일민법전 총칙·채권·물권, 2008에 의한다.
2 Niethammer, 171ff.
3 Jauernig/Teichmann, §831 Rn. 1.
4 Palandt/Sprau, §831 Rn. 8.
5 Larenz/Canaris II/2, 475.

자가 하급자에 대해 적절한 선임·감독의 주의를 다하고 기업주가 상급자에 대해서도 적절한 선임·감독의 주의를 다하는 때에도 면책을 인정하고 있다.[1]

(3) 그런데 독일 민법의 사용자책임은 입법정책적으로 비판을 받고 있으며, 학설·판례에 의해 그 적용이 크게 억제되어 있다. 즉 다수의 견해는 독일 민법 제831조가 입법정책적으로 타당하지 않다고 평가하고 있으며, 피용자에 의해 활동을 확대한 사용자에게는 피용자의 불법행위를 그대로 귀책시키는 대위책임적인 입법이 타당하다고 주장한다.[2] 실제로 1967년에는 정부에 의해 동조를 갈음하는 대위책임적 내용의 새로운 개정안이 제안되기도 하였다.[3] 그 결과 독일 민법 제831조의 적용범위는 학설과 판례의 노력에 의해서 제한되는 방향으로 나아갔으며, 결론에 있어서 대위책임적인 입법에 근접한다는 지적도 행해진다.[4] 동조의 적용을 회피하기 위해서 학설과 판례가 사용하는 방법들로는 다음과 같은 것을 들 수 있다.[5]

첫째, 채무불이행책임의 확장이다. 독일의 학설과 판례는 계약관계에서도 급부의무 외에 이른바 보호의무를 넓게 인정함으로써 계약관계의 진행과정에서 급부의 장애와 직접 관련이 없는 손해사건도 계약책임으로 처리할 수 있도록 하였다. 이로써 사용자의 면책이 가능한 독일 민법 제831조의 적용은 배제되고, 면책의 가능성이 없는 독일 민법 제278조(이행보조자의 과실에 대한 책임)가 적용되는 결과가 달성된다. 또

---

1 Jauernig/Teichmann, §831 Rn. 13; Palandt/Sprau, §831 Rn. 11. 물론 이러한 감독의 분산구조 자체가 적정하게 편성되어 있을 것이 요구된다.
2 자세한 것은 MünchKomm/Wagner, §831 Rn. 1ff.
3 개정안은 "사무를 위해 타인을 사용하는 사람은 그 타인이 그 사무처리에 관하여 고의 또는 과실에 의한 불법행위로 제3자에게 손해를 가한 때에는 그 타인과 함께 그 손해를 배상할 의무가 있다"고 하고 있었으나, 종국적으로는 관철되지는 못하였다. 관련된 논의로 이주흥, "독일법상 사용자책임에 있어서의 면책가능성 2," 63 이하 참조.
4 MünchKomm/Wagner, §831 Rn. 2; Galand-Carval, n. 46.
5 서광민, "민법 제756조," 201 이하; 이주흥, "독일법상 사용자책임에 있어서의 면책가능성 2," 67 이하; MünchKomm/Wagner, §831 Rn. 2 등.

한 동시에 계약이 아직 성립하기 이전이더라도 당사자들의 교섭 등 접촉에 의하여 보호의무관계가 성립함을 인정하여 계약체결 이전에 발생한 손해의 경우에도 이른바 계약체결상의 과실책임으로서 계약책임의 법리에 따라 배상받을 수 있도록 하고 있으며, 여기서도 마찬가지로 독일 민법 제278조가 적용되어 사용자의 면책가능성은 회피된다. 이러한 법리는 이제 2002년 채권법 대개정에 의하여 입법적으로 확인되었다동법 제241조 제 2 항, 제311조 제 2 항·제 3 항, 제282조 참조. 이는 사용자와 피해자 사이에 거래관계가 존재하거나 거래적 접촉이 있었던 경우에 사용자책임은 거의 대부분 이행보조자에 대한 채무자의 책임의 문제로 치환되어 해결되고 있음을 의미한다.

둘째, 법인책임의 확장이다. 독일 민법 제31조에 의하면 사단법인은 이사회, 이사회를 구성하는 이사 또는 그 밖의 정관에 따라 선임된 대리인이 사무처리에 관하여 제 3 자에게 가한 손해를 배상해야 한다. 통설과 판례는 '그 밖의 정관에 따라 선임된 대리인'ein anderer verfassungsmäßig berufener Vertreter을 넓게 해석하여, 반드시 정관에 명시적 근거가 없더라도 법인의 일반적인 조직 규정에 따라 법인의 사무를 독자적으로 처리하고 법인을 대리하는 사람도 이에 포함되는 것으로 해석한다. 이러한 확장해석의 이유가 사용자책임의 면책을 배제하기 위한 것이라는 점은 학설에 의해 명백히 의식되고 있다.[1]

셋째, 이른바 조직상 과책Organisationsverschulden의 인정이다. 즉 사용자가 비록 선임·감독에 대한 주의를 다하여 사용자책임으로부터는 면책될 수 있다고 하더라도, 사용자가 손해사고가 발생할 가능성이 있음에도 불구하고 이를 예방할 수 있는 방식의 합리적 조직운영을 하지 않은 경우에는, 사용자는 자신의 조직상 과책에 기하여 일반적인 불법행위특히 동법 제823조에 따라 손해배상책임을 부담한다.

---

1 Jauernig/Jauernig, § 31 Rn. 3.

이러한 학설과 판례의 노력에 의하여 독일 민법 제831조의 적용은 억제되어 대위책임적 사용자책임과의 차이는 오히려 사소한 부분에 한정되는 결과에 도달한다. 따라서 현재 독일 민법 제831조는 적용이 많지 않은 존재감이 미약한 규정이 되었다고 지적된다. 그러나 그 대가로 독일의 계약책임법이나 법인책임법은 다른 나라들과 비교할 때 과도하게 팽창되어 있는 모습을 보인다.[1]

(4) 1970년대 후반 이후 독일 정부에 의해 추진되어 온 채권법 개정과 관련해서 작성된 감정의견1981은 대위책임주의에 따라 사용자책임에서 사용자의 면책가능성을 배제하는 규정을 제안하고 있었다.[2] 즉 이에 의하면 "타인을 어느 사무를 위하여 사용하는 사람은 그 타인이 제3자에게 사무집행에 관하여 위법하게 가한 손해에 대해 책임이 있다. [그러나] 피용자에게 과책이 없는 때에는 제1문에 따른 사용자의 배상의무는 배제된다."

이러한 개정안은 종래 면책입증의 인정에 따라 부당한 결과를 야기하였던 독일 민법 제831조를 사용자의 무과실책임을 인정하는 방향으로 개정하는 것을 목적으로 하였다.[3] 그리고 다른 대위책임주의적 입법과 마찬가지로 피용자에게 고의·과실이 요구되는 것을 명시하였다. 여기서는 피용자의 고의·과실이 추정되는 것으로 하여 피해자가 이에 관한 입증의 어려움을 겪는 것을 예방하는 것이 의도되었다고 한다.[4]

그러나 이러한 개정안은 이후 법률로 반영되지 못하였다. 이 감정의견에 기초해 최종 개정안을 작성할 위원회는 정부로부터 계약채권관계와 시효법에 관한 개정안을 제출할 것을 위임받았고,[5] 그에 따라

---

1 MünchKomm/Wagner, §831 Rn. 2.
2 von Bar, "Deliktsrecht," 1762.
3 von Bar, "Deliktsrecht," 1776.
4 von Bar, "Deliktsrecht," 1776.
5 Bundesminister der Justiz, *Abschlußbericht der Kommission zur Überarbeitung des Schuldrchts*, 1992, 15.

최종 보고서에 불법행위법 개정안은 포함되지 않았기 때문이다. 그 결과 사용자책임에 관한 개정제안은 2002년의 채권법 대개정에서도 반영되지 아니하였고, 입법화될 수 있는 기회를 상실하였다.

5. 스위스 채무법

(1) 스위스 채무법은 독일 민법과 마찬가지로 사용자책임을 입증책임이 전환된 과실책임으로 규정하고 있다. 1881년의 스위스 구채무법은 이미 동법 제62조 제 1 항에서 사용자의 추정된 과실에 기초한 사용자책임을 정하고 있었다. 구채무법 초안은 프랑스 민법의 예를 따라 사용자의 무과실책임을 예정하고 있었으나, 입법자는 이를 완화하여 입증책임이 전환된 과실책임으로 하면서, 사용자에게 단순한 통상의 감독의무뿐만 아니라 손해발생을 예방할 의무를 부과하는 내용을 규정하였다고 한다.[1] 이후 1911년 개정된 현행 스위스 채무법 제55조 제 1 항도 문언을 일부 수정한 외에는 구채무법의 규율을 승계하였다. 이에 의하면 "사용자는 그의 노무자 또는 그 밖의 보조자가 근로 내지 영업상 사무처리에 관하여 야기한 손해에 대하여, 그러한 종류의 손해를 예방하기 위하여 제반사정에 좇아 요구되는 주의를 다하였거나 그러한 주의를 다하였어도 손해가 발생하였을 것이라는 사정을 입증하지 않는 한, 책임이 있다동법 제55조 제1항." 그리고 "사용자는 손해를 발생시킨 자에 대하여 그가 손해배상의무를 부담하는 한에서 구상을 할 수 있다동조 제2항."

(2) 그런데 스위스의 통설과 판례는 이러한 사용자책임을 사용자가 피용자의 가해행위에 대하여 자신의 과실 없이 책임을 부담하는 것으로 이해한다. 즉 사용자책임은 피용자의 과책Verschulden도 요구되지

| 1 Schneider/Fick (Hrsg.), *Das Schweizerische Obligationenrecht*, 1882, Art. 62, Nr. 1 (77).

않지만, 사용자의 과책도 요건이 아니라고 한다.[1] 물론 동조 제 1 항은 사용자가 손해예방의 주의를 다함으로써 면책될 수 있는 가능성을 열어두고 있지만, 이는 통상의 과실보다 더 객관화된 주의를 요구하는 것이고 책임능력도 전제하지 아니하므로 엄밀한 의미에서 과실책임이라고 볼 수 없고 일종의 무과실책임Kausalhaftung으로 보아야 한다는 것이다.[2] 이러한 다수설에 의하면 손해예방의 주의를 다하였다는 사정은 객관적으로 책임을 소멸시키는 면책사유로 이해된다. 그러나 이에 대해서 피용자에게 과책을 요구하지 않음과 동시에 사용자에게 손해예방의 주의를 다하였음을 입증하여 면책될 수 있도록 하고 있으므로 독일 민법과 같은 의미에서 추정된 과실에 기초한 자기책임이라고 보는 견해도 있다.[3]

이러한 논쟁은 법률구성과 용어법에 관한 것이고, 규율의 실질적인 내용에 관해 견해의 차이가 있는 것은 아니라고 생각된다. 통상 인정되는 객관적 과실의 내용보다 강화된 내용의 주의의무가 요구되는 사용자의 책임을 일반적인 의미의 '과실책임'이라고 볼 수 있는지 여부에 대해 다툼이 있는 것으로 보이기 때문이다.[4] 그러나 현재의 우리 민법학의 관점에서 손해예방의무에 따른 과실이 기준으로 부과되더라도 과실책임주의 입법이라고 말할 수 있다면, 스위스 채무법의 사용자책임은 사용자의 추정된 과실에 기초한 자기책임으로 평가되어야 할 것이다.

어쨌든 이상의 이해에 따라 학설과 판례는 사용자가 손해예방과 관련해서 기울여야 할 주의에 대하여 일반적인 주의보다 높은 수준의 주의를 요구한다. 사용자책임이 결과책임이라는 사실을 고려할 때 사용자는 객관적인 기준 및 구체적 제반사정에 좇아 손해를 예방하기 위해 필요한 모든 조치를 취해야 하며, 이는 통상적인 의미에

---

1 BK/Schnyder, Art. 55 Rn. 1.
2 Rey, Rn. 901; Widmer/Wessener, 123; Guhl/Koller, §25 Rn. 2, 10.
3 Honsell, §13 Rn. 4.
4 Widmer, n. 6 참조.

서 과책Verschulden보다는 강화된 내용이라고 한다.[1] 이러한 해석에 의하면 사용자의 주의의무는 결과방지를 내용으로 하는 객관적 의무로서, 사용자가 손해 발생을 예방하기 위해 적절한 조직을 편성하고 운영할 의무독일 민법상의 조직상 과책도 여기에 포함된다.[2] 실제로 최근 판례의 경향은 사용자의 주의의무를 매우 높게 설정하여 사실상 면책가능성을 거의 박탈하는 방향으로 나아가고 있다는 평가도 없지 않다.[3] 이러한 사용자 주의의무의 강한 객관화는 사용자의 면책가능성을 상당한 정도 저하시킬 수 있음은 물론이지만, 그러나 그럼에도 판례상으로는 면책이 인정되는 예가 존재한다는 사실도 부정할 수는 없다.[4]

(3) 스위스는 1988년부터 불법행위법 개혁 및 배상책임 관련 특별법의 통일을 내용으로 하는 손해배상법의 대대적인 개정을 준비하기 시작했다. 이를 위해 스위스 법무부는 1992년 비트머Widmer와 베쎄너 Wessener 두 교수에게 초안의 작성을 위임하였고, 두 사람은 1999년에 초안 및 이유서를 제출하였다. 연방참사원Bundesrat은 이 전문가 초안을 예비초안Vorentwurf으로 하여 입법절차를 시작하였으나, 본격적인 절차를 진행하지 않고 있다가 2009년에 최종적으로 개정을 포기하기에 이르렀다.[5] 이 초안은 결국 법률로 성립하지 아니하였지만, 비교적 최근의 입법적 시도로서 사용자책임의 입법주의 연구와 관련해 참조의 가치가 있다고 생각된다.

초안은 사람은 가해행위가 법률에 따라 귀속되는 한에서 손해배상의 의무가 있다는 원칙을 정하면서초안 제41조 제1항, 귀속의 근거로 자신

---

1 Rey, Rn. 924; BK/Schnyder, Art. 55 Rn. 16.
2 BK/Schnyder, Art. 55 Rn. 16.
3 Widmer/Wessener, 124.
4 Honsell, § 13 Rn. 32 참조.
5 경과는 스위스 법무무의 홈페이지의 다음 사이트에서 참조하였다(2012년 11월 15일 최종 방문).
   http://www.bj.admin.ch/bj/de/home/themen/wirtschaft/gesetzgebung/abgeschlossene_
   projekte/haftplicht.html

의 유책한 행태(a), 보조자의 사용(b), 특별히 위험한 활동(c)을 들고 있다동조 제2항. 보조자를 사용한다는 사실을 귀책근거로 들고 있다는 점에서 종래 사용자책임을 과실책임이 아니라고 이해하고 있었던 통설과 판례의 입장이 반영된 것으로 볼 수 있다. 이에 따른 구체적인 사용자책임은 다음과 같다. 우선 "보조자를 사용하는 사람은 보조자가 그 사무처리에 관하여 야기한 손해에 대해 책임이 있다, 그러나 그 보조자를 선임·지시·감독함에 있어 손해방지에 필요한 모든 조치를 다 하였음을 입증한 때에는 그러하지 아니하다초안 제49조." 그리고 "경제적 또는 직업적으로 수행되는 활동을 하는 기업의 운영을 위하여 일인 또는 다수의 보조자를 사용하는 사람은 그러한 활동의 영역에서 야기된 손해에 대하여 책임이 있다. 그러나 기업의 조직이 손해를 방지하기에 적절하였던 때에는 그러하지 아니하다초안 제49a조."

기초자들은 이러한 초안의 규정으로 종래 스위스의 학설·판례에 의해 인정되고 있던 바의 사용자책임을 그대로 유지하면서 그 문언을 수정하는 것을 목적으로 하였다고 한다. 특히 변경이 있는 점으로는 한편으로는 근로관계를 중심으로 하는 종래 규정의 용어를 수정하여 일반적인 지시종속관계를 포괄하는 문언을 채택하는 것, 그리고 다른 한편으로는 경제적·직업적 활동을 수반하는 기업의 경우에는 적절한 조직편성을 이유로 하는 면책 외에는 면책을 인정하지 않음으로써 책임을 강화하는 것이 언급되고 있다.[1] 기업의 사용자책임의 경우 면책을 배제해야 한다는 의견에 대해서는, 그러한 엄격한 책임은 중소기업에게는 가혹할 수 있다고 지적하면서, 법률에서 면책을 기업의 규모에 따라 구별하여 입법하는 것은 합목적적이지도 않고 가능하지도 않다는 이유로 면책배제를 거부하였다. 즉 모든 기업에 대해 적용되는 일반규정을 창출해야 하며, 그러한 이유로 초안과 같은 규정이 채

| 1 Widmer/Wessener, 125.

택되었다는 것이다.[1] 이러한 내용들을 살펴보면, 초안의 태도는 대체로 기존의 학설·판례를 반영한 작업이라고 평가할 수 있을 것이다.

Ⅳ. 근대 민법전의 계수와 최근의 동향

아래에서는 법전편찬으로 성립한 근대 민법전의 사용자책임 규정이 계수되는 모습을 몇몇 민법전을 통해서 확인하고, 아울러 최근에 새로 제정된 민법전과 유럽법 통일과 관련된 작업을 살펴보기로 한다.

1. 이탈리아 신민법전

이탈리아 구민법1865은 프랑스 민법의 사용자책임 규정을 거의 문언 그대로 받아들인 사용자책임을 정하고 있었다동법 제1153조 제4항. 이탈리아 신민법1942 역시 구민법의 태도를 변경하지 아니하고 프랑스 민법의 모범을 따라 타인의 행위에 대한 대위책임동법 제2048조 이하의 한 유형으로서 사용자책임을 규정한다. 즉 "고용주 및 사용자제2082조 이하는 자신들의 가사피용인 및 피용자가 그들이 고용한 사무집행에서 불법행위로 야기한 손해제2056조 이하에 대해 책임이 있다동법 제2049조." 이 규정에 의하면 사용자책임의 요건은 ① 사용관계, ② 사무집행관련성, ③ 피용자의 불법행위 이 세 가지이다.[2] 사용자의 면책은 인정되지 않는다. 즉 학설은 사용자책임을 위험상황을 창출하였다는 객관적인 사정으로부터 인정되는 무과실책임으로 이해한다.[3]

---

1 Widmer/Wessener, 126f.
2 Busnelli, Bargelli and Comandé, n. 32 sqq.
3 Busnelli, Bargelli and Comandé, n. 6; Zaccaria in Grundmann/Zaccaria (Hrsg.), *Einführung in das italienische Recht*, 2007, 260 Fn. 15 등 참조.

2. 스페인 민법전

스페인 민법1888/1889은 규정의 체계나 문언을 살펴볼 때 프랑스 민법을 따라 타인의 행위에 대한 책임을 규율하고 있다. 즉 동법 제1903조 제1항은 타인의 행위에 대하여 책임이 인정될 수 있다는 원칙을 밝히고 이하에서 여러 책임유형들을 정하고 있는데, 동조 제4항은 "마찬가지로 기업이나 회사의 주인 또는 책임자는 그들의 피용자가 고용된 영역의 사무집행에서 또는 그 사무의 기회에 야기한 손해에 대해서 책임이 있다"고 하여 사용자책임을 명정하고 있다. 그러나 프랑스 민법과는 달리 스페인 민법은 부모, 후견인, 교사 등의 책임에서뿐만 아니라 사용자책임과 관련해서도 면책의 가능성을 인정하고 있다. 즉 동조 제6항에 의하면 "본조에 언급된 사람이 손해를 예방하기 위해 선량한 가부家父의 완전한 주의를 다하였다는 사실을 입증하는 때에는 본조의 책임은 발생하지 않는다."

그러므로 스페인 학설은 사용자책임을 포함하여 타인의 행위에 대한 책임을 대위책임이 아닌 추정된 과실에 기초한 자기책임으로 이해한다. 사용자책임의 경우 사용자는 자신의 과실에 기하여 자기책임을 부담하는 것이고, 다만 민법은 과실을 추정하여 피해자 보호를 도모하는 것이라고 설명된다.[1] 즉 기본적으로 과실책임이다. 사용자는 자기책임을 부담하는 것이므로, 피용자가 반드시 불법행위의 요건을 충족할 필요는 없다. 예컨대 피용자가 책임능력이 없어도 동법 제1903조 제4항에 따른 사용자책임은 인정될 수 있다.[2]

그러나 실제로 스페인 실무는 사용자책임을 운용함에 있어서 사용자의 면책입증을 매우 엄격하게 인정하고 있어 법률의 문언과 현실의 법 사이에는 괴리가 존재한다고 한다. (부모의 책임과 함께) 사용자책임

---

1 Casals and Feliu, n. 1.
2 Casals and Feliu, n. 5.

의 영역에서 스페인 법원은 과실의 입증책임이 전환되어 있는 규정을 이용하여 사용자가 주의의무를 다했다는 입증을 거의 허용하지 않음으로써 결과적으로는 무과실책임에 접근하고 있다고 평가되는 것이다.[1] 그 결과 소수설은 판례 운용상 사용자책임은 실제로 무과실의 대위책임으로 이해해야 한다고 한다.[2]

3. 일본 민법전

(1) 일본 민법1896은 동법 제715조에서 사용자책임을 규율하고 있다. 이에 의하면 "어떤 사업을 위해 타인을 사용하는 자는 피용자가 그 사업의 집행에 관하여 제3자에 가한 손해를 배상할 책임을 진다. 다만 사용자가 피용자의 선임 및 그 사업의 감독에 관하여 상당한 주의를 한 때 또는 상당한 주의를 하여도 손해가 발생하였을 때에는 그러하지 아니하다제1항." 그리고 "사용자에 갈음하여 사업을 감독하는 자도 전항의 책임을 진다제2항." 그러한 경우 "전2항의 규정은 사용자 또는 감독자로부터 피용자에 대한 구상권의 행사를 방해하지 아니한다."

이 규정의 문언이나 입법경위를 살펴보면,[3] 일본의 사용자책임은 명백하게 추정된 과실에 기초한 사용자의 자기책임으로 규율되었음을 알 수 있다. 일본 구민법은 재산편 제373조에서 "주인, 업주親方; patron, 공사·운송 등의 영업인 또는 모든 위탁자commettant는 그 고인雇人, 직공 또는 수임자가 수임의 직무를 행하기 위해 또는 이를 행하는 기회에 가한 손해에 대해 책임을 진다"고 규정하고 있었다. 이는 사용자의 무과실책임을 규정하고 있는 것이었고 기초자의 의사도 그러했다. 즉 사용자가 능력이 부족하거나 부정직한 피용자를 선택하였다는 사

---

1 Casals and Feliu, n. 11.
2 Casals and Feliu, n. 12.
3 상세하게는 田上, 19 이하 참조.

실 때문에 손해가 발생한 것이므로 자신이 피용자의 가해를 예방할 수 없었다는 사정은 고려되어서는 안 되고, 그 결과 사용자는 무과실책임을 부담해야 한다는 것이다.[1] 이러한 입법태도는 기본적으로 프랑스 민법의 태도를 계수하려 한 것으로 이해된다.

그런데 현행 일본 민법의 기초자들은 이러한 구민법의 태도를 기각하고 자기책임적인 규정으로 전환하였다. 즉 기초자들은 사용자와 피용자를 열거하는 태도를 지양하고 이를 포괄하는 개념을 채택한 것에 더하여, 사용자가 선임·감독에 필요한 주의의무를 다하는 때에는 책임에서 벗어날 수 있는 가능성을 명시적으로 인정하였다. 이는 "사용자가 [피용자의] 선임 및 감독에 대하여 상당한 주의를 다한 때 또는 이를 다하였어도 손해를 발생하였을 경우에도 항상 그로 하여금 배상의 책임을 지게 하는 것은 입법상 정당한 이유가 없다"[2]는 고려에서 기인한 것이었다. 결국 면책입증의 인정에 의해 "사용자의 책임을 한정함과 함께 사업의 발달상 다수의 사람을 사용하지 않을 수 없는 사업이 증가하는 오늘날의 상황에 적합하게 하는 것"[3]이 의도되었던 것이다. 비슷한 시기의 독일 민법 제정과정에서와 같이 산업발달을 위해 기업가 면책을 고려하고 있는 이유제시는 주목할 점이 있다. 결과적으로 일본 민법의 사용자책임 규정은 독일 민법과 마찬가지로 사용자의 과실을 추정한 형태의 자기책임을 도입하려고 한 것으로 평가된다. 실제로 민법전 제정 직후의 학설도 그렇게 이해하고 있었다.[4]

(2) 일본의 판례는 비교적 초기에는 이러한 기초자들의 의사에 따

1 Exposé II, 504 sq.
2 未定稿本 民法修正案理由書, 617.
3 未定稿本 民法修正案理由書, 617. 법전조사회에서의 논의에 대해서는 大塚, 682 참조.
4 梅謙次郞, 民法要義, 卷之三, 1909, 895; 岡松參太郞, 註釋 民法理由, 下卷, 第九版, 1899, 次483. 그러나 뒤의 저자는 주지하는 바와 같이 이후 무과실책임을 연구하는 과정에서 사용자책임을 '보상책임'("특수한 방법에 의해 또는 특수한 물건 사람 내지 법률제도에 의해 특별한 이익을 수행하는 사람이 그 대상(對償)으로서 지는 책임," 岡松參太郞, 無過失損害賠償責任論(1916), 1953, 552)으로 이해하는 입장으로 선회한다(같은 책, 557).

라 실제로 사용자의 면책을 인정한 예가 일부 있었다고 한다.[1] 그러나 이러한 드문 예를 제외한다면 법원은 사용자가 선임·감독의 주의를 다하였다는 입증을 거의 인정하지 않음으로써 실질적으로 면책을 배제하고 있어, 일본 민법 제715조 제 1 항 단서는 공문화空文化되었다고 지적되고 있다.[2] 또한 사용자책임이 발생하기 위해서 피용자는 단순히 손해를 가하였다는 것만으로는 충분하지 않고 일반 불법행위의 요건을 모두 충족할 것, 특히 책임능력이나 고의·과실 등의 요건 등도 충족되어 있어야 한다고 해석하는 것이 통설과 판례이다.[3] 그러므로 일본에서 실무상 사용자책임은, 추정된 과실의 자기책임이 아니라, 피용자의 불법행위를 전제로 사용자가 무과실책임을 지는 대위책임에 가까운 모습이라고 말할 수 있다.[4]

이러한 규정 문언과 실제 운용의 괴리에 직면하여 일본의 통설은 실질적 무과실책임을 정당화하기 위해 사용자는 피용자의 활동에 의하여 그 사업범위를 확장하여 이익을 올리는 것이므로 이익이 존재하는 곳에 손실이 돌아가야 한다는 보상책임의 원리가 책임의 근거가 된다고 설명하고 있었고,[5] 또 다른 일부 견해는 이를 위험책임의 원리에 기초한 것으로 이해하기도 하였다.[6] 그러나 판례와 통설의 현실을 직시하여 이를 바로 영국이나 프랑스에서 논의되는 바와 같이 타인행위에 대한 책임이라는 관점에서 대위책임으로 파악해야 한다는 지적도 있다.[7] 더 나아가 기업책임이라는 관점에서 사용자책임의 요건을 새로이 해석하려는 움직임도 적지 않다예컨대 피용자의 고의·과실을 요구하지 않는 해석 등.[8]

1 大正期의 판례에 대해 大塚, 699 참조.
2 加藤, 184; 平井, 237.
3 加藤, 167; 平井, 237.
4 平井, 224.
5 加藤, 165.
6 四宮, 681 등 참조.
7 平井, 224-225.
8 자세한 것은 吉村, 202 이하 등 참조.

4. 네덜란드 신민법전

네덜란드 신민법1992은 제6:170조, 제6:172조에서 사용자책임에 대하여 규정하고 있다제6:171조는 독립적 계약자에 대한 책임을 정한다. 이에 의하면 "제3자가 하위자下位者; ondergeschikte의 비행非行; fout에 의하여 입은 손해에 대해서는, 그 비행의 위험이 그러한 사무처리 위탁에 의해 증대되었고 그를 위하여 하위자가 사무를 처리하는 사람이 관계 법률관계에 기초해서 비행이 있었던 행태에 관련하여 지시권능을 가지고 있었던 경우에, 그를 위하여 하위자가 사무를 처리하는 사람이 책임을 진다제6:170조 제1항." 반면 "하위자가 어떤 자연인의 사무를 처리하였고 후자의 직업이나 영업을 위하여 근로하지 아니하는 경우에는, 후자는 하위자가 비행에 관하여 그에게 위탁한 사무의 이행으로 행위하고 있었던 경우에만 책임을 진다동조 제2항." 이들 경우에 "하위자와 그를 위하여 하위자가 사무를 처리하는 사람이 함께 손해에 대해 책임을 지는 경우에, 손해가 고의 또는 인식 있는 과실의 결과가 아닌 한 하위자는 내부관계에서 손해배상에 대해 구상의무가 없다. [그러나] 사안의 제반사정으로부터 그들의 법률관계의 성질을 고려하여 다른 결과가 인정될 수 있다동조 제3항." 또한 "대리인의 행태가 그 자신에게 귀속하는 권한 행사에 관하여 제3자에 대한 비행을 내용으로 하는 경우에는 본인도 제3자에 대해 책임을 진다제6:172조."

이상의 규정에서 알 수 있는 바와 같이, 네덜란드 신민법은 다른 나라의 민법에 비하면 보다 상세한 규정을 두어 법률관계를 규율하고 있다는 점이 특징이다. 책임구조에 대해 본다면 신민법은 명백하게 무과실의 대위책임주의에 입각해 있다. 즉 피용자의 비행, 즉 유책하고 위법한 행위에 의해 제3자가 손해를 입었을 것을 전제로 하여[1] 사용자가 당연히 책임을 지는 것을 규정하고, 그 경우 사용자에 대해

| 1 Mincke, *Einführung in das niederländische Recht*, 2002, Rn. 298.

면책가능성을 인정하지 않는다.

5. PETL과 DCFR

유럽 민법 통합과정에서 나온 여러 연구작업들 중에서 사용자책임에 대한 연구안을 제시하는 것이 있다. 여기서는 유럽 불법행위법 그룹European Group on Tort Law의 「유럽불법행위법 원칙Principles of European Tort Law」과 유럽 민법전 연구회Study Group on a European Civil Code와 EC 사법 연구회Research Group on EC Private Law가 편집한 「유럽 사법의 원리, 정의 그리고 모델규칙」 즉 이른바 공통준거틀 초안Draft Common Frame of Reference; DCFR을 살펴보기로 한다.[1]

(1) PETL은 제6:102조 제1항에서 사용자책임을 규정한다. 이에 의하면 "누구든지 그의 보조자가 요구되는 행태기준을 위반하여 그들의 직무 내의 행위로 타인에게 가한 손해에 대해서 책임이 있다." 동조의 책임은 명백하게 대위책임적인 구조를 보인다. 즉 우선 사용자책임이 성립하기 위해서는 피용자가 불법행위의 요건을 충족하고 있어야 한다. 즉 단순한 위법한 가해 외에도 고의·과실 및 책임능력이 있어야 한다.[2] 반면 피용자의 불법행위가 성립하는 이상 사용자는 면책의 가능성 없이 무과실의 사용자책임을 부담한다. 그러므로 이는 무과실의

---

1 공통준거틀(CFR) 작성과 관련해 유럽연합의 지원을 받은 연구회는 다수 있으나(우선 Zim- mermann and MacQueen, "Preface," *European Contract Law: Scots and South African Perspectives*, 2006, ix의 목록을 보라) 필자가 조사한 한에서 불법행위법에 대한 연구안은 본문에 언급된 것 외에는 없는 것으로 보인다. 예를 들어 프랑스의 앙리 카피탕 협회(Asso- ciation Henric Capitant)와 비교입법협회(Société de Législation Comparée)가 작성한 안은 현재 계약법 부분에 한정되어 있다(*Projet de cadre commun de référence. Principes contractuels communs*, 2008; *Projet de cadre commun de référence. Terminologie contractuelle commune*, 2008). 경과에 대해서는 Zimmermann, "Common Frame of Reference (CFR)," Basedow, Hopt, Zimmermann and Stier ed., *The Max Planck En- cyclopedia of European Private Law*, Volume I, 2012, 261 sqq. 참조.
2 Moréteau in PETL, 118.

대위책임이다.[1] 이러한 선택은 무과실책임적인 대위책임이 비교법적으로 우위를 점하고 있을 뿐만 아니라, 자기책임적인 입법을 채택한 나라에서도 여러 가지 방법으로 면책을 제한하는 경향이 현저하다는 관찰에 근거를 두고 있다.[2]

(2) 「유럽 사법의 원리, 정의 그리고 모델규칙」에 의하면 법적으로 유의미한 손해를 입은 사람은 그 손해를 고의 또는 과실로 야기한 사람 또는 그 밖의 사유로 그 손해야기가 귀책되는 사람에 대해서 배상의 권리가 있다VI.-1:101 제1항. 즉 고의·과실이 원칙적인 귀책근거이지만, 별도의 규정에 따른 귀책에 의해 무과실책임이 인정될 수 있는 것이다. 그런데 이 연구안은 사용자책임은 명백히 사용자의 고의·과실을 전제로 하지 않은 무과실책임임을 전제로 하여"Section 2: Accountability without intention or negligence" 관련 규정을 두고 있다. 동 연구안 VI.-3:201 제1항은 다음과 같다.

VI.-3:201 노무자 및 대표자가 야기한 손해에 대한 책임
① 타인을 고용하거나 그와 유사하게 사용하는 사람은 노무자 또는 피용자가 다음의 요건을 충족하는 경우에 제3자가 입은 법적으로 유의미한 손해에 대해 책임이 있다.
　(a) 노무자 또는 피용자가 고용 또는 사용에 관하여 손해를 야기하였을 것.
　(b) 노무자 또는 피용자가 고의 또는 과실로 야기하였거나 그 밖의 방법으로 손해야기에 책임이 있을 것.

이 규정은 문언에서 이미 사무집행에 관한 피용자의 불법행위가 성립하면 사용자가 무과실책임을 부담한다는 사실을 명백하게 하고 있다. 사용자의 고의·과실은 요구되지 않는 무과실책임이다.[3] 여기서

1　Moréteau in PETL, 116.
2　Galand-Carval, n. 46.
3　DCFR IV, 3453 sq.

도 PETL에서와 마찬가지로 유럽의 다수의 나라들이 무과실의 대위책임에 기초한 사용자책임을 가지고 있으며 그렇지 않은 나라들도 법원의 운영에 의하여 그러한 결과에 근접하고 있다는 사실이 규율의 근거로 언급되고 있다.[1]

V. 우리 민법의 사용자책임과 비교법적 평가

1. 민법 제756조의 성립사

(1) 건국 이후 우리 민법전의 제정에 착수한 법전편찬위원회의 「민법전편찬요강」은 사용자책임에 대하여 의용민법의 규율을 특별히 변경할 의도는 없었던 것으로 보인다. 이는 「요강」이 사용자책임의 입법방침에 대해서 "미성년자, 법정대리인, 심신상실자 또는 사용자의 책임이 부정되는 경우일지라도 형평의 견지에서 필요한 경우에는 행위자 또는 사용자로 하여금 그 손해의 전부 또는 일부를 배상케 할 것"[2]이라고 하고 있었던 사실에서 추측할 수 있다. 즉 기초자들은 사용자의 면책가능성을 인정하면서 예외적으로 형평을 고려하여 무과실책임을 부담시키는 입법을 구상하고 있었던 것으로 보인다. 의용민법 하에서는 책임무능력자의 감독의무자가 면책되는 경우에 형평에 따라 책임무능력자에게 배상의무를 인정하는 독일 민법 제829조의 규정을 손해분담에 관한 '구체적 형평주의'의 전형적인 예로서 긍정적으로 평가하는 학설의 경향이 있었는데,[3] 「요강」은 그러한 규율을 수용하면서 이를 사용자책임에 확장하여 사용자가 선임·감독의 주의를 다하

---

1 DCFR IV, 3453.
2 법전편찬위원회, "민법전편찬요강," 채권법각론 39 = 양창수, 민법연구, 제 1 권, 1991, 110. 한자 표기는 필요한 경우에 한정하며, 맞춤법은 일부 수정하였고, 필요한 경우 구두점을 부가하였다. 이하 민법제정에 관한 다른 자료에 대해서도 같다.
3 我妻, "具體的衡平主義," 229-231 참조.

여 면책되는 경우에도 피해자 보호를 위해 예외적으로 형평에 따른 배상을 인정하고자 하였던 것이다. 이는 아마도 중화민국 민법_{동법} 제187조 제3항, 제188조 제2항의 영향을 받은 것으로 추측된다.

(2) 이러한 법전편찬위원회의 구상은 민법전 초안에 다음과 같이 반영되어 있었다.

초안 제749조

① 타인을 사용하여 어느 사무에 종사하게 한 자는 피용자가 그 사무집행으로 인하여 제3자에게 가한 손해를 배상할 책임이 있다. 그러나 사용자가 피용자의 선임 및 그 사무감독에 상당한 주의를 한 때 또는 상당한 주의를 하여도 손해 있을 경우에는 그리하지 아니하다.

② 사용자를 가름하여 그 사무를 감독하는 자도 전항의 책임이 있다.

③ 전2항의 경우에 사용자 또는 감독자는 피용자에게 대하여 구상권을 행사할 수 있다.

초안 제750조

전4조의 규정에 의하여 미성년자, 심신상실자, 감독의무자 또는 사용인에게 손해배상의 책임이 없는 경우에도 법원은 당사자의 경제상황 및 기타 사정을 참작하여 그에게 손해의 전부 또는 일부의 배상을 명할 수 있다.

이는 기본적으로 사용자책임에 관해서는 "현행법_{의용민법} 제715조와 동일취지이나 현행법의 「사업」을 「사무」로 「사업의 집행에 관하여」를 「사무집행으로 인하여」로 수정"[1]한 것으로, 기본적으로 사용자의 면책가능성을 염두에 두면서 예외적으로 형평을 고려하여 사용자에게 무과실책임을 지우도록 하는 법전편찬위원회의 의도를 충실히 반영한 것으로 볼 수 있다.

| 1 민법안심의록, 상권, 444 참조.

그러나 이에 대해 민법안소위는 다음과 같은 내용의 심의를 바탕으로 문언을 일부 수정하였다. 우선 초안 제749조에 대하여 다음과 같이 말한다.

> "① 본조는 타인을 사용하여 자기의 활동범위를 확장한 자는 그 확장된 범위에 있어서 보상책임(이익이 歸하는 곳에 손실이 歸한다는 이념)을 입법한 것으로서 본조의 「사무집행으로 인하여」라는 문구는 본래의 사무집행 자체에 국한하는 것으로 오해되기 쉬워서 너무 협소하여 상기 보상책임의 정신에 위반되므로 「사무집행에 관하여」로 수정함이 타당하다.
>
> ② 제1항 중 「사무집행으로 인하여」를 「사무집행에 관하여」로 수정한다. (제34조 참조)
>
> ③ 현행법의 「사업」을 초안이 「사무」로 한 것은 타당하다."[1]

이에 의하면 입법자는 당시 일본의 통설이 사용자책임의 근거로 들고 있었던 보상책임의 원리에 기초하여 사무집행관련성을 "본래의 사무집행 자체에 국한"하지 않도록 하기 위해 보다 넓은 문언을 채택하였음을 밝히고 있다. 그러나 입법자가 '보상책임'이라는 근거로 사용자 면책에 관해 어떠한 태도를 보이는지를 추측하기는 쉽지 않다. 특히 입법자가 사용자의 면책을 억제하는 당시 의용민법하의 실무를 그대로 용인하려는 것이었는지 여부도 분명한 것은 아니다. 오히려 심의과정을 살펴본다면 입법자는 추정된 과실에 기초한 자기책임적 사용자책임을 그 규정대로 이해하여 사용자의 면책에 적대적이지는 않았던 것으로 보인다. 이는 사용자가 면책되는 경우 예외적 무과실책임을 규정하고 있던 초안 제750조가 삭제되는 과정에서 잘 나타난다. 이에 관한 심의내용은 다소 길더라도 인용의 가치가 있다고 생각된다.

---

1 민법안심의록, 상권, 445.

"본조는 가해자 본인이 책임능력이 없으므로 말미암아 손해배상책임을 지지 아니하는 경우에라도 당사자의 경제상태 및 기타 사정이 있는 때에는 가해자 본인에게 무과실배상책임을 인정하자는 것이며, 또 감독의무자·사용인도 감독의무를 해태하지 않거나 선임감독에 상당한 주의를 한 관계로 손해배상책임이 없는 경우에라도 전기 사정이 있는 때에는 감독의무자·사용인에게 무과실배상책임을 인정하자는 것이다. 가해자인 피용자에게 고의·과실 등의 불법행위 요건이 구비하여 피용자가 손해배상책임을 지는 경우에 한하여 사용인이 초안 제749조(현행법[의용민법] 제715조)의 규정에 의하여 손해배상책임을 지는 것이 통설이므로, 본조에 「사용인」을 가하는 것이 사용인 자신의 선임감독상 상당한 주의를 하였으므로 인한 손해배상 없는 경우를 규정한 취지인지 또는 가해자인 피용자에게 고의·과실 등이 없어 책임 없으므로 말미암아 따라서 사용인도 책임 없는 경우까지를 규정한 취지인지 조문의 문언으로서는 불분명하다. 현시의 법학사조에 의하면 개인주의에 배태하는 「자기책임의 원칙」에서 단체주의에 배태하는 인류사회공동생활에 있어서의 「손실의 적절한 부담분배사상」의 경향으로 이행하는 추세를 보이고 있으나, 본초안이 책임무능력제도와 감독의무자·사용인에 있어서의 과실을 요하는 제도를 전수조에서 인정하여 책임무능력자 또는 무과실자의 무책임을 규정하면서 본조에 와서 「당사자의 경제상태 기타 사정을 참작하여」라는 외에 거의 경우를 한정하는 조건 없이 「자기책임의 원칙」에 대한 전면적인 예외를 설하여 판사의 재량에 의하여 무과실배상책임을 인정할 수 있게 한 것은 개인의 자유활동을 부당히 위축시키는 결과를 초래하며 (불법행위 제도에 있어서 가해행위를 방지하는 것이 한 가지 중요한 기능으로 되어 있는 것이다) 더욱이 개인주의에 기초를 두고 자유활동, 자유경쟁을 강조하는 자유민주주의 경제체제 하에서는 이러한 무과실책임주의의 전면적 채택은 재고의 여지가 있을뿐더러 공장, 광산 등에서 필요한 경우에는 특별법에 의한 입법조치 기타의 방법으로 어떤 정도의 무과실책임을 인정할 수 있고 또 재해보험제도에 의하여 손실부담의 사회화를 기할 수 있는 것이다. 따라서 본조는 삭제함이 可하다."[1]

---

1 민법안심의록, 상권, 446.

대개 문언이나 법리에 대해 소략한 심의에 국한하는 「민법안심의록」에서, 그 당부는 별론으로, 비교적 상세한 법정책적인 이유제시를 발견할 수 있다는 사실은 주목할 만하다. 특히 무과실의 사용자책임이 경제활동을 위축시킬 우려가 있고 개별적으로 무과실책임이 필요한 때에는 특별법에 의해 대처할 수 있다는 설명은 독일 민법 제정과정에서 제2위원회가 언급했던 이유와 놀랄 정도로 유사하다. 입법자가 당시 지배적인 이론이었던 '손실의 적절한 부담분배사상'[1]을 명시적으로 배척하면서 자유주의에 기초한 자기책임의 원칙을 강조하고 있다는 사실은 우리 민법 제정과정에서 입법자가 가지고 있었던 법정책적 지향을 이해하는 데 귀중한 단서가 될 수 있다고 생각된다.[2] 결론적으로 입법자는 추정된 과실에 따라 사용자의 면책가능성을 인정하는 자기책임적 사용자책임을 의욕하였던 것으로 보인다.

2. 사용자책임에 대한 학설과 판례

(1) 이러한 입법의도와는 달리, 판례는 자기책임적인 내용의 사용자책임 규정을 대위책임적인 내용으로 운용하고 있다고 평가할 수 있다. 앞서 언급한 바와 같이본장 I. 1. 참조 판례는 사용자책임이 인정되기 위해서는 피용자의 행위가 위법할 뿐만 아니라 유책해야 한다고 하여 피용자의 불법행위를 요구하고 있으면서,[3] 더 나아가 선임·감독의 주의의무를 다하였다는 사용자의 면책의 항변을 인정한 예가 없어 사

---

1 그 배후에 있는 입장으로 생각되는 我妻, "具體的衡平主義," 229 이하 참조.
2 이 점에서 사용자책임에 대한 입법태도 역시 1940년대까지의 일본민법학에 의해 규정되지 아니하는 우리 민법의 요소들 중 하나로 들 수 있을 것이다.
3 大判 1981. 8. 11., 81다298, 집 29-2, 263. 그래서 예컨대 大判 1991. 11. 8., 91다20263, 공보 1992, 74는 입장권을 소지한 사람이 객차 안까지 들어가 전송을 한 다음 진행 중인 열차에서 뛰어내리다가 사망한 사고에서 "열차승무원들에게 일일이 열차 내를 다니면서 입장권만 소지하고 승차한 사람이 있는지를 확인하고 그러한 사람이 있으면 모두 하차하게 한 다음 열차를 출발시키도록 기대하기 어려운 상황이므로 그들이 […] 안내방송 외에 위와 같은 조치를 취하지 않았다 하여 탓할 수 없"다는 이유로 사용자책임을 부정한다.

용자책임을 사실상 무과실책임으로 운용하고 있는 것이다. 그러므로 판례에 의하여 형성된 현재의 '있는 법'은 피용자의 불법행위를 전제로 사용자에게 무과실책임을 부여하는 내용의 대위책임적인 사용자책임이라고 말할 수 있다.

통설도 이러한 판례의 결과를 대체로 수긍하고 있는 것으로 보인다.[1] 그에 따라 통설은 사용자책임을 보상책임 원리에 기초한 중간책임으로 보고 있다.[2] 사용자는 피용자의 가해행위에 대해서 고의·과실이 없어도 책임을 부담하므로 무과실책임적 성질이 있지만, 다른 한편으로 선임·감독의 무과실을 입증하여 면책될 수 있으므로 과실책임적 성질이 있어 중간적 책임으로 보아야 한다는 것이다.[3] 그러나 피용자에게 책임능력, 고의·과실 등이 있어 불법행위가 성립해야 한다는 요건에 대해서는 이를 반대하여 피용자는 단순히 손해만을 가하는 것으로 충분하다고 해석하는 견해도 유력하다.[4] 반면 사용자책임을 문언에 충실하게 추정된 주의의무 위반을 이유로 하는 사용자의 자기책임으로 이해하는 견해도 있다.[5] 이 견해는 면책입증과 관련해서는 판례가 단지 높은 주의의무 수준을 요구하고 있는 것으로 이해한다.[6]

---

1 곽윤직, 채권각론, 419-420; 민법주해[XVIII]/이주흥, 580 이하, 588 이하; 권오승, "사용자책임에 대한 검토," 631-632, 635 등. 면책입증 부정과 관련하여, 김증한·김학동, 채권각론, 839.
2 민법주해[XVIII]/이주흥, 496 참조.
3 곽윤직, 채권각론, 416; 김증한·김학동, 채권각론, 818-819; 김기선, 채권각론, 426-427 등. 그러나 사용자가 가해행위에 고의·과실이 없어도 책임을 진다는 측면에서 무과실책임의 성질이 있다는 설명은 불법행위 일반이론에 비추어 설득력이 없다고 생각된다. 사용자에게 감독의무가 있는 이상 이는 피용자의 가해행위를 예견하고 예방할 주의의무이고, 사용자가 그러한 주의를 다하지 못해 피용자의 가해행위가 발생하였다면 사용자는 자신의 과실을 이유로 책임을 성립시키는 것이기 때문이다(이에 대해 Larenz/Canaris II/2, 475 참조). 실제로 선임·감독상 주의의무 위반의 경우에만 사용자가 책임을 부담한다는 견해가 지배적이었던 보통법학에서도 이를 자명하게 사용자의 과실책임으로 이해하고 있었다(본장 III. 1. 참조).
4 김증한·김학동, 채권각론, 836-837; 이상광, 사용자책임론, 116.
5 이태재, 채권각론, 487-488; 김형배, "사용자책임과 판례," 3-4; 강봉석, "사용자책임," 132-133; 이은영, 채권각론, 850-851; 이상광, 사용자책임론, 93-95.
6 김형배, "사용자책임과 판례," 24 이하.

(2) 이러한 판례·통설에 기반하여 사용자책임을 대위책임으로 입법하면서 면책가능성을 제한할 것을 주장하는 입법론이 주장되기도 하였다.[1] 2004년 민법 개정안을 심의하는 과정에서는 제756조 제3항의 구상권 제한과 관련해서만 상세한 심의가 이루어졌고, 제1항의 책임구조와 관련되어서는 기존의 법상태를 그대로 전제로 하고 있었다. 그러나 결과적으로 2004년 개정안은 제756조를 개정대상에서 제외하였다.[2]

3. 사용자책임의 입법주의 검토

(1) 사용자책임의 입법주의에 대한 비교법적 서술로부터 무과실의 대위책임이 각국의 입법 및 실무에서 압도적인 우위를 점하고 있다는 사실을 확인할 수 있다. 이는 한편으로 다수의 국가들이 그러한 내용의 사용자책임을 입법적으로 확인하고 있다는 사실에서, 그리고 다른 한편으로 자기책임적 사용자책임을 정하는 국가들이 실무상 사용자면책의 결과를 회피하기 위해 노력하고 있으며 또한 그러한 방향으로 개정 시도를 하고 있다는 사실에서 잘 나타난다. 즉 이러한 관찰은 사용자는 ① 피용자가 책임능력 및 고의·과실을 포함하여 모든 불법행위 요건을 충족하는 경우 ② 면책가능성 없이 책임을 부담하는 규율이 정당하다는 것을 보인다.

(2) 비교법적인 관찰에서 벗어나 입법정책적인 평가에 기초해 살펴볼 때에도, 추정된 과실에 기초한 자기책임적인 사용자책임보다 사무집행관련성에 의해 제약되는 대위책임적인 무과실의 사용자책임이 타당하다는 사실을 부정하기 어렵다.

---

1 권오승, "사용자책임에 대한 검토," 638 이하.
2 법무부, 민법(재산편) 개정 자료집, 2004, 1111 이하.

다른 사람을 보조자로 사용하여 자신의 경제적 활동의 범위를 확장하는 사람은 이로써 이익을 창출할 가능성을 넓힘과 동시에 손해를 발생시킬 가능성 역시 확대시킨다. 여기서 사용관계에 따른 경제활동의 확장에 의한 이익을 사용자에게 전부 귀속시키면서도 그와 동시에 발생하는 손해가능성이 실현된 결과인 손해비용을 부담시키지 않는 결과는 타당하다고 하기 어렵다.[1] 이는 경제학에서 말하는 비용의 외부화이다. 즉 사용자가 이익의 창출을 위해 증가시킨 사회적 비용을, 그로부터 이익을 받는 사용자가 아니라, 피용자의 통상적인 무자력에 직면하여 사용자에게 배상을 청구할 이해관계 있는 피해자들이 우연적으로 부담하는 것은 합리적이라고 하기 어렵기 때문이다. 사용자가 직접 사무를 처리하였다면 자신이 부담하였을 손해배상의 비용을 동일한 사무에 다른 사람을 사용하였다는 이유로 회피할 수 있도록 하는 결과는 허용되어서는 안 된다.[2] 피해자에 대한 관계에서 사용자는 그러한 손해비용의 부담에 관하여 보다 근접해 있으며, 이러한 의미에서 보다 적은 비용으로 결과를 예방할 수 있는 당사자이다. 그러므로 사용관계로부터 발생하는 손해배상비용은 사용자의 경제활동에 수반하는 필연적인 비용으로 받아들여 사용자가 부담하는 것이 타당하다.[3] 그리고 무과실책임을 사용자에게 부과하는 것은 사용자로 하여금 피용자의 활동을 적극적으로 통제·조정하여 사고발생 위험을 낮추게 할 유인을 제공한다.[4]

이렇게 사용자가 무과실의 책임을 부담한다고 하여도 대부분의 경우 배상책임의 부담이 사용자 개인에게 집중되는 것은 아니다. 그러

---

1 Kötz/Wagner, Rn. 298ff.; Brüggemeier, 122; 서광민, "민법 제756조," 196-197, 199; von Caemmerer, "Reformprobleme der Haftung für Hilfspersonen," 290f. 상세한 분석으로 Calabresi, 70 Yale L.J. 499 at 500 sqq. 특히 505 sqq. (1961) 참조.
2 Wagner, 300.
3 Paulus D. 50, 17, 10; Liber sextus 5, 13, 55 (Bonifaz VIII.): qui habet commoda, ferre debet onera.
4 Shavell, 233.

한 손해비용은 사용자의 영업의 비용으로 파악되는 것이 통상이고, 사용자는 영업상 여유재산으로 이를 부담하거나 아니면 이를 자신이 제공하는 재화와 용역의 가격에 반영시킨다. 그런데 후자의 경우에도 사용자는 비교적 장기에 걸쳐 재화와 용역을 공급할 것이므로 그렇게 반영된 손해비용은 극히 미미한 가격상승을 수반할 뿐이다. 이로써 사회의 존속에 불가결한 경제활동의 확장으로 발생하는 손해비용은 일차적으로 사용자에 의해서 흡수되지만, 동시에 사용자를 매개로 사회 전체에 충격 없이 분담된다. 또한 사용자는 자신의 책임에 관하여 보험을 통해 그 비용을 전보할 수 있으며, 이로써 피용자 불법행위와 관련된 손해비용은 더욱 합리적으로 사회에 의해 흡수된다. 사용자는 보험료를 자신의 재화와 용역 가격에 반영할 것이지만, 이는 앞서의 손해비용이 반영되는 것보다 더욱 미미한 영향을 줄 뿐이다. 결국 무과실의 사용자책임은 피해자를 보호하는 동시에 사회의 불가피한 손해비용을 충격 없이 사회적으로 분담하는 기능을 수행하게 하는 것이다.[1]

그리고 사용자책임이 무과실책임으로 규율될 때 법인책임제35조과의 균형이 회복된다. 물론 순수개념적으로 본다면 법인의 이사가 불법행위를 하는 경우 이는 법인 자신의 행위로 의제된다는 점에서 법인이 피용자를 사용하여 부담하는 책임으로서 사용자책임과 구별된다고 할지도 모른다. 그러나 현대 경제에서 법인기업들의 경제활동을 중심에 놓고 고려해 보면, 이러한 개념적인 구분은 실질적인 타당성을 상실한다. 즉 기업의 경우 그 임원인 이사의 불법행위와 이사가 아닌 다른 직원의 불법행위를 준별하여 취급하는 것은 자의적이다. 기업에 속한 사람들이 기업의 경제활동을 수행하는 과정에서 행하는 불법행위에

---

1 이상의 내용에 대해 Atiyah, 22 sqq. 아티야는 흥미롭게도 영국에서 사용자책임이 인정되지 않아 손해비용을 사회적으로 분배할 수 없었던 영역이었던 산업재해 부분에서 보험에 의한 사회적 손해분담이 최초로 발전하였다는 사정을 지적하고 있다.

대해서는 기업이 이를 비용으로 간주하여 처리하는 것이 합리적이다. 그러한 의미에서 사용자책임이 무과실의 대위책임으로 규율되는 경우 법인책임과 함께 통일적인 기업책임 법리 형성의 출발점이 될 수 있다.

(3) 그런데 이렇게 무과실의 대위책임으로서 사용자책임이 정책적으로 정당하다고 판단하더라도, 예외적으로 사용자의 면책을 인정해야 하는 경우가 있지 않은지의 문제는 제기될 수 있다. 실제로 기업에 대한 면책 배제에는 찬성하면서도, 가사상 다른 사람을 사용하는 경우나 소기업小企業의 경우에 사용자가 선임·감독의 주의를 하였다면 면책을 인정해야 한다는 주장이 제기될 수 있다. 즉 면책을 인정하지 않으면 가사나 소기업에 과도한 경제적 부담을 지울 수 있으며, 또한 이들의 경우에는 손해비용을 보험화하여 처리하는 것이 반드시 간단하지는 않다는 것이다.[1]

그러나 이러한 가사나 소기업에 대한 예외를 쉽게 인정할 수 없다고 할 것이다.[2] 우선 가사상 피용자에 대해 사용자의 면책가능성을 인정하여 경제적 부담을 완화해야 한다고 하지만, 그것의 의의는 극히 경미하다. 이는 전형적으로 가사경제에 고용되는 하인이나 가정부 등의 존재상당부분 현대적이지 아니한 관계들[3]를 전제할 수밖에 없는데, 이는 현대 경제에서 의의가 미미하고 특별한 명문의 규율을 두는 것이 입법으로서 합목적적인 것인지도 의문이 있다.

더 나아가 소기업의 경우 면책가능성을 인정해야 한다는 주장은 쉽게 해결하기 어려운 난점에 봉착한다. 첫째로, 특별히 면책입증의 가능성을 허여받아야 할 소기업을 획정하여 법률에 규정하는 것은 거의 불가능에 가깝다. 이러한 문제를 시간에 따라 변동하는 매출이나 종

---

1 예를 들어 Larenz/Canaris II/2, 484.
2 같은 취지로 이미 서광민, "민법 제756조," 207.
3 Kötz/Wagner, Rn. 326.

업원 수를 기준으로 획정하는 것은 허용될 수 없는 일이다.[1] 둘째로, 설령 그러한 규정이 가능하다고 하더라도 일반적인 불법행위법을 특정 경제적 목적에 따른 산업보조의 수단으로 사용하는 것은 이제는 더 이상 바람직하다고 하기 어렵다.[2] 소기업의 경제활동을 보조하여 대기업에 대해 경쟁력을 확보시킨다는 관점이 민법의 불법행위책임을 입법화할 때 중심적으로 고려될 만한 정책적인 관점이라고 말할 수 있는지 의문이다. 게다가 소기업의 경우에도 피용자를 사용해서 발생하는 손해비용은 당연히 그 소기업이 부담해야 하는 것이고 이를 외부화해서는 안 되는 것인데, 그러한 '정책적' 규정에 의하여 손해비용을 외부화하여 우연적인 피해자에게 전가하는 것은 쉽게 용납하기 어렵다. 그러한 소기업의 경우에도 보험에 의한 처리가 생각가능한 이상 예외를 인정할 수는 없다고 생각된다.

영국이나 프랑스와 같이 가사나 소기업에 예외를 인정하지 아니하고 무과실의 사용자책임을 인정하는 나라에서, 그러한 예외적 면책이 없다고 해서 발생하는 부당한 결과는 보고되지 않고 있다. 이는 유럽의 불법행위법 통합 과정에서 제안된 모델규칙들이 그러한 예외를 인정하고 있지 않다는 사실에서도 잘 나타난다본장 Ⅳ. 5. 참조. 결론적으로 정책적인 관점에서 가사나 소기업에 대해 면책입증의 예외를 인정할 필요는 없다고 생각된다.

(4) 사용자책임의 전제조건으로 피용자가 불법행위의 요건을 모두 충족할 것을 요구할 것인가? 앞서 살펴본 바와 같이 일반적으로 대위책임적인 입법을 채택하는 나라들은 그러한 결과를 인정한다. 즉 사용자가 책임을 지기 위해서는 피용자가 모든 불법행위의 요건 특히 책임능력과 고의·과실 요건 등을 충족하고 있어야 한다. 그리고 이는

---

1 von Caemmerer, "Reformprobleme der Haftung für Hilfspersonen," 295; von Bar, "Deliktsrecht," 1777.
2 Kötz/Wagner, Rn. 326.

우리 판례와 통설이 인정하고 있는 결과이기도 하다본장 I. 1. 참조. 그러나 이에 대해 피해자 보호나 기업책임의 관점에서 피용자의 책임능력이나 고의·과실은 필요하지 않다고 주장할 여지도 충분히 존재한다본장 V. 2. (1) 참조. 하지만 적어도 민법상 일반적인 사용자책임을 규율할 때에는 피용자의 불법행위를 요구하는 것이 타당하다고 생각된다.[1]

사용자가 무과실책임을 부담하는 이유는 경제활동의 확장 과정에서 자신의 불법행위에 대해 책임을 부담해야 하는 것과 마찬가지로 자기 대신 사용한 타인의 불법행위에 대해 책임을 지는 것이 타당하다는 것이다. 그렇다면 자신이 불법행위 요건을 충족하지 않는 경우에 책임을 지지 않는 것과 마찬가지로, 자신이 사용한 자가 불법행위 책임을 부담하지 않는다면 사용자 역시 책임을 부담하지 않는 것이 타당하다. 만일 피용자가 책임능력이 없거나 고의·과실이 없어 책임을 지지 않는 경우, 이는 피해자의 관점에서 "사고"일 뿐이고 가해자에게 사용자가 있었다는 이유로 갑자기 배상책임이 성립할 합리적 이유는 찾기 어렵다.[2] 특히 사용자책임을 무과실책임으로 규정하는 것에 더하여 피용자의 불법행위도 요구하지 않는다면, 사용자로서는 필요 이상의 과중한 부담을 질 수도 있게 되어 타당하지 않다. 물론 피용자에게 고의·과실이 없더라도 피용자의 가해가 기업활동의 내재적 위험이 실현된 결과라고 볼 수 있다면 기업책임의 관점에서 사용자의 책임이 고려되어야 하는 것은 당연하다. 그러나 사용자책임의 요건으로 피용자의 불법행위를 요구한다고 하더라도 그러한 결과가 부정되는 것은 아니다. 피용자에게 책임능력이 없거나 고의·과실이 없는 사안에서도, 피해자에게는—특별법상의 위험책임은 별론으로 하더라도—일반 불법행위에 기초한 구제수단이 있기 때문이다. 즉 피해자는 사용자가 유책하게 책임능력이 없는 피용자를 사용하였다는 사정을 입증하

---

1 서광민, "민법 제756조," 210-211도 기본적으로 같은 취지이다.
2 von Caemmerer, "Reformprobleme der Haftung für Hilfspersonen," 299f.

거나 사용자가 기업조직에 과책이 있다는 사정을 입증하여 사용자에 대하여 일반 불법행위책임을 물을 수 있을 것이다제750조. 이 같은 결과는 제755조와의 관계에서 판례가 인정하는 결론으로[1] 사용자책임에 관해서도 달리 판단할 이유는 없다.

그러므로 결론적으로 피용자에 대해서는 책임능력과 고의·과실 등 불법행위의 요건이 모두 갖추어진 경우에 사용자책임이 성립한다고 하는 것이 입법론적으로 정당하다. 그러한 요건이 결여된 경우 피해자 보호는 일반적인 불법행위법이나 특별법상의 위험책임에 의거해 해결할 수 있다. 이러한 결과는 비교법적으로 일반적으로 확인되는 경향이기도 하다.[2]

다만 피용자의 책임능력이나 고의·과실과 관련하여 그 입증책임이 피해자에게 있도록 할 것인지 아니면 사용자에게 있도록 할 것인지 여부가 문제될 수 있다. 앞서 1981년 독일 채권법 개정안 감정의견에서는 그 입증책임이 사용자에게 있도록 하여, 사용자가 피용자의 책임이 없음을 입증하여 면책되는 내용을 제안하고 있었음을 살펴본 바 있다본장 III. 4. (4) 참조. 실제로 피용자의 책임능력 내지 고의·과실의 입증책임을 사용자에게 지울 합리적인 이유가 없는 것은 아니다.[3] 첫째로, 가해자인 피용자가 사용자의 조직에 포섭되어 활동을 하였으므로 피해자로서는 그의 고의·과실 등을 입증하는 것이 쉽지 않은 경우가 많다. 예컨대 가해자인 피용자를 특정할 수 없거나 피고인 사용자의 내부조직을 잘 알 수 없어 고의·과실의 입증 자체에 어려움이 있는 경우는 충분히 상정할 수 있다. 둘째로, 피용자의 불법행위가 사용자책임의 전제가 되는 이상 피해자 보호를 위해 법원이 피용자에게 상당히 높은 수준의 주의의무를 부담시킬 우려가 있고, 그 결과 기업의

---

1 大判(全) 1994. 2. 8., 93다13605, 집 42-1, 127.
2 Galand-Carval, n. 50.
3 平井, 226 등 참조.

손해비용이 구상제756조 제3항을 통해 피용자에게 과도하게 전가될 위험도 배제할 수 없다.

그러나 이러한 이유만으로 입증책임의 전환을 인정하는 것은 주저된다.[1] 우선 두 번째와 관련하여, 그러한 문제는 입법적으로 사용자의 구상을 제한함으로써 해결될 수 있고 또 해결되어야 하므로, 이 맥락에서 입증책임을 전환하여 피용자 보호를 굳이 도모할 필요는 없다고 할 것이다제5장 IV. 2. 참조. 문제는 피해자의 입증곤란을 돕는다는 첫 번째 논거이다. 그런데 여기서 주의할 것은 사용자책임이 기업책임의 경우 현저한 의미를 가지는 것은 사실이지만, 그 외에도 일체의 사용관계에 적용되는 일반적인 민사책임이라는 점이다. 그렇다면 가사, 소규모 영업, 중소기업 등을 모두 포괄하는 사용자책임의 사례에서 피용자의 고의·과실에 대한 입증책임을 일반적으로 사용자에게 지우는 것이 반드시 타당하다고 할 수는 없을 것이다. 원칙적으로 손해배상을 청구하기 위해 가해자를 특정하고 그의 고의·과실을 입증해야 할 피해자가 우연히 가해자에게 사용자가 있다는 이유만으로 그러한 부담에서 면제되는 결과가 언제나 납득될 수 있는 것은 아니기 때문이다.[2] 그러므로 일반적인 사용자책임의 규정에 있어서는 피용자의 불법행위책임에 대한 입증책임은 피해자에게 있다고 규정하는 것이 타당할 것이다. 개별적으로 피고인 사용자의 방대한 조직에 의하여 피해자에게 입증의 곤란이 있는 경우에는 민사소송법상 입증곤란을 해결하기 위해 전개되어 온 여러 법리들표견증명(表見證明), 개연성 이론 등을 활용하여 해결하는 것이 바람직하다고 생각된다. 실제로 유럽 불법행위법 통합작업에서 나온 모델규칙들도 이에 대한 입증책임 전환은 예정하지 않고 있다본장 IV. 5. 참조.

---

1 서광민, "민법 제756조." 211도 같은 취지이다.
2 게다가 적어도 피해자가 피용자의 행위가 위법해야 한다는 것을 입증해야 한다면, 적지 않은 경우(예컨대 채권이나 경제적 이익 침해 등) 위법성 입증을 위해 고의·과실의 입증이 필요하게 될 것이기도 하다.

4. 우리 판례에 대한 평가와 입법론

(1) 사용자책임의 입법주의에 대한 이상의 평가에 기초해서 본다면, 우리 판례의 태도는 그 결과에 있어서 수긍할 수 있는 것으로 보아야 할 것이다. 즉 판례는 기본적으로 사용자의 추정된 과실에 기초한 책임으로 구성된 사용자책임을 운영하면서도, 한편으로 피용자의 불법행위를 요구하면서 다른 한편으로 면책을 거의 인정하지 않음으로써 사용자책임을 실질에 있어 무과실의 대위책임에 접근시켜 왔다고 말할 수 있다. 물론 이에 대해서는 판례가 문언에 충실하게 법률을 적용하지 않는다고 비판을 제기할 수 있을지도 모른다. 그러나 그러한 비판이 반드시 필연적인 것은 아니다. 우선 사용자의 면책과 관련해서 살펴본다면, 판례가 기본적으로 법률 문언으로부터 벗어났다고 단정할 수는 없다. 법원으로서는 어디까지나 사용자의 결과예견의무와 결과방지의무와 관련해 엄격한 주의의무 기준을 부과하고 있으며 그 결과 면책을 인정할 수 없었다고 답변할 수 있을 것이기 때문이다.[1] 실제로 대법원은 파견근로의 사안에서 파견사업자를 사용자로 보아 사용자책임을 지우면서도 그가 면책할 수 있는 경우를 명시한 바 있다.[2] 또한 판례가 이렇게 사용자면책에 매우 엄격한 주의의무 기준을 적용한다면 그에 대한 균형추로서 사용자책임의 성립을 제한하기 위해 피용자의 행위가 불법행위의 요건을 모두 충족할 것을 요구하는 것도 충분히 이해할 수 있는 태도라고도 말할 수 있다. 법률이 "손해를 가한" 등의 문언으로 요건을 정하는 경우에도 당해 규정의 목적을 고려한 해석에 따라서 단순한 가해를 넘어 불법행위의 추가적인 요건을 충족하는 행위로 이해할 여지는 존재하기 때문이다. 그리고 이러

---

1 서광민, "민법 제756조," 200. 그러나 이 견해는 그럼에도 주의의무 가중에 의해서만 면책을 달성하는 방법은 면책입증을 제한하는 데 한계가 있다고 지적한다.
2 大判 2003. 10. 9., 2001다24655, 집 51-2, 295. 이 판결에 대해서는 제3장 II. 3. (2), IV. 2. (2) 참조.

한 해석은 우리 입법자가 예정하고 있었던 것이지도 하다본장 V. 1. (2), 특히 64면 주 1의 인용문 참조.

(2) 이렇게 판례의 결론을 대체로 수긍한다고 하더라도, 물론 입법론적으로는 민법의 개정에 의하여 그러한 결과를 법정하는 것이 타당할 것이다.[1] 사용자책임의 입법주의로서 사무집행관련성에 의해 제약되는 무과실의 대위책임이 타당하다는 비교법적 인식으로부터 평가할 때, 결과에 있어 타당한 실무의 태도를 반영하는 개정작업은 입법자의 과제로서 고려되어야 하는 정당한 활동이며, 법적 안정성의 관점에서도 바람직하다. 이후 민법 개정작업에서 이러한 인식이 관철되기를 희망한다.

| 1 같은 취지로 김봉수, "사용자책임의 비교법적 경향," 232-233.

3

사용관계

I. 문제의 제기

1. 민법 제756조 제1항에 따른 사용자책임은 "타인을 사용하여 어느 사무에 종사하게 한 자"인 사용자가, 그렇게 사용되어 당해 사무에 종사하는 피용자가 사무집행에 관하여 제3자에게 손해를 가한 경우에 부담하는 배상책임이다.[1] 따라서 사용자책임에 기초하여 손해배상이 청구되는 때에는 우선적으로 불법행위의 가해자와 청구의 상대방 사이에 민법 제756조 제1항이 전제하는 사용관계가 존재하는지 여부가 심사되어야 한다.[2] 이러한 의미에서 사용관계의 존재는 사용자책임의 성부를 확인하는 첫 번째 단계로서 중요한 의의를 가진다.

2. 곧 살펴보는 바와 같이, 사용관계 판단에 관련해서 우리 학설과 판례는 오랫동안 사실상의 지휘·감독을 기준으로 하는 견해를 견지해 오고 있었고, 이러한 법상태는 일견 안정된 모습이라고 평가할 수

---

[1] 사용자책임의 다양한 입법주의에 대한 자세한 내용은 제2장을 참조하라.
[2] 곽윤직, 채권각론, 416; 김증한·김학동, 채권각론, 825; 이은영, 채권각론, 853; 김형배, "사용자책임과 판례," 5; 이상광, 사용자책임론, 103; 권용우, "사용자배상책임," 639 등.

있을 것이다. 그러나 많은 법률문제에서 그러하듯이, 과연 판례와 학설이 사용하는 단일한 기준만으로 실제로 재판례에서 행해지는 모든 사용관계 판단을 해명할 수 있는지는 검토를 요한다. 실제로 법원은 하나의 이론적 기준에 의해 사안에 접근하면서도 그 이면에서 여러 가치평가 내지 정책적 관점을 고려하는 경우가 적지 않다. 예를 들어 아래 살펴보겠지만 파견근로나 명의대여의 사안에서 피용자성을 판단할 때에도 순수하게 지휘·감독에 대한 종속만을 기준으로 판단하고 있는지 여부는 반드시 명백하지는 않다본장 II. 3., 4. 참조. 그러므로 일견 확고한 판례와 통설의 배후에서 사실상의 지휘·감독이라는 기준만으로는 설명할 수 없는 여러 평가적 요소들이 작용하고 있는지를 확인해 보는 작업은 이후 사용자책임의 요건으로서 사용관계를 이해하려는 시도에 적지 않은 도움을 줄 수 있으리라고 생각된다. 이는 사용자책임의 적용에서 실제로 고려되어야 하는 가치평가를 명백하게 함으로써 형식적으로 기준을 적용할 때 발생할 수도 있는 문제점을 예방할 수 있게 하기 때문이다.

3. 앞서 제기한 문제에 접근하기 위해 우선 우리의 학설·판례의 태도를 개관하고, 그와 관련해 제기될 수 있는 의문점들을 살펴본다본장 II. 그리고 이어서 비교를 위해 사용관계와 관련된 외국의 학설과 재판례를 검토한다본장 III. 그 다음에는 이상의 성과를 종합하여 우리 민법상 사용자책임의 요건으로서 사용관계에 관한 통설과 판례를 평가하면서 이 글을 마무리한다본장 IV.

II. 사용관계에 대한 학설과 판례

1. 일반론

(1) 사용자책임이 성립하기 위해서는 우선 사용자와 피용자 사이에 사용관계가 존재하고 있어야 함은 명백하다제756조 제1항. 통설에 의하면 일반적으로 피용자는 사용자의 선임에 의하여 그 지휘·감독을 받아 사용자의 영업의 기능을 수행하는 자를 말한다. 그러므로 사용·피용의 관계를 판단함에 있어서는 피용자가 사용자의 선임·지휘·감독에 따른다는 종속성이 기준이 된다.[1] 사용자책임은 사용자가 피용자를 자기의 지배범위에 두어 그 사회적 활동의 범위를 확장시키는 것을 근거로 하므로, 사용관계는 타인의 노력을 지배하는 관계이어야 한다는 것이다.[2]

이러한 기준에 따라 사용관계가 인정되는 가장 전형적이고 일반적인 예는 피용자와 사용자 사이에 고용계약이 있는 경우이다제655조, 제658조.[3] 그러나 사용관계가 고용 기타 근로관계에 한정되는 것은 물론 아니다. 통설과 판례에 의하면 기타의 법률관계위임, 도급 등에 있어서도 지휘·감독의 관계가 인정되면 피용자성을 인정할 수 있다고 한다.[4] 예컨대 판례는 타인에게 위탁하여 계속적으로 사무를 처리하여 온 경우 객관적으로 보아 그 타인의 행위가 위탁자의 지휘·감독 내에 속한다고 보이는 경우에는 그 타인은 제756조의 피용자에 해당한다고 한다.[5] 또한 조합원들 사이에서도 구체적인 관계에 따라 사용자와 피용자 지위가

---

1 곽윤직, 채권각론, 417; 민법주해[XVIII]/이주흥, 503; 김증한·김학동, 채권각론, 826; 김형배, "사용자책임과 판례," 5; 이상광, 사용자책임론, 106; 권용우, "사용자배상책임," 640 등.
2 김증한·김학동, 채권각론, 826. 이상광, 사용자책임론, 109도 참조.
3 大判 1989. 10. 10., 89다카2278, 집 37-3, 164; 1994. 3. 22., 93다45886, 공보 1994, 1310 등.
4 大判 1996. 10. 11., 96다30182, 공보 1996, 3328(이삿짐센터와 고용관계 없이 오랫동안 이삿짐 운반에 종사해 온 작업원들의 경우).
5 大判 1963. 2. 21., 62다780, 집 11-1, 109.

인정될 수 있다.[1] 그 밖에도 다단계판매업자와 다단계판매원,[2] 분양시행사와 분양대행업자,[3] 신문사와 위탁판매계약을 맺은 사업자,[4] 지방자치단체가 주최하는 축제의 먹거리장터에 입점한 업주와 그 지방자치단체[5] 사이의 관계에서도 지휘·감독의 여부에 따라 사용관계가 인정될 수 있다.

더 나아가 실질적인 지휘·감독의 관계가 있는 한 당사자들 사이의 법률관계가 무효이거나 존재하지 아니한 경우에도 사용관계를 인정할 수 있다.[6] 사실상 지휘·감독에 의한 사무집행관계가 있으면 충분하다. 예를 들어 사직한 근로자가 계속해서 사용자의 지휘·감독하에 업무를 수행한 경우가 그러하다.[7] 보수 여부나 기간도 묻지 않는다.[8]

그리고 사용자책임의 요건인 사용관계가 존재하는 경우, 사용자와 피용자가 사무처리를 위해 사용하는 피용자 사이에도 사용관계가 있다고 한다.[9]

(2) 반면 당사자들 사이에 사무처리의 위탁이 있더라도 일방의 타방에 대한 지휘·감독의 관계가 없으면 제756조의 사용관계는 존재하지 않는다. 즉 이른바 독립계약자 independent contractor는 제756조가 말하는 피용자에 해당하지 않는다. 예를 들어 운송인의 의뢰로 운송물을 보관한 보세창고업자가 증권 제시 없이 물권을 인도한 경우에도 사용관계가 있다고 할 수 없으며,[10] 임차인이 건물 소유자인 임대인과

---

1 大判 1979. 7. 10., 79다644, 공보 1979, 12070.
2 大判 2008. 11. 27., 2008다56118, 공보 2008, 1785.
3 大判 2010. 10. 28., 2010다48387, 공보 2010, 2167.
4 大判 1997. 3. 25., 97다3798,3804, 공보 1997, 1188; 2007. 6. 28., 2007다26929(법고을).
5 大判 2010. 7. 8., 2010다13732(법고을).
6 大判 1979. 2. 13., 78다2245, 집 27-1, 118; 1994. 9. 30., 94다14148, 공보 1994, 2848.
7 大判 1982. 11. 23., 82다카1133, 집 30-4, 95. 大判 1996. 10. 11., 96다30182, 공보 1996, 3328도 참조.
8 권용우, "사용자배상책임," 640; 민법주해[XVIII]/이주흥, 505.
9 大判 1993. 5. 27., 92다48109, 공보 1993, 1872; 민법주해[XVIII]/이주흥, 509.
10 大判 1997. 9. 9., 96다20093, 공보 1997, 3037.

의 합의에 따라 임대인으로부터 수리비용을 지급받아 임차목적물인 건물을 직접 수리하였다고 하더라도 사용자책임 적용과 관련해 피용자의 지위에 있는 것은 아니다.[1] 이 점에서 사용자책임에서 사용관계 판단은 이행보조자성 판단제391조와 구별된다.[2]

(3) 이와 관련해 제757조는 "도급인은 수급인이 그 일에 관하여 제3자에게 가한 손해를 배상할 책임이 없다. 그러나 도급 또는 지시에 관하여 도급인에게 중대한 과실이 있는 때에는 그러하지 아니하다"고 규정하고 있다. 통상 수급인은 도급인의 지휘·감독을 받지 아니하므로 원칙적으로 사용자책임이 성립하지 아니함을 주의적으로 정하면서, 예외적으로 중과실이 있을 때에는 책임을 진다는 취지를 밝히는 규정이다.

제757조는 기본적으로 의용민법 제716조를 받아들인 규정이다.[3] 의용민법 제716조는 "도급인은 수급인이 그 일에 관하여 제3자에게 가한 손해를 배상하는 책임을 지지 아니한다. 다만 도급 또는 지시에 관하여 도급인에 과실이 있는 때에는 그러하지 아니하다"고 규정하고 있었다. 의용민법 규정의 입안에서는 다음과 같은 사정이 고려되었다. 즉 도급인과 수급인의 관계는 사용자와 피용자의 관계와는 그 내용을 달리한다고 한다. 도급인은 수급인을 선임하여 사용하는 것이 아니며, 수급인은 독립하여 일종의 직업을 영위하는 자일뿐만 아니라, 도급인이 그 일을 감독하지 않는 이상 수급인이 제3자에 대해 손해를 가하였다고 해서 도급인이 책임을 부담할 이유가 없다는 것이다. 다만 사용자책임이 적용된다는 의심이 제기될 수도 있기 때문에 이를 명시적으로 부정하면서, 반대로 도급인이 도급 또는 지시에 대하여 과실이

---

1 大判 1993. 3. 26., 92다10081, 공보 1993, 1284.
2 大判 2005. 1. 27., 2004다12394, 공보 2005, 305; 김형배, "민법 제391조와 제756조를 비교·검토함," 401, 404 참조.
3 민법안심의록, 상권, 446.

있는 때에는 수급인이 제3자에게 가한 손해에 대하여 당연히 책임을 져야 한다는 것을 분명히 하기 위해 규정을 두는 것이라고 한다.[1] 그런데 이러한 내용은 대륙법에 기초한 일본의 구민법에 기원을 두고 있는 것이 아니라, 기초자인 穗積陳重이 영국법의 법리를 원용하여 도입한 규정이라고 지적되고 있다.[2] 즉 영국법의 설명에서 독립계약자independent contractor는 사용자책임의 요건으로서 사용관계master and servant에서 말하는 피용자servant에 포함되지 않으며, 그러한 독립계약자의 예로서 수급인을 언급하는 것이 통상적이었다는 것이다이는 지금도 영국법에서 그러하다: 본장 III. 3. (1) 참조.[3]

우리 민법의 입법자는 의용민법의 규정을 받아들이면서 단서에 규정된 "도급인에 과실이 있는 때에는"이라는 문언을 "도급인에 중대한 과실이 있는 때에는"으로 수정하였다. 이러한 변화로 무엇을 의도하였는지는 분명하지 않다. 법제사법위원회 심의에서는 우리 제757조가 의용민법 제716조와 "동일취지이다"고 밝히는 것에 그치고 있기 때문이다.[4]

이러한 연혁에 비추어 볼 때 제757조는 당사자들 사이에 사무위탁 및 사무처리의 관계가 있더라도 지휘·감독이라는 요소가 결여되어 있으면 제756조의 요건인 사용관계를 인정할 수 없다는 통설과 판례가 입법적으로 반영된 예시규정이라고 볼 수 있다. 그러나 이는 규정의 문언이 명백히 하고 있는 바와 같이 통상의 도급관계 즉 수급인이 독립계약자인 경우를 전제로 한 규정이다. 그러나 우리나라 실무에서는 다양한 형태의 도급계약이 존재하고 그러한 경우 도급인과 수급인 사이에 지휘·감독의 관계가 있는 경우가 드물지 않다. 이러한 경우에도 제757조를 적용해야 하는지 아니면 원래 취지로 돌아가 제756조

---

1 未定稿本 民法修正案理由書, 618.
2 平井, 229 참조.
3 平井, 230.
4 민법안심의록, 상권, 446.

에 따른 사용관계를 인정할 수 있는지 여부가 문제되는데, 통설[1]과 판례[2]는 후자의 입장을 채택한다. 즉 수급인이 도급인의 지휘·감독을 받는 관계에 있다면 그는 제756조의 피용자에 해당한다.[3] 여기서 말하는 지휘·감독은 예컨대 건설공사의 경우 "현장에서 구체적인 공사의 운영 및 시행을 직접 지시, 지도하고 감시 독려함으로써 시공자체를 관리함을 말하고" 단순히 공정을 감독하는 감리적 감독으로는 충분하지 않다고 한다.[4] 반면 도급인과 수급인 사이에 그러한 사용관계가 없다면 제757조에 따라 도급인의 책임이 발생하기 위해서는 도급 또는 지시에 중대한 과실이 있을 것이 요구된다.[5]

2. 사무집행에서 피용자가 독자성을 가진 경우

이상에서 살펴본 바와 같이 통설은 일방이 타방에게 사무처리를 위탁하고 이를 사실상 지휘·감독하는 지위에 있으면 이들 사이에 사용관계를 긍정한다. 그런데 현대 경제의 고용관계에서는 사용자가 노무자에 대해 사무처리에 관련한 구체적인 지휘·감독을 할 수 없고 오히려 사무처리가 위탁되면 노무자가 자신의 전문성과 독자성에 기초해서 사무를 처리하는 경우가 드물지 않다. 이는 노무자가 엔지니어, 의사, 변호사, 회계사 등 전문성을 보유하는 경우에도 그러하지만, 더 나아가 회사 기타 법인에서 독자적인 의사결정을 하는 지위에 있으나 대표기관에는 해당하지 아니하는 사람에서도 그러하다제35조 참조. 이러한 경우 과연 사무처리에 대한 사실상 지휘·감독을 기준으로 하여 피용자

---

1 곽윤직, 채권각론, 418; 김증한·김학동, 채권각론, 828; 민법주해[XVIII]/이주흥, 514; 이은영, 채권각론, 871.
2 大判 1990. 10. 30., 90다카23592, 공보 1990, 2415; 1992. 6. 23., 92다2615, 공보 1992, 2249.
3 大判 1965. 10. 19., 65다1688, 집 13-2, 209; 1975. 7. 30., 74다2256, 공보 1975, 8624;
4 大判 1983. 11. 22., 83다카1153, 집 31-6, 35; 1987. 10. 28., 87다카1185, 집 35-3, 193 등.
5 大判 2000. 7. 7., 91다29264, 공보 2000, 1870.

성을 판단하는 견해가 여전히 관철될 수 있는지 여부가 문제된다.

그러나 판례는 그러한 사안들에서도 여전히 일반론으로는 지휘·감독에 기초한 기준에 따라 판단을 하고 있으며, 그래서 노무자가 사무처리에 전문성과 독자성을 보유한 경우에도 대체로 제756조에 따른 피용자성을 긍정하고 있다. 예를 들어 다수의 의료과오 소송에서 대법원은 불법행위를 행한 의사가 피용자라는 전제에 따라 그를 고용한 한 병원에 대해 책임을 긍정한다.[1] 이는 공인회계사와 그를 고용한 회계법인,[2] 위임인과 변호사,[3] 한국해운조합과 구체적으로 선박을 지휘하는 선장[4] 사이의 관계에서도 그러하다. 더 나아가 학교법인과 대표권 없는 이사인 학장,[5] 공제조합과 그 출장소장,[6] 신용협동조합과 그 전무,[7] 투자신탁회사와 그 지점장,[8] 새마을금고와 그 이사장[9] 사이의 관계와 같이 후자가 전자의 사무를 처리하면서 구체적인 지시를 받지 아니하면서 상당한 의사결정을 할 수 있는 지위에 있는 때에도 같은 기준에 따라 피용자성이 인정된다.

이러한 결과에 대해서는 피용자의 종속성은 피용자가 수행할 업무의 세부적인 사항까지 모두 사용자의 지시를 받아야 하는 것을 의미하지는 않으며, 피용자가 자기의 전문지식과 경험에 따라 어느 정도 자유재량을 가지고 업무를 수행하여도 조직에 편입되어 업무를 수행하는 한 종속성을 인정해 피용자로 보아야 한다고 하면서, 의사, 간호사, 조직 내 고위직 등도 피용자가 될 수 있다고 설명하는 견해가 있

---

1 예를 들어 大判 1994 .4. 26., 93다59304, 공보 1994, 1468.
2 예를 들어 大判 1998. 4. 24., 97다32215, 공보 1998, 1446.
3 大判 1998. 4. 28., 96다25500, 공보 1998, 1476(이 사안유형에 대해서는 독일법의 상황에 대한 본장 III. 1. (1) 93면 주 4, 5 및 그 본문도 참조).
4 大判 1998. 8. 21., 97다13702, 공보 1998, 2276.
5 大判 1968. 11. 19., 68다1704, 집 16-3, 204.
6 大判 1972. 5. 31., 72다611, 집 20-2, 92.
7 大判 1982. 11. 23., 82다카1133, 집 30-4, 95.
8 大判 1998. 10. 27., 97다47989, 집 46-2, 192.
9 大判 1999. 7. 27., 99다6272, 공보 1999, 1758.

다.[1] 즉 그러한 종속성을 엄격하게 인정하는 태도는 타당하지 않으며, 피용자가 사용자의 기업조직에 편입되어 업무시간, 업무량, 업무수행방법 등에 관하여 사용자가 언제라도 피용자의 사무집행을 제한하거나 금지시킬 수 있고 그에 관해 결정할 수 있으면 사용관계를 인정해야 한다는 것이다.[2] 그러나 이러한 설명이 전문적이나 법인의 대표 아닌 의사결정권자에 그대로 잘 들어 맞는지에는 의문이 있다. 예컨대 의사나 변호사의 경우 고용주의 조직에 편입되는 것은 사실이지만 그의 업무수행은 법령 기타 직업단체 등에 따라 규율되고 있어 사무처리에 대한 사용자의 구체적 개입은 사실적·법적으로도 상정하기 어렵기 때문이다.

3. 복수의 사용자가 관여된 경우

(1) 경우에 따라서는 종속적인 지위에서 타인의 사무를 처리하는 사람에 대하여 복수의 사용자가 관여되는 사안들이 있을 수 있다. 학설[3]은 그러한 경우 지휘·감독관계가 보다 밀접한 사용자가 사용자책임을 부담한다고 설명하고 있으며, 아울러 누가 피용자에 대해 지휘·감독하는 객관적 지위에 있는가, 누가 피용자에 대한 지휘·감독을 할 수 있고 또 지휘·감독의무를 부담하는가를 살펴보아야 한다고 말한다. 그리고 업무종속성의 정도가 같은 사용자가 2인 이상일 때에는 그들이 연대하여 사용자책임을 진다고 한다.

판례도 대체로 이러한 관점에서 판단하고 있는 것으로 보인다. 회사의 경리사원이 회사 대표이사의 직인과 개인의 인장을 보관하면서 회사의 지출결의나 대표이사 개인의 지시에 따라 회사의 명의나 대표

---

1 이상광, 사용자책임론, 107.
2 민법주해[XVIII]/이주흥, 504.
3 이상광, 사용자책임론, 110; 민법주해[XVIII]/이주흥, 511.

이사 개인명의로 수표와 어음을 작성하여 오다가 대표이사의 지시 없이 대표이사 개인명의의 약속어음을 작성교부한 사안에서, 그 직원은 "회사의 피용자인 동시에 대표이사 개인명의의 수표나 어음을 작성하는 사무에 종사하는 범위에 있어서는 대표이사 개인의 사실상의 피용자로 인정함이 상당"하여 대표이사에 대해 사용자책임이 부과된다.[1] 마찬가지로 국립대학교 소속 체조코치가 시체육회로부터 전국체전에 출전할 체조대표선수들에 대한 코치로 선발, 위촉되어 시체육회가 시행한 합동강화훈련을 지도하다가 그의 과실로 대표선수로 선발된 같은 대학교 소속 학생이 훈련 중 사고를 당한 경우, 그 사고는 코치가 시체육회로부터 위촉받은 직무를 집행하는 과정에서 발생한 것이고, 대학교 측은 비록 체조코치가 합동강화훈련 기간 중에도 대학교의 체조코치로서의 신분을 그대로 보유하고 있었고, 사고를 입은 자가 같은 대학교 학생이었다고 하더라도, 적어도 체조코치가 시체육회로부터 위촉받은 체조대표선수들을 지도하는 코치의 직무를 집행함에 있어서는 그를 지휘·감독할 어떠한 권한이 있다거나 그러한 지위에 있다고 보기는 어려우므로 그 사고에서 대학교는 체조코치의 사용자라고 볼 수 없다고 하였다.[2] 그 밖에 동시에 복수의 사용자를 인정하는 것으로 보이는 선례도 존재한다. 선장의 과실로 인한 선박침몰사고의 사안에서, 대법원은 그 당시 여객선안전관리요강 제 6 조 제 4 항에 의하여 운항관리자의 업무를 처리하여 온 사고 선박의 선장은 원심공동피고 서해훼리 주식회사에 대하여 뿐만 아니라 피고 한국해운조합과의 관계에서도 피용자의 지위에 있다고 판단하여 피고 한국해운조합에 사용자책임이 있다고 한 원심을 시인하였다.[3] 그렇다면 이 사건에서 선장의 고용주인 회사와 한국해운조합은 연대 내지 부진정연대의

---

1 大判 1982. 10. 26., 81다509, 공보 1983, 55.
2 大判 1999. 10. 12., 98다62671, 공보 1999, 2313.
3 大判 1998. 8. 21., 97다13702, 공보 1998, 2276.

관계로 피해자에 대해 손해배상책임을 부담하게 될 것으로 보인다. 그러한 경우에 대법원은 사용자들 사이에 내부적인 구상을 인정하며, 그 비율은 가해자에 대한 각 사용자의 지휘·감독의 강약 등을 고려하여 정해진다고 한다.[1]

(2) 복수의 사용자가 관여되면서 보다 판단이 어려운 경우로 노무제공자가 파견되는 사안을 들 수 있다. 그러한 경우 파견된 노무제공자는 파견하는 측과의 사이에서는 여전히 근로관계를 유지하면서도 구체적인 노무제공과 관련해서는 통상 파견 받는 측의 지휘·감독을 받아 사무를 집행하므로 전통적인 기준에 의할 때 어느 편을 사용자로 인정하여 사용자책임을 부과할 것인지 문제가 제기되는 것이다.

판례의 태도는 일의적이지는 않다. 대법원은 기사와 함께 중기나 차량이 임대된 사안유형에 대해 임차인은 현실적으로 지휘·감독하는 지위에 있으므로 사용자의 지위에 있을 뿐만 아니라, 임대인 역시 일시적인 임대차만으로 사용자의 지위를 상실하는 것은 아니라는 이유로 임차인과 임대인 모두를 사용자라고 판시한 바 있다.[2] 반면 「파견근로자보호 등에 관한 법률」에 따라 이루어지는 파견근로에 대해서는 원칙적으로 파견사업주의 사용자책임을 원칙으로 하면서도 사용사업주의 구체적인 지휘·감독 여하에 따라 사용사업주에게 사용자책임이 인정되고 동시에 파견사업주가 선임·감독상 주의를 다하여 면책될 가능성을 열어 두고 있다. 즉 "파견근로자는 사용사업주의 사업장에서 그의 지시·감독을 받아 근로를 제공하기는 하지만 사용사업주와의 사이에는 고용관계가 존재하지 아니하는 반면, 파견사업주는 파견근로자의 근로계약상의 사용자로서 파견근로자에게 임금지급의무를 부담할 뿐만 아니라, 파견근로자가 사용사업자에게 근로를 제공함에

---

1 大判 1994. 12. 27., 94다4974, 공보 1995, 659.
2 大判 1980. 8. 19., 80다708, 공보 1980, 13104; 19922. 3. 31., 91다39849, 공보 1992, 1416.

있어서 사용사업자가 행사하는 구체적인 업무상의 지휘·명령권을 제외한 파견근로자에 대한 파견명령권과 징계권 등 근로계약에 기한 모든 권한을 행사할 수 있으므로 파견근로자를 일반적으로 지휘·감독해야 할 지위에 있게 되고, 따라서 파견사업주와 파견근로자 사이에는 민법 제756조의 사용관계가 인정되어 파견사업주는 파견근로자의 파견업무에 관련한 불법행위에 대하여 파견근로자의 사용자로서의 책임을 져야 하지만, 파견근로자가 사용사업주의 구체적인 지시·감독을 받아 사용사업주의 업무를 행하던 중에 불법행위를 한 경우에 파견사업주가 파견근로자의 선발 및 일반적 지휘·감독권의 행사에 있어서 주의를 다하였다고 인정되는 때에는 면책된다고 할 것"[1]이라고 한다.[2]

4. 명의대여의 경우

(1) 영업상 명의의 대여가 있는 경우, 영업 관련 피용자에 의한 불법행위에 대해 명의를 대여한 사람에게 사용자책임이 발생하는지 의문이 제기된다. 판례는 이 문제에 대해서도 사용관계 판단에 관한 일반론을 그대로 적용하여 실질적인 지휘·감독관계의 유무에 따라 사용자성을 판단하고 있다. 즉 "민법 제756조에 있어서의 사용자관계라는 것은 실질적인 지휘감독관계를 의미한다 할 것이므로, 본건에 있어서와 같이 피고가 […] 식당의 경영주로서 그 종업원들의 사용자인가의 여부를 따지려면, 원심이 본 바와 같은 형식적인 그 식당의 영업허가 등 명의만에 의할 것이 아니라 어디까지나 실질적으로 이를 파악하여야 한다"[3]고 한다. 그러므로 영업허가 명의자가 아닌 사람이

---

1 大判 2003. 10. 9., 2001다24655, 집 51-2, 295.
2 이 판결에 대해 문영화, "근로자 파견," 230 이하; 박수근, "파견근로자의 불법행위와 사용자 배상책임," 221 이하 등 참조.
3 大判 1976. 4. 27., 75다137, 공보 1976, 9148. 大判 1997. 3. 25., 97다3798,3804, 공보

실질적으로 사업을 운영하며 지휘 및 감독을 한 때에는 그가 사용자로서 책임을 부담해야 한다.[1]

(2) 그러나 판례는 공중에 대한 위험과 결부되어 있어 국가나 공공단체의 허가나 면허를 필요로 하는 사업의 경우에는 명의대여 사실 자체에 의해 대여자에 대해 감독의무가 발생하므로 실제 지휘·감독의 여부가 아니라 객관적으로 지휘·감독할 지위에 있었는지 여부를 기준으로 하여 대여자의 사용자성을 판단하고 있다.[2] 즉 "타인에게 어떤 사업에 관하여 자기의 명의를 사용할 것을 허용한 경우에 그 사업이 내부관계에 있어서는 타인의 사업이고 명의자의 고용인이 아니라 하더라도 외부에 대한 관계에 있어서는 그 사업이 명의자의 사업이고, 또 그 타인은 명의자의 종업원임을 표명한 것과 다름이 없으므로 명의사용을 허가받은 사람이 업무수행을 함에 있어 고의 또는 과실로 다른 사람에게 손해를 끼쳤다면 명의사용을 허가한 사람은 민법 제756조에 의하여 그 손해를 배상할 책임이 있으며, 그 명의대여로 인한 사용관계의 여부는 실제적으로 지휘·감독하였느냐의 여부에 관계없이 객관적으로 보아 사용자가 그 불법행위자를 지휘·감독할 지위에 있었느냐의 여부를 기준으로 결정하여야 한다"[3]고 판시한다. 요컨대 허가나 면허의 경우 명의대여라는 사실 자체로부터 지휘·감독의무가 발생하고 그러한 의무의 행사가능성이 있는 이상 대여자는 사용자로서 사용자책임을 부담한다는 의미이다.

이러한 판례 법리는 특히 차량이나 중기가 지입持入된 영업과 관련되어 불법행위가 발생한 경우에 적용례가 많다.[4] 그러한 경우 실질적

   1997, 1188는 명의대여를 통하여 "영업확장의 이익을 얻고 있을 뿐 아니라, 타인의 업무수행방법에 관하여 구체적인 지휘감독권을 유보하고 있는 경우"라고 말한다.
1 大判 1981. 7. 28., 81다281, 공보 1981, 14259.
2 大判 1969. 1. 28., 67다2522, 집 17-1, 80.
3 大判 1996. 5. 10., 95다50462, 공보 1996, 1816.
4 大判 1962. 1. 11., 4294민상548, 집 10-1, 29; 1987. 4. 14., 86다카899, 집 35-1, 263; 1987. 12. 8., 87다카459, 공보 1988, 260. 지입차량의 양수인에 대한 관계에서 大判 1992.

인 차주가 피용자를 고용하여 차량을 운행하고 있었다면, 명의대여자와 실질적인 차주가 모두 사용자로서 연대하여 사용자책임을 부담한다고 하는데,[1] 앞서 복수의 사용자가 관여된 사안에 대한 판례 법리가 적용된 결과이다.

그러나 이러한 법리가 적용되기 위해서는 문제되는 불법행위가 명의대여된 면허 내지 허가의 규범목적과 관련성을 가지고 있어야 하는 것으로 보인다. 예를 들어 지입이라는 용어를 사용하고 있더라도 그것이 단순히 석탄회사 운반차량들의 출입질서 통제를 위한 것이었던 경우에는 원칙으로 돌아가 구체적인 지휘·감독 여부에 따라 사용관계가 결정된다.[2] 마찬가지로 공중위생법상 숙박업의 허가는 "시설물을 기준으로 하여 허가를 하고 있는 것으로 보이고, 그에 따라 허가명의를 양도하는 경우 등에도 양수인이 별다른 제한없이 그 지위를 승계하는 것으로 규정[…]하고 있어 숙박업허가 명의대여자에 대하여 명의사용자에 대한 지휘·감독의무를 시인하기는 어려울 것"이라고 하여 대여자의 사용자성이 부정되었다.[3]

(3) 이러한 판례에 대해서 학설은 대체로 이를 긍정하는 입장이지만,[4] 사용관계와 명의대여관계 사이에는 큰 차이가 있으므로 같은 기준을 적용할 수 없고 명의대여계약의 위법성의 강도에 따라 해결해야 한다는 견해도 있다.[5]

---

　8. 18., 92다10494, 공보 1992, 2751; 1994. 3. 8., 93다52662, 공보 1994, 1169.
1　大判 1972. 4. 11., 71다2803(로앤비).
2　大判 1977. 7. 12., 77다91, 집 25-2, 168.
3　大判 1993. 3. 26., 92다10081, 공보 1993, 1284.
4　곽윤직, 채권각론, 418; 김증한·김학동, 채권각론, 829; 민법주해[XVIII]/이주흥, 522 이하; 이은영, 채권각론, 855; 김형배, "사용자책임과 판례," 5-6; 권용우, "사용자배상책임," 644 이하 등.
5　엄동섭, "명의대여자의 손해배상책임과 구상권," 572.

III. 비교법적 고찰

1. 독 일

(1) 독일 민법 제831조 제 1 항은 사용자책임의 요건으로서 사용자가 타인을 어느 사무에 사용할 것을 요구하고 있다. 통설과 판례에 의하면[1] 피용자는 사용자로부터 사무를 위탁받아 그의 영향하에서 활동을 하며 그에 대해 일정한 종속적 관계에 있는 사람을 의미한다고 한다. 여기서 말하는 종속적 관계는 피용자가 사무집행에 관하여 사용자의 의사에 종속되어야 한다는 것 즉 사용자의 지시에 따라야 한다는 지시종속성을 의미한다. 이러한 지시종속성을 충족하기 위해서는, 피용자는 조직상 종속되어 있는 지위에서 위탁된 사무를 집행하는 사람이어야 하고, 사용자는 피용자의 사무집행을 사실상 언제든지 제한하거나 금지하거나 그 시기 및 범위를 결정할 수 있는 지위에 있어야 한다.[2] 그러므로 사용관계는 지시종속성 및 피용자의 종속적 지위에 따라 판단된다. 여기서 말하는 지시권능 및 지시종속성은 그것이 사실상 존재하는지 여부에 따라 판단되며, 사용자와 피용자 사이의 법률관계에 따라 좌우되지 아니한다.[3] 사용관계가 일시적이어도 무방하다.[4] 또한 피용자의 종속적 지위는 피용자가 사용자보다 사무집행에 관한 전문성이 부족하다거나 사용자에 사회적으로 예속되어 있음을 의미하는 것이 아니라,[5] 피용자가 사용자의 조직영역 즉 사용자의 영업이나 가사 등에 편입되어 있는 지위에서 지시를 받아 사무

---

1 판례 전거와 함께 Palandt/Sprau, §831 Rn. 5; MünchKomm/Wagner, §831 Rn. 14; Stau-dinger/Belling, §831 Rn. 59; Erman/Schiemann, §831 Rn. 5f.; Larenz/Canaris II/2, 478.
2 MünchKomm/Wagner, §831 Rn. 14; Palandt/Sprau, §831 Rn. 5; Erman/Schiemann, §831 Rn. 6.
3 MünchKomm/Wagner, §831 Rn. 14.
4 Kötz/Wagner, Rn. 278.
5 Erman/Schiemann, §831 Rn. 6.

를 집행한다는 사실을 의미한다.[1] 그에 따라 독일에서도 통상 고용관계의 피용자와 사용자 사이에 사용자책임이 적용되는 사용관계가 존재한다고 인정된다.

반면 상대방에 대해 일정한 사무집행의 의무를 부담하고 있더라도 상대방의 지시를 받지 아니하며 사무집행의 시기와 범위를 독자적으로 결정할 수 있는 사람은 피용자가 아니라 독립계약자이다.[2] 독립적인 기업이나 수공업자가 통상 이에 해당한다. 그러나 일반적으로 독립계약자라고 인정되는 지위에 있는 사람이더라도 예외적으로 사실상 타인의 조직범위에 편입되어 지시종속적으로 사무를 집행한다면 그는 그 한도에서 피용자로 취급된다.[3] 특히 다툼이 있는 문제는 소송을 위탁받은 변호사가 위임인의 피용자인지 여부인데, 판례[4]는 위임인의 지시권능을 강조하여 이를 긍정하지만 학설은 변호사 지위의 독립성을 이유로 이에 비판적이다.[5] 또한 사무위탁이 사용자의 의사에 의한 것이 아니라 법률에 기초하고 있거나 직무인 경우에도 사용자책임이 전제하는 피용자는 아니다. 그래서 법인의 기관, 자연인의 법정대리인, 유언집행자 등은 피용자라고 할 수 없다.[6]

(2) 독일의 통설과 판례는 이러한 기준에 따라 사무를 위탁받은 사람이 상당한 정도의 독립성과 전문성을 가지고 사무를 집행하는 경우에도 지시종속관계를 넓게 이해하여 피용자성을 인정한다. 그가 구체적 사무집행에서 독자적으로 즉 자신의 전문성과 경험에 기초해 행위

---

1 Larenz/Canaris, 478; MünchKomm/Wagner, §831 Rn. 15; Staudinger/Belling, §831 Rn. 60.
2 MünchKomm/Wagner, §831 Rn. 16; Palandt/Sprau, §831 Rn. 5.
3 Larenz/Canaris II/2, 478; MünchKomm/Wagner, §831 Rn. 16; Palandt/Sprau, §831 Rn. 5; Erman/Schiemann, §831 Rn. 6.
4 예컨대 BGH BB 1957, 306 = WM 1957, 484 = VersR 1957, 301.
5 MünchKomm/Wagner, §831 Rn. 16; Erman/Schiemann, §831 Rn. 6. 상세한 논의로 von Caemmerer, "Haftung des Mandanten für seinen Anwalt," 314ff.
6 MünchKomm/Wagner, §831 Rn. 20; Staudinger/Belling, §831 Rn. 61.

한다는 사정이 있어도 피용자성을 인정하는 것에 장애가 없다.[1] 사용자가 사무집행을 제한·금지하거나 그 시기 및 범위를 결정할 수 있다면 지시종속성을 인정할 수 있으므로, 종속적 지위에서 타인의 조직에 편입되어 사무집행이 이루어지는 한에서는 피용자로 평가된다. 그래서 병원에 고용되어 활동하는 의사나 간호사도 사용자책임이 문제되는 범위에서 피용자이다.[2] 그러나 이러한 경우 지시종속성 기준이 잘 들어맞는지 여부에 대해서는 학설에서도 의문이 제기된다.[3]

마찬가지로 회사 기타 법인의 구성원으로 상당히 높은 지위에 있으면서 독자적인 의사결정을 내리는 사람도 대표권 있는 기관이 아닌 한에서는 피용자이다.[4] 다만 여기서 주의할 사항은, 독일의 판례가 사용자책임을 적용할 때 발생할 수 있는 사용자면책의 결과를 회피하기 위해 해석상 법인책임을 확장해 온 결과[5] 그러한 사람들이 법인의 기관에 준해서 취급되는 경우가 많다는 사실이다. 법인책임이 성립하기 위해서는 이사회, 이사회 구성원, 그 밖의 정관에 따라 선임된 대리인이 사무집행과 관련해 불법행위를 할 것이 요구되는데독일 민법 제31조, 판례는 엄밀한 의미에서 대표권이 없더라도 법인 조직 내에서 독자적이고 자기책임적으로 특정 직무영역을 관장하는 사람을 정관에 따라 선임된 대리인으로 보아 사용자책임이 아닌 법인책임을 인정하고 있다.[6] 그 결과 독자적인 의사결정을 내릴 수 있는 높은 지위의 법인 구성원은 불법행위법상 사용자책임 규정의 피용자가 아니라 법인책임 규정의 정관에 따라 선임된 대리인으로 취급되는 경우가 적지 않다.

1 Erman/Schiemann, § 831 Rn. 5; Palandt/Sprau, § 831 Rn. 5.
2 Larenz/Canaris II/2, 478; Staudinger/Belling, § 831 Rn. 66; Erman/Schiemann, § 831 Rn. 7; Palandt/Sprau, § 831 Rn. 6. 이에 대해 병원장/병원과장(Chefarzt)은 의학적 영역에서는 지시종속적 지위에 있지 아니하므로 피용자는 아니지만, 판례는 그를 정관에 따라 선임된 대리인으로 취급하여 병원의 손해배상책임을 인정한다고 한다(독일 민법 제31조의 법인책임).
3 Erman/Schiemann, § 831 Rn. 7.
4 MünchKomm/Wagner, § 831 Rn. 18; Palandt/Sprau, § 831 Rn. 5.
5 이에 대해서는 제 2 장 III. 4. (3) 참조.
6 MünchKomm/Wagner, § 831 Rn. 19; Erman/Schiemann, § 831 Rn. 7.

(3) 가해 피용자의 사용자로 고려되는 사람이 복수인 경우에는, 그 피용자에 대해 누가 사실상의 지시권능을 가지고 있었는지 그리고 피용자가 누구의 책임영역에서 활동하고 있었는지 여부에 따라 사용자를 결정해야 한다고 한다.[1] 그들 사이에서 사용자성을 정하는 약정은 그 자체만으로는 의미를 가지지 않는다.[2] 이러한 기준에 따라 사용자는 원칙적으로 한 사람이다.[3] 그래서 예를 들어 운송업자가 제3자의 화물을 운송하는 경우 운송차량의 기사는 통상 운송업자의 피용자이겠지만, 차량과 기사가 함께 제3자에게 위탁되어 제3자가 자기책임적으로 화물을 운송한다면 그 제3자가 사용자가 된다.[4] 마찬가지로 중기가 기사와 함께 임대되어 임차인의 지시에 대해 작업이 수행되었다면, 임대기간 동안 기사는 임차인의 피용자로 보아야 한다고 한다.[5] 이러한 기준은 파견근로의 경우에도 적용된다. 즉 사실상 지시권능을 보유하는 측이 사용자책임상의 사용자로 결정된다. 그래서 파견근로의 경우에 파견사업주가 원칙적으로 사용자로서 책임을 부담하지만, 피용자가 사용사업주의 조직에 완전히 편입되고 사용사업주의 지시를 받아 파견사업주가 더 이상 사무집행에 구체적으로 영향을 줄 수 없는 경우에는 사용사업주가 사용자로 평가된다.[6] 그러나 경우에 따라서는 피용자의 사용사업주 조직으로 편입이 불완전하여 두 사업주 모두 지시권능을 가지고 있다고 판단되는 사안이 있을 수 있으며 예컨대 사용사업주의 지시에 따라 사무집행이 이루어지지만 파견사업주가 언제든지 피용자를 소환하여 달리 사용할 수 있는 경우, 그러한 경우에는 사용사업주와 파견사업주가 함께 사용자로서 연대하여 책임을 진다.[7]

1 MünchKomm/Wagner, §831 Rn. 21; Staudinger/Belling, §831 Rn. 65.
2 MünchKomm/Wagner, §831 Rn. 21.
3 Staudinger/Belling, §831 Rn. 65.
4 BGHZ 80, 1 = NJW 1981, 1516.
5 OLG Hamburg BauR 1994, 529; OLG Düsseldorf NJW-RR 1995, 1430.
6 MünchKomm/Wagner, §831 Rn. 22; Staudinger/Belling, §831 Rn. 66; Erman/Schie-mann, §831 Rn. 9; Palandt/Sprau, §831 Rn. 6.
7 BGH NJW-RR 1995, 659.

2. 프랑스

(1) 프랑스 민법은 제1384조 제5항에서 "주인 또는 사용자"는 그들의 "가사피용인 또는 피용자"가 사무범위에서 야기한 손해에 대해 책임을 진다고 정하여 사용관계lien de préposition를 사용자책임의 요건으로 정하고 있다. 통설과 판례는 이러한 사용관계는 한편으로 사용자의 영향력autorité과 다른 한편으로 그에 상응하는 피용자의 종속subordination을 말한다고 이해한다.[1] 그러나 이러한 종속이 경제적 의존, 사회적 조건의 불평등, 엄격하고 효율적인 통제 등을 의미하는 것은 아니라고 말한다.[2] 통설과 판례는 이를 아주 넓게 이해한다. 그에 의하면 이는 사용자가 사무집행에 관하여 피용자에 대해 지시를 할 수 있는 권능 즉 사무집행과 관련해 목적과 수단을 정할 수 있는 권한을 지시한다.[3] 이러한 지시종속성은 실제로 존재해야 하며 외관만으로는 충분하지 않지만, 그것이 상당한 기간 존재하는지 여부는 판단에 영향을 주지 않는다.[4] 이러한 기준은 통상 사용자와 피용자 사이에 고용계약이 존재하면 충족되며, 실제로 고용에 기한 사용관계가 가장 전형적인 예로서 거론된다. 그러나 고용관계가 아닌 다른 계약관계에서도 앞서 언급한 바와 같은 지시종속성이 존재하면 사용자책임에서 말하는 사용관계는 인정된다. 예컨대 위임계약에서 위임인이 수임인에 대하여 사무집행에 관한 구체적인 지시를 하는 경우가 그렇다고 한다.[5] 그러나 사용관계가 존재하기 위해서 당사자들 사이에 지시종속성을 발생시키는 계약이 반드시 존재할 필요는 없다. 일방이 타방

---

1 판례 전거와 함께 Flour, Aubert et Savaux II, n° 209; Brun, n° 535; Terré, Simler et Lequette, n° 829; Voirin et Goubeaux I, n° 1094; Starck, Roland et Boyer I, n° 900. 참조.
2 Viney et Jourdain, n° 792; Le Tourneau, n° 7504; Starck, Roland et Boyer I, n° 901.
3 Flour, Aubert et Savaux II, n° 210; Brun, n° 535; Terré, Simler et Lequette, n° 829; Voirin et Goubeaux I, n° 1094.
4 Le Tourneau, n° 7505, 7506.
5 Flour, Aubert et Savaux II, n° 210; Brun, n° 537; Viney et Jourdain, n° 795-1.

에게 사실상 지시를 하고 타방이 이를 따르고 있다는 사실로부터 사용관계를 인정할 수도 있다.[1] 예를 들어 가까운 친척이나 이웃 사이에서 사무집행이 계약 없이 그러나 지시종속적으로 인수되어 이루어지는 경우가 그러하다.

반면 노무에 의한 사무집행이 이루어지더라도 지시종속성이 결여되는 경우 즉 사무를 집행하는 일방이 그 상대방에 대해 독립성을 유지하는 경우에는 사용자책임의 요건으로서 사용관계는 존재하지 아니한다. 고용과 대비하여 도급계약상 도급인과 수급인의 관계가 전형적으로 그러하다고 설명되고 있다.[2] 판례도 일반적으로 도급의 경우 사용관계를 부정하지만, 개별사건에서 지시종속성을 인정하여 사용자책임을 인정한 예도 없지는 않다.[3]

(2) 프랑스의 판례와 통설에 의하면 타인의 위탁을 받아 상당한 독립성과 전문성을 가지고 사무를 집행하는 사람도 앞서의 기준에 따라 사용자책임이 문제되는 경우 피용자라고 이해한다. 그러한 피용자에게 사무집행상 독립성과 전문성이 있다고 하더라도 그러한 사정만으로 피용자의 사용자에 대한 종속이 배제되는 것은 아니라는 것이다.[4] 실제로 판례는 이전에는 예컨대 의사의 경우 사무집행의 독립성과 전문성을 이유로 지시종속성을 부정하여 사용자책임에서 말하는 피용자가 아니라는 입장을 견지한 적이 있었으나, 이제는 태도를 변경하여 고용된 의사의 경우 피용자성을 인정한다.[5] 이 법리는 그 밖의 전문

---

1 Flour, Aubert et Savaux II, n° 211; Brun, n° 539; Le Tourneau, n° 7504, 7507, 7508; Starck, Roland et Boyer I, n° 904.
2 Flour, Aubert et Savaux II, n° 210; Brun, n° 537; Terré, Simler et Lequette, n° 830; Voirin et Goubeaux I, n° 1094; Starck, Roland et Boyer I, n° 902.
3 예컨대 Cass. crim., 22 mars 1988, Bull. crim., n° 142. 이에 대해 Viney et Jourdain, n° 795-2; Le Tourneau, n° 7517 참조.
4 Flour, Aubert et Savaux II, n° 210; Brun, n° 536; Terré, Simler et Lequette, n° 830; Viney et Jourdain, n° 793; Le Tourneau, n° 7517.
5 대표적으로 Cass. crim., 5 mars 1992, Bull. crim., n° 101. 자세한 것은 Viney et Jourdain, n° 793 참조.

직에도 마찬가지로 적용된다고 이해되고 있으며, 고용된 변호사나 공증인과 관련해서는 입법적으로 확인되어 있다전자에 대해 1991년 11월 27일의 데크레 제91-1197호 제138조, 후자에 대해 1993년 1월 15일 데크레 제 93-82호 제6조.1 또한 이는 예컨대 회사 기타 법인에서 상당히 높은 지위에 있어 사용자의 통제를 직접 받지 아니하며 오히려 다른 구성원을 지휘하고 감독하는 권한이 있는 구성원에 대해서도 마찬가지이다.2

이러한 사례들은 종래 통설과 판례가 사용관계의 판단기준으로 언급하고 있는 사용자의 영향력 내지 피용자의 지시종속성이 모든 적용례를 설명할 수 있는 유용한 기준인지 여부에 대해 의문을 제기하게 한다. 소수설에 의하면 통설과 판례가 종속성을 언급하는 태도는 다소 주술적인incantatoire 모습을 보인다고 하면서, 사용관계를 판단하는 실제적 기준은 피용자가 사용자의 계산으로, 사용자의 이익을 위해, 사용자가 제공한 수단으로 행위한다는 사정이라고 한다.3 이 견해는 피용자가 사용자의 기업활동에 조직되어 그 기능상 단위로서 활동한다는 점에 주목을 하는 관점으로서, 통설·판례와 반드시 배치된다고 말할 수는 없겠지만, 그럼에도 지시종속성만으로는 설명하기 어려운 경우들을 설득력 있게 파악하려고 한다는 점에서 보다 실질적인 기준을 탐구하려는 시도라고 평가할 수 있을 것이다.4

(3) 복수의 사용자가 고려되는 경우에도 프랑스의 통설과 판례는 어느 편 사용자에게 현실적 영향력 내지 주된 영향력이 있었고 사고

---

1 Flour, Aubert et Savaux II, n° 210; Brun, n° 536 note 143.
2 판례 전거와 함께 Brun, n° 536; Viney et Jourdain, n° 793.
3 Viney et Jourdain, n° 792; Le Tourneau, n° 7502. 판례에서도 이러한 관점을 고려하는 경우를 발견할 수 있다(Cass. civ. 2ᵉ, 11 déc. 1996, Resp. civ. et Ass. 1997, comm. n° 84; 또한 100면 주 3의 판례; Brun, n° 535 참조). 그러나 이 견해 역시 종래 사용관계가 인정되고 있던 사례들(특히 당사자들 사이에 계약이 없이 일시적으로 행해지는 사용관계, 특히 그 동기가 호의에 따른 경우 등)을 모두 설명할 수 없다는 비판으로 Julien, *La Responsabilité civile du fait d'autrui. Ruptures et continuités*, 2001, nᵒˢ 157 sqq.
4 Viney et Jourdain, n° 792는 아래 살펴볼 영국법의 동향을 주된 비교법적 논거로 거론하고 있다.

시점에 지시권능이 있었는지 여부를 기준으로 하여 사용자책임을 부담할 사용자를 특정하고자 한다.[1] 복수의 사용자 모두에게 동시에 사용자책임을 부담시키는 것은 원칙적으로 인정되지 않는다.[2] 물론 예외적으로 하나의 사무집행을 위해 복수의 사용자가 가해 피용자에 대해 지시권능을 가지고 있었던 경우에는 그들 모두가 사용자로 판단될 수도 있다.[3] 이러한 경우 사용자들은 우리의 부진정연대에 상응하는 전부채무관계로 사용자책임을 지게 될 것이지만, 실제로 이러한 사안은 드물다.[4] 오히려 프랑스에서도 빈번하게 문제되는 유형은 화물차나 중기가 임대되면서 기사가 함께 임차인에게 파견되어 사무를 집행하다가 불법행위가 발생한 경우나 파견사업주가 사용사업주에게 피용자를 파견한 파견근로의 경우이다. 학설은 이때 사용관계는 지휘·감독 권한이나 주된 영향력이 이전되었는지 여부에 따라 판단해야 한다고 하여 개별적 고찰방법을 채택하면서, 어느 한편을 사용자로 추정하는 해결을 회피하고, 이를 기본적으로 사실심이 확정할 사항으로 간주한다.[5] 그러므로 같은 사안유형이더라도 개별사건에 따라 결론이 달라질 수 있다. 그러나 판례에 비추어 보면 예컨대 화물차나 중기 등이 임대되면서 기사가 함께 파견된 사안들에서는 임대인을 사용자라고 하는 예가 다수이지만, 반면 파견근로의 경우에는 사용사업주를

---

1 Flour, Aubert et Savaux II, n° 212; Terré, Simler et Lequette, n° 831. 이에 대하여 사용관계를 피용자가 누구의 계산과 이익으로 행위하는지 여부에 따라 파악하고자 하는 소수설 (99면 주 3)은 여기서도 피용자가 어느 편의 기업 내지 영업에 편입되어 활동하는지 여부에 따라 판단하고자 한다. Viney et Jourdain, n° 792 참조.

2 Le Tourneau, n° 7511.

3 예컨대 Cass. civ. 2°, 9 fév. 1967, Bull. civ. II, n° 175. 이 사건에서 파기원은 대략 20여 명의 양 소유자들이 한 사람의 양치기에게 자신의 양들을 위탁한 사안에 대해, 양 소유자들이 양치기에 대해 구체적 지시권능이 있다고 하기는 어렵다고 하더라도, 그에게 보수를 지급하였고, 양치기가 소유자들에게 사무집행의 어려움이 있으면 보고를 하고 소유자들이 개입하였으며, 소유자들이 농업피용자 보호를 위한 기금에 사용자로서 정기액을 납부한 사정을 들어 사용관계를 인정하였다.

4 Viney et Jourdain, n° 793.

5 Flour, Aubert et Savaux II, n° 212; Brun, n° 538.

사용자로 판단하는 예가 우세한 것으로 것으로 보인다.[1] 반면 경우에 따라서는 사용자의 지시권능이 분할되어 불법행위가 행해진 맥락에 따라 각각 사용자를 달리 판단해야 하는 사안도 있을 수 있다고 한다.[2] 예를 들어 고용되지 아니한 채로 병원에서 계약상 자영自營으로 일하는 의사가 그 병원의 간호사의 조력을 받아 수술을 진행하는 경우, 그 수술 동안에 간호사는 병원이 아니라 그 의사의 피용자이다.[3] 마찬가지로 화물차나 중기가 임대된 경우에 일반적으로 지시권능을 보유해 사용자로 평가되어야 하지만, 임차인이 화물차 이용과 관련해 구체적으로 지시한 사항과 관련해서는 임차인을 사용자로 볼 수도 있다.[4]

복수의 사용자가 관여된 사안유형에 대한 판례의 태도에 관해서는 다음과 같은 흥미로운 관찰이 있다.[5] 그에 의하면 판례는 사용자책임을 부담할 사용자를 결정하는 과정에서 사용자들의 자력을 고려하는 경향이 있다고 한다. 그래서 만일 모든 사용자들이 충분한 자력을 가지고 있다면 대체로 지시종속성에 따라 사용자를 결정하는 기준에 좇아 판단하지만, 반면 사용사업주나 중기 임차인 등의 자력이 충분하지 못하다는 사정이 있다면 법원은 파견사업주나 중기 임대인 등 보험의 혜택을 받을 수 있는 편이 사용자책임을 진다고 선언하는 데 주저하지 않는다는 것이다.

1 판례 전거와 함께 Terré, Simler et Lequette, n° 831; Viney et Jourdain, n° 793; Starck, Roland et Boyer, n°ˢ 909, 910.
2 Flour, Aubert et Savaux II, n° 212; Terré, Simler et Lequette, n° 831; Viney et Jourdain, n° 793; Starck, Roland et Boyer I, n° 911.
3 Cass. civ. 2ᵉ, 15 mars 1976, Bull. civ. II, n° 100; Cass. civ. 1ʳᵉ, 13 mars 2001, Bull. civ. I, n° 72. 다만 후자의 판결은 예외적으로 간호사가 그 의사를 가해한 때에는 병원이 의사에 대해 사용자책임을 부담한다고 판시한다.
4 판례 전거와 함께 Le Tourneau, n° 7515 참조.
5 Starck, Roland et Boyer I, n° 910.

3. 영 국

(1) 영국 커먼로에 의하면 사용자master; employer는 피용자servant; employee의 불법행위에 대해 사용자책임을 진다.[1] 그러므로 사용자책임이 성립하기 위해서는 불법행위자와 청구를 당하는 사람 사이에 사용관계가 있어야 한다. 영국법에서는 전통적으로 이러한 사용관계가 고용관계employment를 의미한다고 이해하고 있다. 즉 고용계약이 있으면 그에 따라 인정되는 여러 가지 법률효과의 하나로 사용자의 무과실책임이 있다고 설명하는 것이다.[2] 물론 당사자들 사이에 고용계약이 없는 경우에도 일방이 타방에 대해 가지는 영향력을 이유로 대위책임이 성립할 수 있지만,[3] 그러한 경우를 포함하는 포괄적인 사용자·피용자 개념을 구성하지는 않는다고 보인다. 그러므로 영국법에서 사용자책임의 요건으로서 사용관계는 원칙적으로 사용자와 피용자 사이에 고용계약이 존재할 것이 요구된다.[4] 그리고 고용계약이 사용자책임의 요건이므로, 노무가 도급계약에 기해서 제공되는 경우라면 수급인은 독립계약자independent contractor이고 피용자는 아니다앞의 II. 1. (3) 참조.[5]

그러므로 중요한 과제는 당사자들 사이에 도급이 아니라 고용이 있음을 확인하고 그에 따라 사용관계를 인정할 수 있는 기준을 탐색하는 일이다. 전통적으로 판례는 사용자의 피용자에 대한 감독, 지휘, 영향력을 중점적으로 고려하는 기준을 채택해 오고 있었다. 이를 통

---

1 Markesinis and Deakin, 650.
2 Atiyah, 32.
3 Atiyah, 31-32; Weir, 105-106.
4 그래서 주의할 사항은, 영국법에서 사용자책임의 요건으로서 사용관계를 검토할 때 원용되는 선례들은 사용자책임과 관련된 선례뿐만 아니라 기타 다른 법률분쟁에서 고용계약의 존부가 확인되어야 할 경우에 내려진 선례들도 포함한다는 사실이다. 물론 학설에서는 사용자책임의 규범목적을 고려해 다른 법률문제에서와는 달리 판단해야 할 필요가 있지 않은지 여부에 대해 논의가 있다. 이에 대해 Markesinis and Deakin, 667; Giliker, 56-57.
5 Atiyah, 35-36; Markesinis and Deakin, 666.

제 기준control test이라고 한다.[1] 이는 19세기 이래 확고한 판례로서,[2] 자주 인용되는 20세기 중반의 귀족원의 선례에 의하면 고용관계를 지시하는 요소들로 다음과 같은 것들이 언급되고 있다. ① 사용자의 피용자 선임권한, ② 임금 기타 보수의 지급, ③ 노무제공 방법을 통제할 수 있는 사용자의 권한, ④ 노무제공을 중지시키거나 해고할 수 있는 사용자의 권한 등이 그것이다.[3] 고용관계는 이러한 요소들을 상관적으로 고려하여 결정되므로 사안에 따라서는 어느 요소가 결여되어 있더라도 고용관계를 인정할 수 있겠지만예컨대 실정법에 따라 사용자의 선임권한이나 해고권한이 제약될 수 있다, 그럼에도 이들 요소 중에서 가장 중요하고 결정적인critical and decisive 요소는 사용자의 통제권능이라고 한다. 그러한 의미에서 노무제공자가 달성해야 할 결과가 정해져 있지만 구체적인 사무집행을 통제할 권한이 상대방에게 없는 즉 노무제공자에게 있는 경우라면, 이는 도급에 해당하고 그 노무제공자는 독립계약자이다.[4] 반면 고용에서 사용자는 피용자에게 노무의 결과뿐만 아니라 이를 달성하기 위한 사무집행의 방법을 지시할 권한이 있다.

(2) 그런데 20세기에 들어오면서 점차로 판례의 통제 기준이 모든 고용관계를 적절하게 판단할 수 있는 기준인지 여부에 대해 의문이 제기되기 시작하였다고 한다. 통제 기준은 사용자가 구체적인 사무집행과 관련해 피용자에게 지시를 내리고 감독할 수 있는 우월한 능력을 전제하고 있는데, 이는 이전 세대의 산업관계에서 비롯한 것으로 현대 고용관계의 모든 현상형태를 합리적으로 설명할 수는 없다는 것이다.[5] 이는 예컨대 의사·변호사·회계사와 같은 전문직, 사용자에

---

1 Atiyah, 40; Giliker, 57-58; Winfield and Jolowicz, n. 20.4.
2 Atiyah, 40.
3 Short v J. & W. Henderson Ltd [1946] 62 TLR 427 at 429 per Lord Thankerton.
4 Honeywill and Stein Ltd v Larkin Brothers Ltd [1934] 1 KB 191 at 196 per Slesser LJ.
5 Markesinis and Deakin, 668; Giliker, 60; Winfield and Jolowicz, n. 20.4(*사실이라기 보다는 의제*).

비해 월등한 지식과 기술을 보유한 엔지니어, 회사 등에서 조직을 통제하는 상당히 높은 지위의 관리자 등의 경우에 그러하다고 한다.[1]

판례에서는 특히 고용된 의사의 지위를 피용자로 인정할 수 있을 것인지 여부를 두고 많은 논의가 진행되었다고 한다. 현실적으로 의사는 구체적인 사무집행 즉 치료행위나 수술 등의 진행에 관한 사용자의 구체적인 지시나 감독을 받지 않기 때문에 판례의 통제 기준에 따라 의사를 피용자로 설명하는 것에는 논리적인 어려움이 없지 않다. 그래서 실제로 20세기 초반에 판례는 일시적으로 의사의 독립성과 전문성을 이유로 하여 의사의 피용자성을 부정하기에 이르렀다.[2] 그러나 1940년대에 이르면 판례는 다시 그러한 전문직이나 회사의 고위 관리자의 경우에도 피용자성을 인정할 정책적 필요를 인식하였고, 의사를 고용한 병원의 사용자책임을 시인하였다.[3] 그 결과 영국의 학설과 판례에서 고용관계의 존부 판단에서 통제 기준을 보충하거나 갈음할 다른 기준의 모색이 불가피하게 되었다.

통제 기준을 대체하기 위해 제안되었던 기준으로 피용자가 사용자의 조직에 통합되어 사무를 집행하는지 여부에 따라 피용자성을 판단하려는 데닝Denning 재판관의 견해이른바 organisation test 또는 integration test를 들 수 있다. 그에 의하면 고용계약에서는 "어떤 사람이 사업의 일부part of the business로 고용되고, 그의 노무가 그 사업의 일체화된 부분으로서as an integral part of the business 수행"되는 반면, "도급계약에서는 노무가 그 사업을 위해 수행되기는 하지만 그에 일체화되지 않고 단지 그에 부수되는only accessory to it 것에 지나지 않는다"고 한다.[4] 이

---

1 Atiyah, 45 sqq.
2 Hillyer v Governors of St Bartholomew's Hospital [1909] 2 KB 820. Markesinis and Deakin, 669; Giliker, 61 등 참조.
3 Gold v Essex County Council [1942] 2 KB 293; Cassidy v Ministry of Health [1951] 2 KB 343. 고용된 변호사에 대해 Atiyah, 139.
4 Stevenson Jordan and Harrison v MacDonald and Evans [1952] 1 TLR 101 at 111 per Denning LJ.

는 사용자책임이 사용자의 기업활동에서 발생하는 손해비용을 내부화한다고 하는 취지[1]에 비추어 경제적 관점에서 사용관계를 판단하려는 시도로 평가할 수 있다. 그러나 이 기준은 어떤 기준에 따라 피용자가 사용자의 조직에 통합되었는지를 판단할 것인지의 문제로 치환되어 결국 구체적인 해결을 제시하지는 못한다는 비판에 직면하였고,[2] 그 결과 판례에 결정적인 영향을 주지는 못하였다. 오히려 현재 영국의 판례는 통제 기준에서 출발하면서도 이를 보충하는 다른 여러 가지 사정들을 상관적으로 고려하여 피용자성을 판단하는 유연한 접근방법을 채택하고 있다고 보인다.[3] 지도적인 선례에 의하면 사용자의 피용자에 대한 통제control는 의심할 여지 없이 항상 고려되어야 할 요소이지만, 더 나아가 노무를 제공하는 사람이 자신의 설비를 사용하는지 여부, 그가 자신의 조력인들을 스스로 고용하는지 여부, 그가 부담하는 경제적 위험financial risk의 범위, 그가 투자·관리와 관련해지는 책임의 범위, 그가 사무집행을 양호하게 관리함으로써 이익을 받을 가능성이 있는지 여부 및 그 정도 등을 함께 고려해야 한다고 한다.[4] 이러한 접근법에 의한다면 다른 사정들을 고려하여 통제가 없거나 미미하더라도 피용자성을 긍정할 수 있지만, 다른 사정들에 충분한 비중이 실리지 아니하는 경우에는 여전히 통제 기준이 "단지 하나의 요소이지만, 그러나 매우 중요한 요소"[5]로서 의미를 가지게 된다. 그리고 영국의 상황에서는 법원이 피용자성을 사용자책임의 요건으로서 판단하는지, 사회보장급부와 관련해서 판단하는지, 아니면 조세분쟁의 전제로 판단하는지 등에 따라 각각의 사정들에 부여하는 비

---

1 앞의 제2장 V. 3. (2) 참조.
2 Atiyah, 38.
3 Markesinis and Deakin, 669; Winfield and Jolowicz, n. 20.4, 20.5.
4 Market Investigations v Minister of Social Security [1969] 2 QB 173 at 185 per Cooke J. 같은 취지로 Lee Ting Sang v Chung Chi-Keung [1990] 2 AC 374.
5 Argent v Minister of Social Security and Another [1968] 1 WLR 1749 at 1759 per Roskill J.

중의 차이가 있을 수 있다는 가능성을 주의할 필요도 있다.[1]

(3) 복수의 사용자가 관여하는 경우에 누가 사용자책임을 부담하는지 문제는 영국에서도 주로 중기 등이 임대되면서 기사가 함께 제공된 사안이나 파견근로의 사안을 중심으로 제기되고 있다.[2] 이에 대한 지도적 선례에서는 항구의 크레인이 임대되며 기사가 함께 제공된 사안이 문제되었는데, 여기서 임대인(항구 운영진)이 기사인 피용자에게 임금을 지급하였고 해고할 권리를 가지고 있었으나 임대계약상으로는 임차인의 피용자로 간주한다고 약정되어 있었다. 이후 피용자의 과실에 의한 불법행위에 대해 임대인과 임차인 중 누가 사용자책임을 부담해야 하는지 여부가 다투어졌다. 이 사건 사실관계의 특징 중 하나는 크레인 기사가 가지는 기술적 전문성 때문에 임대인이나 임차인이나 구체적인 사무집행 방법에 대한 지시를 할 여지가 없었다는 사실이었다. 여기서 귀족원은 종래의 통제 기준을 적용하면서, 임대인이 임금을 지급하고 해고할 권리를 가지고 있었다는 사정, 임차인이 기사의 사무집행에 어떠한 통제를 행사할 수 없었다는 사정, 기사가 임차인의 피용자라고 보려면 고용계약상 지위의 이전이 있다고 해야 하는데 그에 필요한 피용자의 동의가 입증되지 않았다는 사정 등을 들어 임대인을 사용자로 보아야 한다고 판시하였다.[3] 이러한 선례에 의해 노무자가 파견된 사안유형에서는 파견을 한 당사자가 여전히 사용자로 남으며, 예외적으로 파견을 받은 당사자에게 통제 등이 완전히 이전되었음이 입증된 때에 비로소 후자가 사용자로 취급된다는 법리가 일

---

1 Markesinis and Deakin, 672.
2 그 밖의 사안유형들이 있으나 종래의 판례 기준에 따라 판단이 어렵지 않다. 이에 대해서 Atiyah, 149 sqq. 참조.
3 Mersey Docks and Harbour Board v Coggins & Griffith (Liverpool) Ltd [1947] AC 1. 물론 여기서 사용자성의 판단은 사용자책임의 부담을 지우기 위한 맥락에서 문제되므로 피용자의 동의에 의한 고용관계 이전이라는 설명은 기술적 법률구성에 불과하다는 점이 지적되었다. Denham v Midland Employers Mutual Assurance Ltd [1955] 2 QB 437; Atiyah, 156 참조.

반적으로 통용되었다.[1] 그리고 이 맥락에서 통제 기준은 여전히 중요한 요소로 고려되고 있다고 평가된다.[2] 실제로 다수의 사안에서는 여전히 파견한 당사자가 사용자로 인정되고, 파견받은 당사자가 사용자책임을 부담하는 경우는 많지 않다고 보인다.[3]

그런데 이러한 판례에 대해서는 다음과 같은 아티야의 비판이 있었다. 그에 의하면 19세기 이래 영국 판례는 하나의 피용자에 대해 동시에 두 명의 사용자를 인정하는 결론에 소극적이었지만, 이는 때로는 이상한 결과를 발생시키며 그 이론적 근거도 반드시 확고하지는 않다고 한다. 실제로 파견한 당사자와 파견받은 당사자 사이에 누가 사용자책임을 부담하는 당사자인지 판단하여 그에게 청구를 하도록 하는 해석은 피해자에게 우호적이지 않으며, 오히려 피해자는 두 사람을 모두 사용자로 하여 사용자책임을 물을 수 있도록 하고 이후 구상단계에서 두 사람들 사이에 누가 진정한 사용자인지 그리고 그들 사이의 부담비율이 어떠한지 다투게 하는 해결이 합목적적이라는 것이다. 그리고 이론적으로도 이러한 해석이 무리스럽지는 않다고 한다. 한편으로 두 사용자는 계약관계에 의해 결합이 되어 있는데, 그러한

---

1 Winfield and Jolowicz, n. 20.8. 이와 관련해 파견 관련 당사자들 사이에서 사용자책임과 관련하여 파견을 받는 사람이 사용자책임을 부담하기로 약정되어 있는 경우 그 효과에 대해서는 Markesinis and Deakin, 674-675 참조.

2 Winfield and Jolowicz, n. 20.8. 그래서 Giliker, 85는 일반적으로 판례상 통제 기준의 의미가 완화된 현재에도 노무자 파견의 사안에서 통제 기준이 강하게 고려되는 경향에 의문을 표시하면서도, 관련 사안들의 다수에서는 미숙련노동이 문제되므로 통제에 보다 큰 비중이 부여될 수 있을 가능성을 시사한다.

3 후자의 경우로 예를 들어 Hawley v Luminar Leisure Ltd and others [2006] EWCA Civ. 18. 이 사건에서는 나이트클럽을 운영하는 피고가 경비업체인 공동피고로부터 유상으로 문지기(doorman)를 제공받았은 사안이 문제되었다. 여기서 경비업체는 임금을 지급하고 파견될 사람을 선정하였으나, 나이트클럽 운영 측은 언제든지 파견된 사람의 교체를 요구할 수 있었고, 문지기는 나이트클럽 제복을 입고 그 관리자의 지휘·감독을 받았다. 공동피고들 사이에서는 경비업체가 문지기의 불법행위로 인한 손해부담에 관해 나이트클럽 운영 측을 면책할 의무를 부담하고 있었다. 문지기의 폭행 피해자가 사용자책임에 기초해 손해배상을 청구하자, 항소법원은 나이트클럽 운영 측이 문지기의 사무집행에 충분한 통제를 하고 있다는 이유로 나이트클럽을 운영하는 피고가 문지기의 사용자라고 판시하고 책임을 긍정하였다.

결합에 의해 공동의 사용자관계를 인정하는 결론은, 예를 들어 계약상 결합된 동업조합의 당사자들이 한 명의 피용자를 고용할 때 공동 사용자가 되는 결과와 비교할 때, 반드시 납득할 수 없는 것은 아니라고 한다. 또한 다른 한편으로 파견을 받은 당사자에게 통제가 완전히 이전된 경우라고 하더라도 피용자와 파견한 당사자 사이에 고용관계가 존재함은 부인할 수 없으므로, 그러한 의미에서 두 사람 모두 사용자책임의 맥락에서 사용자로 인정한다고 해서 이론적인 모순이 있다고 할 수는 없다는 것이다.[1]

영국 판례는 2005년에 비로소 사용자책임과 관련해 동시에 복수의 사용자를 인정할 가능성을 받아들이기 시작하였다. 이 사건에서는 원고가 피고 1과 원고 공장에 에어컨 시설 설치에 관해 도급계약을 체결하였고, 피고 1은 그 배관공사를 피고 2에게 하도급하였으며, 피고 2는 피고 3에게서 제공받은 조립공과 그의 동료로 하여금 구체적인 공사를 하도록 하였는데, 조립공의 동료의 과실로 소방시설에 균열이 생겨 원고의 공장이 물에 잠긴 사실관계가 문제되었다. 원고의 피고 1에 대한 청구는 받아들여졌고 다툼이 없던 반면판결에서 분명하지 않으나 계약책임이 긍정된 것으로 보인다, 원고의 피고 2, 피고 3에 대한 사용자책임에 기한 손해배상 청구에 관련해서는 누가 피용자들의 사용자였는지가 다투어졌다. 원심은 종래 법리에 따라 통제가 완전히 피고 2에게 이전되었다고 볼 증거가 없어 피고 3이 사용자로서 책임을 부담한다고 판시하였으나, 항소법원은 피고 2와 피고 3이 공동으로 사용자책임을 부담한다고 하여 공동사용자책임이 가능하다는 법리를 최초로 시인하였다.[2] 이 판결은 명시적으로 아티야의 견해를 채택하여 동시에 복수

---

1 Atiyah, 156-157. 여기서 아티야는 그러한 결론을 인정한 미국의 선례를 인용하여 자신의 논거를 보강하고 있다.
2 Viasystems (Tyneside) Ltd v Thermal Transfer (Northern) Ltd [2006] QB 510. 여기서 메이 재판관(May LJ)은 두 사용자가 공동으로 피용자를 통제하고 있다는 관점을, 릭스 재판관(Rix LJ)은 피용자가 두 사용자의 조직 모두에 편입되어 있다고 하는 데닝 재판관의 견해

의 사용자가 사용자책임을 부담할 수 있다는 법리를 선언하였고, 그러한 경우 사용자들은 1978년의 민사책임분담법Civil Liability (Contribution) Act 1978 제 1 조, 제 2 조가 정하는 바에 따라 법원이 공평하다고 판단하는 비율로 서로 구상을 할 수 있다고 하였다. 구체적으로 이 사건에서는 50 : 50의 분담이 결정되었으나, 법원은 대체로 복수의 사용자가 피용자를 공동으로 통제한다고 판단되는 경우에는 그러한 분담비율이 대체로 일반적이고 공평할 것이라고 제안하고 있다.

이러한 새로운 판례법리는 복수의 사용자가 관여된 사안에서 피해자의 지위를 개선할 수 있다는 점에서 주목할 만하지만, 이러한 경향이 구체적 적용에서 얼마나 넓게 인정될 것인지, 바꾸어 말하면 중기와 함께 피용자가 제공된 사안이나 파견근로의 사안에서 법원이 이후 공동사용자책임을 원칙적인 모습으로 받아들일지 아니면 파견하는 사용자가 책임을 부담한다는 원칙에 대한 예외로서 취급할 것인지 여부에 대해서는 이후 판례의 전개를 지켜볼 필요가 있다고 하겠다.[1] 그러나 그럼에도 영국법에서 이 판결을 계기로 하여 사용자책임의 요건으로서 사용관계 판단이 일반적인 고용관계 판단과는 구별하여 검토될 필요가 있다는 관점은 이제 점차 수용되고 있는 것으로 보인다본장 102면 주 4 참조.[2]

(본장 III. 3. (2) 참조)를 채택하여 결론을 정당화하고 있다.
1 예컨대 본장 107면 주 3에서 인용한 Hawley v Luminar Leisure Ltd 판결은 Viasystems 판결 이후에 선고되었음에도 나이트클럽 운영자에게 통제가 완전히 이전하였다고 하여 종래 법리에 따라 단독책임을 인정하였음을 상기할 필요가 있다. Weir, 109 참조.
2 Giliker, 90. 또한 Weir, 107-108도 참조.

IV. 우리 민법에 대한 시사

1. 요약과 평가

이상에서 사용관계 판단에 대한 우리나라와 각국의 경험을 살펴 보았다. 이로부터 대체적인 비교법적 경향을 요약하고 평가하기로 한다.

(1) 각국의 경험으로부터 우선 현저하게 나타나는 사실은 어느 나라이든지 통설과 판례는 사용관계의 판단에서 사용자의 피용자에 대한 지휘·감독 내지 통제를 가장 중요한 기준으로 고려하고 있다는 것이다. 그러나 동시에 지휘·감독, 통제, 지시종속성이라는 기준만으로 모든 사용관계를 설명할 수는 없다는 점도 인식된다. 실제로 각국의 학설에서 지휘·감독, 통제 등에 따라 판단한다면 피용자성이 부정되기 쉬운 사안유형에서도 피용자성을 인정하고 있는 경우가 적지 않으며, 기준 자체가 그러한 결과를 설명할 수 없다고 자인하거나영국 기준 자체가 의제화·공동화되어 적용된다는 비판독일, 프랑스이 있는 것이다. 이는 우리나라의 판례를 개관할 때에도 마찬가지이다.[1]

(2) 사실상의 지휘·감독 기준이 비교법적으로 중요한 기준으로 통용되는 이유는 사용자책임의 입법취지를 고려한다면 쉽게 이해할 수 있다. 사용자가 피용자의 불법행위에 대해 무과실책임 내지 추정적 과실책임을 부담하는 이유는 일차적으로 사용자가 피용자를 통해 확장한 경제적 활동에 상응하여 증가한 손해비용을 사용자에게 돌려 이

---

1 또한 우리나라 판례와 대체로 유사한 경향을 보이는 일본의 판례에 대해 田上, 84-85 참조: "우선 말할 수 있는 것은 사실상의 지휘감독관계의 기준이 타당한 영역이 그다지 넓지는 않다는 것이다. 이 기준이 유효하고 적절하게 타당한 영역은 가족·동거인 사용관계에서이고, 그 이외의 유형에서는 반드시 문자대로 유효하게 기능하고 있다고는 말할 수 없다. 오히려 유형에 따라서는 그 기준은 실질적으로 변용되어 있거나 혹은 다른기준으로 교체되어 있음에 주의해야 한다."

를 내부화하기 위한 것이다.[1] 여기서 피용자가 사용자의 지휘·감독에 따라 사무를 집행한다는 사실이 확인될 때 일응 사용자가 피용자를 통해 경제적 활동을 확장한다는 판단을 할 수 있음은 분명하다. 그러나 사용자가 피용자를 통해 경제적 활동을 확장하고 동시에 손해가능성을 증가시키는 현상이 반드시 지휘·감독과 불가분적으로 결부되어 있다고는 말할 수 없다. 지휘·감독이 없는 경우에도 사용자에게 손해비용증가를 귀속시켜야 할 경우도 있고, 지휘·감독이 있더라도 그 맥락에서 사용자가 피용자가 아닌 독립계약자를 상대로 하고 있다고 판단해야 할 경우도 있을 수 있다.

그러므로 사용관계를 합리적으로 판단하기 위해서는 사용자의 피용자에 대한 사실상의 지휘·감독이라는 기준에서 출발하면서도, 이를 보충하는 여러 가지 요소들을 발견하여 이들을 상관적으로 평가할 필요가 있다. 여기서 앞서 언급한 사용자책임의 취지를 다시 고려해 본다면, 데닝 재판관이 말하였듯이 피용자는 사용자의 사업조직에 일체화된 부분으로 활동한다는 기준이 가지는 의미를 이해할 수 있다. 물론 영국에서 이 기준에 대해 명확한 판단을 보장할 수 없다는 비판이 있음을 보았다본장 III. 3. (2) 참조. 그러나 이 기준은 타인을 위해 노무가 제공되는 경제적 맥락에 착목하는 관점으로서, 사용자책임의 입법목적과의 관련성을 고려한다면 반드시 불명확한 기준이라고 단정할 것은 아니라고 생각된다. 이는 사업과 관련한 위험을 누가 조직상 지배하고 관리하는지 그리고 경제적으로 그러한 위험에 대해 누가 보험계약을 체결하는 것이 정당하다고 생각되는지에 따라 사용관계를 결정함을 의미한다.[2]

(3) 그렇다면 지휘·감독 기준을 보충하여 피용자가 사용자의 사업조직의 일체화된 부분이라고 판단할 때 고려될 수 있는 요소로 어떠

1 앞의 제2장 V. 3. (2) 참조.
2 von Caemmerer, "Reformprobleme der Haftung für Hilfspersonen," 297.

한 사정들을 들 수 있는가? 말하자면 사실상 지휘·감독 외에 어떠한 사정들이 위험의 조직상 지배·관리 및 정당한 보험계약자의 존재를 지시하는가? 앞서 비교법적 서술에서 언급된 것들을 모아 보면 대체로 다음과 같다.

- 타인의 계산으로, 그리고 타인의 이익을 위해 활동한다는 사정. 즉 사무집행 과정이 타인의 경제적 자원으로 조직되고, 그 이윤 내지 위험이 그 타인에게 귀속한다는 사정.[1]
- 타인이 제공한 도구·설비 등을 이용한다는 사정.
- 타인이 제공하는 임금을 수령한다는 사정.
- 타인이 노무제공 장소와 시간을 정한다는 사정.
- 타인이 선임과 해고의 권한을 가지고 있다는 사정.
- 타인이 진행 중인 사무집행을 중지시킬 권한을 가지고 있다는 사정.

(4) 이러한 기준은 복수의 사용자가 매개된 경우에도 우선 그대로 적용되어 누가 사용자책임을 부담할 사용자인지 판단하는 데 사용된다. 그런데 앞서 비교법적 개관에서 드러나는 바이기도 하지만, 외국의 재판례와 비교할 때 우리 판례의 특징은 불법행위를 한 피용자에 대해 동시에 복수의 사용자를 인정하는 결과에 보다 적극적이라는 사실이다. 이러한 경향은 긍정적으로 평가되어야 한다고 생각되며, 이는

---

1 실제로 우리 판례에서도 사용관계 판단에서 이러한 요소를 명시적으로 언급하는 재판례들이 있다. 예컨대 大判 2008. 11. 27.(82면 주 2: "다단계판매업자도 재화 등의 판매에 의한 이익의 귀속주체가 되므로, 다단계판매원은 다단계판매업자의 지휘·감독을 받으면서 다단계판매업자의 업무를 직접 또는 간접으로 수행하는 자로서 다단계판매업자와의 관계에서 민법 제756조에 규정한 피용자에 해당"), 大判 1997. 3. 25. (82면 주 4: "정기간행물의 제작·판매를 업으로 하는 회사가 [⋯] 타인과의 사이에 [⋯] 지국설치계약을 체결하고, 상당한 보조를 하는 방법으로 그로 하여금 회사의 명의로 영업을 할 수 있는 터전을 제공함으로써 이를 통하여 영업확장의 이익을 얻고 있을 뿐 아니라, 타인의 업무수행방법에 관하여 구체적인 지휘 감독권을 유보하고 있는 경우라면 비록 그 사업이 타인의 사업이고, 명의자의 고용인이 아니라고 하더라도 실질적으로 사용자와 피용자의 관계와 다를 바 없다") 등 참조.

특히 최근 영국 판례의 전개를 고려할 때 쉽게 이해할 수 있다. 이에 대해서는 아래에서 다시 언급한다본장 IV. 2. (2) 참조.

2. 명의대여와 파견근로

이상의 비교법적 고찰로부터 획득한 사용관계 평가 기준에 따라 명의대여와 파견근로의 유형에 대한 우리 판례를 평가하고자 한다.

(1) 명의대여가 있는 경우에 대여자에게 사용자책임을 부담시킬 것인지에 대해 판례는 기본적으로 그가 사실상 지휘·감독을 할 수 있는 지위에 있는지 여부에 따라 판단을 하면서도, 허가나 면허를 필요로 하는 사업의 경우에는 명의대여 사실 자체에 의해 대여자에 대해 감독의무가 발생하므로 실제 지휘·감독의 여부가 아니라 객관적으로 지휘·감독할 지위에 있었는지 여부를 기준으로 하여 대여자의 사용자를 판단하고 있음을 보았다본장 II. 4. 참조. 이러한 판례는 기본적으로 타당하다고 생각된다.

일반적으로 단순히 명의가 대여된 경우, 이를 신뢰하여 거래한 사람을 위해 명의대여자의 책임이 성립할 수 있음은 별론으로 하고상법 제24조, 명의대여만으로 명의차용자가 명의대여자의 사업에 통합되어 명의대여자의 경제활동의 일체화된 부분으로 활동한다고 볼 근거는 전혀 없다. 명의대여자가 단순히 현재 활용하지 않고 있는 명의를 무상 또는 유상으로 빌려 주고, 명의차용자는 그 명의하에 독자적으로 사업을 수행할 가능성은 존재하며 실제로 판례에서 확인되는 바이기도 하다. 그러므로 여기서 사실상의 지휘·감독 및 이를 보충하는 요소들을 판단하여 누가 사용자책임을 부담할 사용자인지를 판단하는 것은 정당한 결론이라고 할 것이다.

반면 허가나 면허에 의해 명의가 부여되는 경우, 이는 법질서가 정책적인 관점에서 사용자가 될 수 있는 자격을 고정함을 의미한다. 즉 법질서는 사용자의 자력, 기술력, 설비, 경험 등을 고려하여 명의를 허가하거나 면허하는데, 이는 명의를 부여받는 사람이 그러한 사무집행의 능력과 자격이 있음을 확인하는 동시에 그와 결부된 경제적 위험을 부담하도록 하는 행위이고, 그로부터 발생할 손해위험에 대해 보험계약을 체결할 당사자가 바로 그 명의자라고 지시한다. 그렇다면 명의자가 명의를 임의로 대여해서 사용자책임을 벗어날 수 있다는 결과는 쉽게 받아들일 수 없다. 오히려 그러한 명의자가 명의를 대여하였다면, 예컨대 운송업자가 지입차량을 받아들였다면, 이는 명의와 결부된 이익과 위험을 부담할 사용자가 타인을 사용하여 자신의 경제적 활동범위를 확장한 것이다. 여기서 명의대여자가 사용자책임을 부담할 사용자라는 점은 명백하다. 그리고 더 나아가 이 경우 명의대여자는 명의대여라는 사실 자체만으로 사용자책임을 부담할 사용자이며, ─ 판례의 추상론과는 달리 ─ 지휘·감독할 가능성이 있는지 여부는 고려할 필요가 없다고 생각된다. 이미 허가나 면허에 의해 명의가 부여되고 그러한 명의자에게 경제적 이익과 위험이 귀속된다는 취지가 법질서에 따라 확인되어 있는 이상, 명의대여 사실이나 지휘·감독 가능성에 따라 입법목적이 좌절되는 결과는 받아들이기 어렵기 때문이다. 만일 판례의 논리를 그대로 따른다면 지휘·감독이 불가능한 상태로 명의대여를 한 사람은 사용자책임에서 벗어날 수 있으나, 지휘·감독이 가능한 상태로 명의대여를 한 사람은 사용자로서 책임을 부담한다는 결론이 도출되는데, 이는 부당하다. 실제로 판례도 추상론으로는 지휘·감독의 가능성을 언급하고 있지만 실제 결론에서 지휘·감독 가능성이 없음을 들어 사용자성을 부정한 예는 발견하기 어렵다.

(2) 판례는 기사와 함께 중기나 차량이 일시적으로 임대된 사안유형에 대해서는 임대인과 임차인 모두를 사용자로 판단하여 이들이 연

대하여 사용자책임을 부담한다고 하면서도, 「파견근로자보호 등에 관한 법률」에 따라 이루어지는 파견근로에 대해서는 원칙적으로 파견사업주를 사용자로 판단하고 예외적으로 사용사업자의 구체적인 지휘·감독이 있으면 사용사업주가 사용자책임을 부담하며 파견사업주는 선임·감독의 주의를 다하면 면책된다는 입장을 보인다. 그런데 후자의 경우에도 사용사업주는 거의 예외 없이 구체적인 지휘·감독을 하는 지위에 있으므로 통상 사용사업주와 파견사업주는 동시에 사용자로 인정되어 연대하여 책임을 부담하게 될 것이다. 또한 파견사업주가 선임·감독의 주의를 다하였다고 인정될 때에는 면책될 것이라고 하지만, 실제로 판례상 그러한 면책이 거의 인정되지 않으므로, 실제로 공동사용자책임의 결론이 일반적으로 받아들여질 것이다. 그러므로 판례에서 두 사안유형은 결과적으로 거의 동일하게 처리된다고 평가할 수 있다. 그렇다면 두 사안유형에 적용될 법리를 서로 다르게 설명할 이유나 필요는 없다고 보인다. 오히려 종래 중기나 차량의 임대에서 전개된 판례법리를 「파견근로자보호 등에 관한 법률」에 따른 파견근로에 대해서도 그대로 적용하여 파견사업주와 사용사업주 모두를 사용자로 인정하는 해석이 보다 일관되고 타당한 결론을 보장한다고 생각된다.

구체적인 지휘·감독이 없더라도 파견사업주가 통상 사용자책임상의 사용자로 판단되어야 한다는 점은 긍정될 수 있다. 일반적으로 파견된 피용자는 파견사업주가 고용하고, 임금을 지급하며, 해고할 권리를 가지고 있고, 어느 사용사업주에게 파견될지도 파견사업주가 정한다.[1] 또한 통상적으로 파견계약에서 사용사업주가 파견사업주에게 지급하는 대가는 임금 기타 파견과 관련된 제반비용을 포괄하도록 약정되며, 이는 파견된 피용자와 관련해 보험을 체결할 당사자는 통상

---

1 관련하여 문영화, "근로자 파견." 256도 참조.

파견사업주임을 의미한다.[1] 이런 사정들은 구체적 지휘·감독의 결여에도 불구하고 파견사업주를 사용자로 보게 할 가능성을 높인다. 하지만 동시에 파견된 근로자가 상당한 정도로 사용사업주의 사업에 통합되어 사용사업주의 구체적인 지휘·감독을 받는다는 사실도 부정할 수는 없다. 구체적인 사무집행의 방법을 지시하거나 중지시키고, 노무 제공의 시간과 장소를 정할 권한은 통상 사용사업주에게 있으며, 사안에 따라서는 파견된 피용자와 관련해 보험을 가입할 부담이 그에게 돌아갈 수도 있다. 이러한 상황을 고려할 때 파견사업주와 사용사업주를 모두 사용자로 보아 공동의 사용자책임을 부담시키는 결론은 무리스럽지 않으며, 오히려 사태의 본질에 충실할 수도 있다.[2] 더 나아가, 이상의 여러 기준에 따라 어느 한편만이 사용자로 책임을 부담해야 한다는 결론이 도출될 가능성이 있다고 하더라도, 이는 사업의 외부에 있는 피해자는 알기 어려운 사정들에 기초하고 있다. 여기서 피해자에게 사용사업주와 파견사업주를 선택하여 소송을 수행하게 함으로써 경우에 따라 이중패소의 위험을 부담시키는 해결이 타당한지는 의문이다.[3] 아티야가 설득력 있게 논증한 바와 같이앞의 II. 3. (3) 참조 모두를 사용자로 인정하고 공동의 사용자책임을 부담시키는 결론은 결과에 있어서 바람직하고 이론적으로도 문제가 없다. 이 맥락에서 민

---

1 Atiyah, 163 참조.
2 문영화, "근로자 파견," 256은 파견근로는 ① 파견기간이 중기 등 임대차와 달리 그 기간이 비교적 장기이고, ② 파견근로자의 파견업무에 대하여는 사용사업주가 구체적인 지시·감독권을 행사할 뿐 파견업무와 관련하여 파견사업주가 지시·감독권을 행사할 수 없다는 점에서 중기 등 임대차 사안과 동일하게 볼 수 없다고 한다. 그러나 이러한 사정만으로 다른 법리를 적용해야 한다는 결론은 정당화될 수 없다. 첫째로, 사용관계를 인정할 때 그 지속기간 자체는 원칙적으로 고려되지 않는다는 점은 우리나라와 각국의 통설과 판례가 인정하고 있는 바이므로, 이 맥락에서 결정적인 요소가 되지는 못한다. 둘째로, 앞서 살펴보았지만 지시·감독의 여부는 사용관계를 판단할 때 고려될 중요한 요소이기는 하지만 다른 사정들과 함께 참작되어야 하며, 그것이 결여된 경우에도 사용관계를 인정할 수 있다. 요컨대 이 견해가 지적하는 이유만으로 두 사안유형을 달리 취급할 충분한 근거는 발견하기 어렵다.
3 물론 현실에서 피해자는 공동소송을 통해 그러한 위험을 효과적으로 감소시킬 수 있겠지만, 이론적으로 이중패소의 가능성은 부정할 수 없다.

법 제760조 제2항이 직접적용될 수는 없지만, 이 규정의 배후에 있는 가치평가는 여기서도 존중되어야 한다고 보인다.[1]

앞서 살펴보았지만 판례도 실제로 그 운용에서 이러한 해석과 동일한 결과에 도달하게 될 것이다. 다만 판례는 파견사업주가 선임·감독의 주의를 다하였다는 입증을 하여 면책될 가능성을 언급하는데, 이러한 일반론은 앞으로 파견근로의 사안에서 면책을 보다 적극적으로 인정하겠다는 취지로 읽힐 여지를 남긴다. 실제로 이 판결에 대한 재판연구관의 보고는 그러한 가능성을 시사한다.[2] 이 견해는 크게 다음의 두 가지 사정을 들어 파견사업주의 면책을 쉽게 인정할 것을 제안한다. 즉 ① 통상의 사용자책임에서 사용자의 면책주장을 받아들이지 않는 것은 사용자책임이 보상책임의 원리에 기초한 것으로서 피해자의 보호라는 실제적인 필요를 고려하기 위한 것이지만, "사용사업주의 구체적인 지시·감독권이 행사되는 상황에서 발생한 파견근로자의 불법행위에 대하여는 대체로 파견사업주보다 자력이 우월한 사용사업주의 사용자책임이 인정되므로 파견사업주의 면책을 인정하더라도 피해자의 보호라는 사용자책임의 실제적인 필요에 어긋나는 것은 아니므로 파견사업주의 면책이 반드시 부정되어야 할 것은 아니"라고 한다. ② 또한 판례가 사무집행관련성에 있어서 고려하는 '방지조치 결여에 대한 책임의 정도'라는 기준은 사용자의 주관적인 사정으로서 사용자면책가능성의 기준으로 작용하여야 한다는 견해가 있음을 고려할 때, 법문상 규정된 선임·감독상의 과실 여부를 사용자책임을 부정하는 경우에 있어서 도구로 활용하는 것이 바람직하다고 한다. 그러나 두 가지 논거만으로 쉽게 파견사업주의 면책가능성을 넓힐 것은 아니다. 첫째, 사용자책임의 지도원리가 보상책임이라면 이는 파견근로의 사안유형에도 마찬가지로 그대로 타당해야 한다. 파견사업주가

---

1 민법주해[XIX]/정태윤, 180-181 참조.
2 문영화, "근로자 파견," 260.

피용자를 활용하여 경제적 활동의 범위를 넓히고 그로부터 이익을 받고 있다면 그와 관련된 손해비용을 부담해야 하며, 다만 파견근로의 경우 사안유형의 특성상 사용사업주와의 관계에서 분담가능성이 고려될 뿐이다. 피용자가 파견사업주의 사업조직에 편입되어 그의 계산과 이익으로 활동을 하고 있는 이상 다른 사용자책임 유형과 구별하여 보다 면책을 쉽게 인정할 이론적 근거는 찾을 수 없다. 더구나 당사자들의 자력을 고려하여 법적 개념의 해석을 달리한다는 명제는, 실제 재판에서 고려요소가 될 수 있음은 별론으로 하고, 법률의 해석론으로서 받아들일 수 없다는 점은 명백하다. 둘째, 판례가 언급하는 '방지조치 결여에 대한 책임의 정도' 기준은 사무집행관련성 판단에서 사용자의 외관창출에 대한 기여도를 판단하는 요소일 뿐이며 선임·감독의무와는 관련이 없다.[1] 마지막으로 파견사업주의 면책을 쉽게 인정함으로써 피해자의 이중패소 위험은 더욱 높아진다는 점도 지적해 두어야 할 것이다.

결론적으로 중기 등 임대차 사안에서와 마찬가지로, 「파견근로자보호 등에 관한 법률」에 따른 파견근로의 경우에도 피해자는 파견사업주와 사용사업주 모두에 대해 사용자책임을 물을 수 있으며, 파견사업주와 사용사업주는 부진정연대의 관계에 있다고 해석해야 한다.[2] 이들은 공동불법행위 법리에 따른 구상과정을 통해 자신들의 분담비율을 확정해야 할 것이고, 여기는 앞서 살펴본 사용자성 판단에 관한 기준앞의 IV. 1. 참조이 적용된다. 그 과정에서 어느 일방만이 사용자라고 확정될 가능성도 있지만, 분담이 이루어지는 결과가 통상일 것이다.

---

1 이에 대해 상세한 내용은 제 4 장 IV. 2. (5) 참조.
2 大判 2003. 10. 9.(본장 90면 주 1)의 법리는 피해자를 대위한 원고가 파견사업주를 피고로 하여 소를 제기한 사건에서 파견사업주의 책임을 긍정하며 설시한 내용이므로, 본문에서 주장된 견해를 이후 사건에서 채택하더라도 판례 모순의 문제는 발생하지 않는다.

4

사무집행관련성

I. 문제의 제기

1. 민법 제756조 제1항에 의하면 타인을 사용하여 어느 사무에 종사하게 한 자는 ― 선임·감독의 주의를 다하였음을 입증할 수 없는 한 ― 피용자가 "그 사무집행에 관하여 제3자에게 가한 손해"를 배상할 책임이 있다. 이로써 법률은 불법행위법에서 사용자책임이 성립하기 위해서는 피용자의 가해행위와 사무집행 사이에 일정한 관련성이 있을 것을 요구하고 있다. 이러한 사용자책임의 요건을 종래 강학상 사무집행관련성이라고 명명해 왔다.

주지하는 바와 같이 현재 우리 실무는 사용자책임이 문제되는 경우 사실상 사용자의 면책입증제756조 제1항 단서을 거의 허용하고 있지 아니하다. 동시에 확고한 대법원 판례[1]와 통설[2]은 피용자의 가해행위가 일반 불법행위의 요건제750조을 충족할 것을 요구하고 있다. 그러므로 현재 우리 실무에서 사용자책임은 가해자의 불법행위를 전제로 사용자가

---

1 大判 1981. 8. 11., 81다298, 집 29-2, 263; 1991. 11. 8., 91다20263, 공보 1992, 74.
2 곽윤직, 채권각론, 419-420; 민법주해[XVIII]/이주흥, 580 이하; 권오승, "사용자책임에 대한 검토," 631-632, 635; 면책입증 부정과 관련하여 김증한·김학동, 채권각론, 839 등.

121

무과실책임을 부담하는 대위책임(vicarious liability)의 모습으로 운영되고 있다고 말할 수 있다.[1] 그러므로 사용자로서 사용자책임에서 벗어나기 위한 거의 유일한 방법은 피용자의 불법행위가 사무집행과 무관하게 발생하였다는 사실을 보이는 것뿐이라고 말할 수 있다. 이러한 의미에서 피용자 행위의 사무집행관련성은 제756조 적용에 있어서 피용자의 불법행위를 사용자에게 귀책시키는 중요한 요건으로 기능하고 있다.

2. 피용자가 원래 그의 직무를 수행하는 과정에서 고의 또는 과실로 손해를 야기한 경우에 사무집행관련성이 인정된다는 것에는 의문이 없다. 어려운 문제는 피용자가 직무집행의 기회에 직무에 의하여 부여된 수단을 가지고 직권을 남용하거나 직무의 범위를 일탈하여 불법행위를 범한 경우에 비로소 제기된다. 예를 들어 회사의 경리과장이 자신의 권한을 이용하여 사적인 목적을 위하여 회사 명의의 어음을 발행한 경우에 위조를 이유로 지급을 거절당한 어음의 소지자가 회사에 대하여 손해배상을 구할 수 있는지, 택시 기사가 승객을 폭행한 경우에는 어떠한지 등의 사안이 현실적으로 판단의 어려움을 야기하는 것이다. 실제로 학설과 판례의 논의도 이러한 사안들에 집중되고 있다.

이러한 직무일탈 내지 직무남용의 경우에 사무집행관련성을 부정한다면 사용자책임의 적용범위가 축소될 것은 명백하다. 그러나 우리 민법의 입법자가 그러한 결과를 의도하였다고는 생각되지 아니한다. 이미 살펴본 바와 같이(제2장 V. 1. (2) 참조) 민법 초안 제749조의 "사무집행으로 인하여"라는 문언이 바로 그러한 직무일탈·직무남용의 사안 유형을 규율할 수 있도록 "사무집행에 관하여"라는 표현으로 수정되었기 때문이다.[2] 이러한 입법자의 의사를 고려할 때, 직권일탈 내지 직무남용의 사례에 일률적으로 사무집행관련성을 배제하는 것은 타당

---

1 이상 자세한 내용은 앞서 제2장 I. 1., V. 3. 참조.
2 민법안심의록, 상권, 445.

하지 않다.[1] 그러나 그렇다고 해서 그러한 사례에 일률적으로 사무집행관련성을 인정하는 것 역시 받아들일 수는 없다.[2] 그러므로 사무집행관련성 판단을 위해서는 직무일탈 내지 직무남용의 경우에 그 손해비용을 사용자에게 부담시킬 사안유형과 그렇지 않은 사안유형을 구별할 수 있는 기준을 모색하는 것이 필요하다.

II. 사무집행관련성에 대한 학설과 판례

이러한 사무집행관련성의 판단과 관련하여 우리 판례와 학설의 입장을 살펴보도록 한다.

1. 대법원의 판례

(1) 현재의 대법원의 판례는 사무집행관련성에 관하여 이른바 외형이론外形理論을 취하고 있다고 지적되고 있다. 즉 피용자의 행위가 본래의 직무집행행위가 아니더라도 그 행위의 외형을 관찰하여 마치 직무의 범위에 속하는 것으로 나타나는 행위도 사무집행관련성이 있다고 판단하여[3] 사용자책임을 인정한다는 것이다. 그리고 이러한 외형의 판단 기준으로는 "피용자의 본래 직무와 불법행위와의 관련정도 및 사용자에게 손해발생에 대한 위험창출과 방지조치 결여의 책임이 어느 정도 있는지를 고려하여 판단하여야" 한다고 언급되기도 한다.[4] 즉 가해행위와 직무의 관련성의 정도 및 사용자가 창출한 위험상태를 상관적으로 고려해야 한다는 것이다.

1 양창수, "회사 경리직원의 어음위조와 사용자책임," 272 참조.
2 김형배, "사용자책임과 판례," 13.
3 大判 1985. 8. 13., 84다카979, 집 33-2, 149.
4 大判 1988. 11. 22., 86다카1923, 공보 1989, 11.

최근 학설에서는 사무집행관련성에 관한 판례를 분석할 때 피용자의 불법행위가 법률행위적 거래를 매개로 하여 그 기회에 행해진 경우이른바 거래적 불법행위와 그렇지 않고 순수한 사실행위를 매개로 하여 행해진 경우이른바 사실적 불법행위를 구별하는 시도가 보인다.[1] 아래에서는 일단 잠정적으로 이러한 문헌의 분류에 따라 판례의 입장을 간략하게 개관해 보고자 한다그 비판에 대해서는 본장 IV. 3. (4) 참조.

(2) 이른바 거래적 불법행위의 영역에서, 판례는 외형이론에 기초해 사무집행관련성을 판단하고 있다고 한다.

(a) 판례상 자주 문제되었던 사례군은 피용자에 의한 어음·수표 위조 사안이다. 판례는 피용자가 어음작성사무나 어음작성준비사무를 담당하고 있거나 피용자가 그러한 사무를 담당하고 있지 않더라도 사용자가 인장 및 어음용지의 보관을 소홀히 하여 피용자로 하여금 어음위조를 용이하게 할 수 있도록 한 상태에 두었는지를 고려하여 사무집행관련성을 판단하고 있는 것으로 보인다.[2] 즉 "피용자의 본래 직무와 불법행위와의 관련정도 및 사용자에게 손해발생에 대한 위험 창출과 방지조치 결여의 책임이 어느 정도 있는지를 고려하여 판단하여야" 한다[3]는 기준이 여기에 잘 부합한다. 예컨대 대법원은 피용자가 어음의 작성사무나 그와 관련된 사무를 담당하고 있거나, 그렇지 않더라도 직무상 그러한 사무에 접근가능성이 큰 경우, 외형을 이유로 사무집행관련성을 긍정한다. 따라서 경리과장의 어음위조의 경우 직무상 보관 중이거나 위조한 인장으로 발행한 어음 사례에서 사무집행관련성이 있다고 한다.[4]

1 민법주해[XVIII]/이주흥, 555-556; 김재형, "사용자책임에서 사무집행관련성(1)," 28; 지원림, "사용자책임에 있어서 '사무집행에 관하여' 판단기준," 191 등. 같은 관점에서 일본의 판례를 개관하는 田上, 101 이하도 참조.
2 민법주해[XVIII]/이주흥, 556.
3 大判 1988. 11. 22., 86다카1923, 공보 1989, 11.
4 大判 1966. 9. 20., 66다1166, 집 14-3, 49; 1982. 10. 26., 81다509, 공보 1983, 55("약속

그러나 어음사무와는 무관한 자동차 판매담당자[1]나 출납계장,[2] 대표권한 없는 상무대리[3]가 약속어음을 위조한 경우에는 그러한 외형이 존재하지 않는다는 이유로 사무집행관련성을 부정한다. 여기서는 피용자의 사무가 어음사무과 관련이 없다는 점이 중요하게 고려된 것으로 보인다고 지적된다.[4]

(b) 이러한 법리는 금전차용의 경우에도 마찬가지이다. 즉 상호신용금고 지점장 서리가 지점장 명의로 금전차입절차 없이 금전을 차용한 경우 실제로 권한이 존재한다는 것을 이유로 사무집행관련성을 인정하나,[5] 농협 지점의 경우 차입은 오로지 농협중앙회에서만 받을 수 있으므로 그러한 권한이 없음을 이유로 사무집행관련성이 부정된다.[6] 이와 관련해 대법원이 금융기관의 내부적 제한은 사용자책임을 인정하는 데 장애가 되지 않아 사무집행관련성이 있다고 하는 것에 대하여, 법령상 제한이 있는 경우에는 반대로 사무집행관련성을 부정하여 사용자책임을 제한한 것이라는 지적이 있다.[7] 그 밖에 은행직원이 대출을 받는 자에 대하여 선이자 및 이면담보의 명목으로 금전을 받아 이를 횡령한 경우에도 사무집행관련성이 인정된다.[8]

(c) 그 밖에 금융기관의 피용자가 금융기관의 업무과 관련해 지급보증을 한 경우에는, 피용자가 대출업무를 담당하고 있는지 여부에 따라 사무집행관련성이 인정된다.[9] 이는 지급보증행위가 대출업무와

어음을 위조한 행위는 […] 정당한 사무집행행위 그 자체는 아니지만 그 사무내용에 밀접히 관련되어 있고 행위의 외형으로부터 관찰하여도 흡사 […] 사무범위 내의 행위에 속한다고 볼 수 있기 때문"); 1985. 8. 13., 84다979, 집 33-2, 149 등.

1   大判 1973. 12. 11., 73다635, 공보 1974, 7634.
2   大判 1976. 10. 12., 76다1743, 요지집 I, 1257.
3   大判 1979. 11. 26., 74다993, 집 22-3, 98.
4   김재형, "사용자책임에서 사무집행관련성(1)," 42.
5   大判 1990. 3. 23., 89다카555, 공보 1990, 943.
6   大判 1968. 5. 14., 68다249, 집 16-2, 23.
7   민법주해[XVIII]/이주흥, 563; 김재형, "사용자책임에서 사무집행관련성(2)," 19.
8   大判 2006. 10. 26., 2004다63019, 공보 2006, 1969.
9   大判 1986. 3. 11., 85다카1600, 집 34-1, 117; 1971. 5. 24., 71다656, 집 19-2, 70.

관련성을 가진다는 사정을 고려한 것이다.[1]

그 밖에 증권회사의 직원이 유가증권을 위탁받아 편취한 경우,[2] 은행의 예금사무를 담당하는 직원이 교부받은 통장을 이용해 예금을 인출하거나[3] 내부의 인장을 이용해 인출한 경우[4]에도 사무집행관련성이 인정되었다.

(d) 이러한 거래적 불법행위의 영역에서 사용자책임이 문제되는 경우, 대법원은 피용자의 행위가 직무에 속하지 않음을 피해자가 알았거나[5] 중대한 과실로 알지 못한 경우[6]에는 사무집행관련성을 부정하고 있다. 이에 대해 판례는 ① 피용자의 행위가 법령상의 제한을 위반한 사실에 대한 인식가능성, ② 피해자의 경험과 직위, ③ 피해자와 피용자의 종래의 거래관계, ④ 은행의 개인으로부터 차용행위 등 경험칙상 피용자의 행위가 이례에 속한다는 사정 등을 고려하여 악의 또는 중과실을 판단하고 있다는 지적이 있다.[7]

(3) 더 나아가 대법원은 다수의 사건에서 피용자의 폭행이나 손괴 등이 개입하는 경우 즉 이른바 사실적 불법행위의 영역에서 사용자책임이 문제되는 사안에도 일반론으로는 외형이론을 근거로 하여 사무집행관련성을 인정하고 있다.

(a) 여러 재판례가 있으나 그중 몇 가지를 살펴보면, 회사친선 체육대회에서 판정과 관련하여 폭행이 발생한 경우,[8] 택시 운전사가 운행 중 승객인 부녀를 강간한 경우,[9] 호텔 종업원의 손님에 대한 상해의

---

1 민법주해[XVIII]/이주흥, 564; 김재형, "사용자책임에서 사무집행관련성(2)," 23-24.
2 大判 1980. 1. 15., 79다1867, 공보 1980, 12585.
3 大判 1975. 5. 27., 74다2083, 집 23-2, 89; 1995. 10. 13., 94다38168, 공보 1995, 3761.
4 大判 1971. 12. 28., 71다2299, 집 19-3, 210.
5 大判 1980. 12. 13., 80다134, 공보 1981, 13573.
6 大判 1983. 6. 28., 83다카217, 집 31-3, 103.
7 민법주해[XVIII]/이주흥, 575; 김재형, "사용자책임에서 사무집행관련성(2)," 42-43.
8 大判 1989. 2. 28., 88다카8682, 공보 1989, 530.
9 大判 1991. 1. 11., 90다8954, 집 39-1, 1.

경우,[1] 아동복지시설의 원장이 그 직원을 성추행한 경우[2] 등에서 사무집행관련성이 인정되었다. 그 밖에 피용자가 절취횡령행위를 한 경우,[3] 고철의 수집·정리를 담당하던 피용자가 고철을 수집하러 온 피해자에게 농약을 음료수로 오인하고 건네주어 피해자가 사망한 경우[4] 등에서도 사무집행관련성이 인정되었다.

반면 사적인 전화를 받던 레스토랑 종업원이 지배인으로부터 욕설과 구타를 당한 후 레스토랑을 나가 약 8시간 동안 배회하다가 과도를 사 가지고 레스토랑에 들어왔는데 다시 지배인으로부터 욕설과 구타를 당하자 이에 대항하여 지배인을 과도로 찔러 사망에 이르게 한 경우에는 "그 종업원은 사용자에게 고용되어 담당하게 된 사무의 집행과는 관련이 없이 자기 개인의 인격과 신체에 대한 침해행위에 대항하여 살해행위를 저질렀다고 봄이 상당"하다는 이유로 사무집행관련성이 부정되었다.[5]

(b) 판례에서는 자동차 사고의 경우 사무집행관련성이 인정된 예가 다수 있다.[6] 자동차손해배상보장법 제3조는 민법의 특별규정으로서 양자는 법조경합관계에 있다고 해석하는 것이 일반적이다.[7] 그러므로 자동차 사고로 인한 인신손해人身損害의 배상은 이 규정의 해석에 의하여 처리되고, 사용자책임에 의해서는 그 밖의 물적 손해가 배상될 것이다.

이와 관련해서 사무집행관련성 판단과 자동차손해배상보장법 제3조의 운행자 개념과의 관계가 문제될 수 있다. 이에 대한 판례의 변화

1 大判 2000. 2. 11., 99다47297, 공보 2000, 665.
2 大判 2009. 2. 26., 2008다89712, 공보 2009, 421.
3 大判 1963. 12. 5., 63다519, 집 11-2, 279.
4 大判 1997. 10. 10., 97다16572, 공보 1997, 3427.
5 大判 1994. 11. 18., 94다34272, 공보 1995, 53.
6 大判 1978. 12. 26., 78다1889, 집 26-3, 372; 1982. 4. 27., 81다카957, 공보 1982, 559.
7 곽윤직, 채권각론, 436. 판례는 자동차손해배상보장법의 규정이 우선적으로는 적용된다고 하면서도(大判 1967. 9. 26., 67다1695, 집 15-3, 152; 1969. 6. 10., 68다2071, 집 17-2, 177), 피해자가 민법상의 손해배상 청구를 할 수 없는 것은 아니라고 하여(大判 1988. 3. 22., 86다카2747, 공보 1988, 672) 실질적으로 청구권경합설에 가까운 것으로 보인다.

를 살펴보면 다음과 같다. 초창기에 대법원은 운행자의 개념을 명확하게 하지 않은 채로 개별적인 사안에서 운행자성을 판단하고 있었으나, 판례의 축적과정에서 운행자인지 여부를 판단하는 개별요소들이 점차로 부각되게 되었다.[1] 더 나아가 무단운전 특히 피용자에 의한 무단운전이 문제된 사안에서 사용자책임에서와 유사하게 운행의 객관적 외형을 중시하는 해석이 시도되었다. 즉 자동차의 운전 및 관리상황 등으로 보아서 객관적·외형적으로 자동차 소유자를 위하여 한 운행이라고 인정되는 경우[2] 내지 자동차 소유자의 의사에 기한 목적적 운행과 관련성을 갖는 운행이거나 외관상 소유자의 운행과 동일시할 수 있는 경우에는 소유자가 운행자로 인정될 수 있다고 하였다. 따라서 운전업무에 종사하는 피용자가 휴일에 사사로운 용무를 보기 위하여 상사의 승낙 없이 승용차를 운행하다가 사고를 발생케 한 경우에도 피용자가 "항시 위 차량을 운행하고 있는 사실관계로 보아 객관적·외형적으로" 소유자의 운행자성이 인정된다고 한다.[3] 그러나 그러한 경우에도 피해자가 무단운전 사실을 알았던 경우, 예컨대 사고당일 영업행위를 할 수 없는 비번 중의 택시를 운전자도 아닌 자가 무단운행하는 것을 피해자가 알면서 그 차에 승차한 경우이거나[4] 운전사가 일과시간 후에 피해자의 적극적인 요청에 따라 그의 개인적인 용무를 위하여 상사의 허락 없이 무단으로 운행하다가 사고가 일어난 경우에는[5] 자동차 소유자를 운행자라고 할 수 없다고 한다.[6] 물론 시정되

---

1 大判 1970. 9. 29., 70다1554, 집 18-3, 135; 1971. 5. 24., 71다617, 집 19-2, 63; 1980. 9. 24., 79다2238, 공보 1980, 13221. 반면 大判 1980. 4. 22., 79다1942, 집 28-1, 221 은 계약금만 수령한 매도인이 자동차를 인도한 경우에는 명의변경 시까지 매도인 명의로 운행할 것을 허용한 것이라고 볼 수 있으므로 운행에 사실상의 이해관계가 매도인 하더라도 운행자에 해당한다고 한다. 그 밖에 大判 1977. 7. 12., 77다91, 집 25-2, 168.
2 大判 1978. 2. 28., 77다2271, 집 26-1, 166.
3 大判 1979. 7. 24., 79다817, 집 27-2, 219. 大判 1980. 2. 26., 79다2123, 공보 1980, 12655도 참조.
4 大判 1978. 2. 28., 77다1987, 집 26-1, 155.
5 大判 1981. 2. 10., 80다2720, 공보 1981, 13679.
6 大判 1981. 3. 10., 80다2973, 집 29-1, 114도 참조.

어 충분히 보관상의 주의의무가 가하여져 있었는데 제3자가 불법으로 가해차량을 시동시켜 무단운행하다가 사고를 일으킨 절취운전의 경우에 있어서는 운행자성이 부정되었다.[1]

그러나 이러한 판례 형성과정에서 운행에 의한 이익의 귀속이나 운행에 대한 현실적인 통제가능성 등이 고려되고 있음이 나타난다. 그리고 대법원은 이후 점차로 이러한 요소들을 강조하면서 운행자성의 판단에 있어 운행이익과 운행지배라는 기준을 명시적으로 언급하기 시작하였다.[2] 그 결과 무단운행의 사례도 이제 "일반적, 추상적으로 자동차의 운행을 지배하여 그 이익을 향수하는 지위에 있는 자"가 운행자로 정의됨으로써 "통상적으로 그러한 지위에 있다고 추인되는 자동차 소유자는 사고를 발생케 한 당해 운전행위가 비록 제3자의 무단운전에 의한 경우라 하더라도 […] 구체적으로 그 운행에 있어 소유자의 운행지배 및 운행이익을 완전히 상실하였다고 인정되는 특단의 사정이 없는 한 운행공용자로서의 책임을 면할 수 없다고 하여야 할 것"[3]이라는 입장에 도달한다.[4]

이상에서 살펴본 바와 같이, 대법원의 판례는 초창기에는 외형이론을 근거로 하여 운행자성을 판단하고 있었으므로 그 경우 현실적으로 사무집행관련성 역시 인정되었을 것이다. 그런데 이제 대법원은 운행이익과 운행지배라는 기준으로 운행자성을 판단하므로, 외형이론에 기초한 사무집행관련성과 반드시 일치한다는 보장은 없게 되었다. 그러나 이에 대해서는 각각에 대해 서로 다른 내용의 판단이 내려지는 것은 불합리하다는 관점에서, 자동차손해보장보험법상 운행자에 대한 판단기준은 자동차로 인한 사용자책임이 문제되는 경우의 사무집행관련성 판단에 있어 고려되어야 한다는 지적이 있다.[5]

---

1 大判 1978. 6. 13., 78다628, 공보 1978, 10950.
2 大判 1980. 4. 8., 79다302, 공보 1980, 12773.
3 大判 1981. 7. 7., 80다2813, 집 29-2, 207.
4 大判 1981. 12. 22., 81다331, 공보 1982, 217도 유사하다.
5 김재형, "사용자책임에서 사무집행관련성(2)," 35. 田上, 126도 참조.

2. 학 설

(1) 종래 다수설은 이러한 판례의 태도를 대체로 수긍하는 입장을 보이고 있다.[1] 특히 판례의 외형이론은 사무집행관련성 여부를 제3 자 내지 상대방의 시각에서 판단함으로써 상대방의 신뢰를 보호하기 위한 것으로 타당하다고 한다.[2]

(2) 그러나 판례에 대해 비판적인 지적도 꾸준히 제기되고 있다.

(a) 우선 판례가 외형기준을 적용하면서 위험창출과 방지조치 해태를 판단요소로 들고 있는 것에 대해 비판적인 견해가 있다. 즉 사용자책임의 근거가 보상책임인 이상, 그러한 요소를 고려하는 것은 과실책임과 무과실책임이 병존·혼재되어 있는 것으로서 법이론상 모순이라고 하며, 이는 우리 민법과는 맥락이 다른 프랑스 민법의 이론의 영향이라고 한다.[3] 이와 관련하여 그러한 요소들은 사용자의 선임·감독의 주의와 관련해서 판단되어야 한다는 견해도 같은 취지로 이해할 수 있을 것이다.[4]

(b) 반면 판례의 외형이론이 판단의 실질적인 기준을 주고 있지 못하고 있다는 비판도 제기되고 있다. 예를 들어 외형이론의 문제는 그 기준이 모호하고 추상적이어서 실제로 포섭가능한 가치기준을 적용자에게 제공할 수 없는 것이라고 비판된다.[5] 이 기준은 판례가 사무집행관련성을 보다 넓게 인정하기 위해 사용하고 있는 가장이유Scheingrund에 지나지 않는다는 것이다.[6]

---

1 곽윤직, 채권각론, 418-419; 김증한·김학동, 채권각론, 832; 김봉수, "사용자책임의 비교법적 경향," 231. 반면 판례가 사무집행관련성을 넓게 인정한다고 비판하는 입장으로는 김형배, "사용자책임과 판례," 17.
2 김증한·김학동, 채권각론, 832. 김형배, "사용자책임과 판례," 15 참조.
3 민법주해[XVIII]/이주흥, 577.
4 김증한·김학동, 채권각론, 834; 지원림, "사용자책임에 있어서 외형이론의 한계," 241.
5 김형배, "사용자책임과 판례," 17; 지원림, "사용자책임에 있어서 외형이론의 한계," 241.
6 양창수, "회사 경리직원의 어음위조와 사용자책임," 272-273. 김재형, "사용자책임에서 사무집행관련성(1)," 32-33도 참조.

특히 학설에서는 판례가 이른바 사실적 불법행위에서 피용자의 폭행 등에도 사무집행관련성을 넓게 인정하는 것에 비판적인 의견이 많다.[1] 즉 외형표준설은 어음이나 주식과 같이 거래적 불법행위의 영역에서 발달하고 거래의 상대방을 보호하는 기능을 하였으나, 이후 이 외형이론이 제3자의 신뢰가 문제되지 않는 사실적 불법행위에까지 적용되게 되었는데 이는 사실적 불법행위의 피해자 보호를 위해서는 충분한 설득력이 없다고 한다.[2] 이러한 경우는 외형이론에 의해서가 아니라 사무의 특성을 고려해서 사무집행관련성을 판단해야 한다는, 즉 타인에게 손해를 가할 위험이 있는 것인 때에는 그 위험이 현실화된 한도에서 사무집행관련성이 인정되어야 한다는 지적이 있다.[3]

3. 판례와 학설에 대한 평가

이상의 개관으로부터 판례와 학설이 사무집행관련성의 판단기준과 관련하여 아직 만족할 만한 명확한 기준에 도달하지 못하고 있음이 확인된다.

(1) 우선 판례는 형식적으로는 모든 사안에 외형이론을 적용하여 해결하고 있으나, 실제로 각각의 사안에서 고려되고 있는 요소들은 보다 다양하고 또한 사안유형에 따라 특수성을 보이고 있음을 부정할 수 없다. 실제로 일부 학설에서 판례의 기준이 포섭가능한 지침을 보이지 못하고 있으며, 단지 사무집행관련성을 확장하기 위한 가장이유에 지나지 않는다는 비판을 제기하는 것도 그러한 맥락에서 이해할 수 있다본장 130면 주 5, 6. 판례가 특정 사안유형에서 외형이론을 구체화

---

1 김형배, "사용자책임과 판례," 17. 또한 이상광, 사용자책임론, 112, 114 참조.
2 황적인, 현대민법론 IV, 402; 김재형, "사용자책임에서 사무집행관련성(1)," 31–33; 지원림, "사용자책임에 있어서 외형이론의 한계," 242.
3 김증한·김학동, 채권각론, 834; 지원림, "사용자책임에 있어서 외형이론의 한계," 242. 황적인, 현대민법론 IV, 402도 참조.

하면서 언급하는 기준인 "피용자의 본래 직무와 불법행위와의 관련정
도 및 사용자에게 손해발생에 대한 위험창출과 방지조치 결여의 책
임"본장 123면 주 4 참조도 대체로 추상론의 설시로 그치고 개별적인 판단
의 상세를 보여 주고 있지 않아 기준의 명확성 및 예측가능성을 담보
하는 단계에는 이르지 못하고 있다고 생각된다.

(2) 이와 관련하여 적지 않은 문헌은 판례가 외형기준을 사실적 불
법행위의 사안 특히 피용자의 폭행·강간 등이 개입한 사안에 적용하
여 넓게 사무집행관련성을 인정하는 것에 비판적이다. 그러나 비판적
인 견해 역시 피용자의 폭행·강간 등이 개입한 사안들에서 어떠한
기준에 따라 사무집행관련성을 인정할 것인지에 대해서는 만족할 만
한 답을 주지 못하고 있다고 보인다. 타인에게 손해를 가할 위험이
있는 경우 그 위험이 현실화한 한도에서 사무집행관련성이 있다고
하지만본장 131면 주 3 참조 이는 판례의 외형이론과 마찬가지로 그 자체로
는 모호하여 현실적인 적용에 도움이 되기 어려울 것이다. 또한 아래
에서 살펴보겠지만, 피용자의 폭행·강간 등이 개입한 사안에서 판례
가 사무집행관련성을 비교적 넓게 인정하는 태도는 대체로 결과에
있어서 타당하다고 생각되고 또한 비교법적으로도 정당화될 수 있으
므로, 이와 관련해 학설에서 제기되는 판례 비판에도 선뜻 동의하기
어려운 점이 있다본장 IV. 3. 참조.

(3) 이러한 상황에서 사무집행관련성이 문제되었던 판례들을 분석
하여 사안유형을 획득하고 그에 따라 구체적인 판단기준을 도출하려
는 시도본장 124면 주 1 참조는 일단 그 출발점에서 충분한 설득력을 가진
다. 다만 이러한 연구들에 대해서도 다음과 같은 문제점들이 지적될
수 있다고 생각된다.

첫째, 대법원의 판례는 대체로 외형이론을 추상적으로 설시한 다음
바로 구체적으로 사무집행관련성을 긍정하거나 부정하는 결론으로 나

아가는 것이 보통이고, 그 과정에서 고려하고 있는 개별적인 요소들을 명백히 밝히지 않는 경우가 많다. 이러한 상황에서 판례를 통해 구체적인 기준을 탐색하려는 시도는 자칫하면 분석을 하는 사람의 주관적 기준을 판례에 투영하는 위험에 직면할 수 있다.

둘째, 판례를 통한 유형화는 현재 있는 법에 따라 사무집행관련성의 판단기준을 정립한다는 장점이 있지만, 판례에 존재할 수도 있는 문제점을 인식하고 정정하기에는 충분한 방법이 될 수 없다. 또한 판례의 결과를 법이론적으로 정당화할 수도 없다. 이를 위해서는 판례를 통한 유형화를 넘어서는 이론적 접근이 불가결하다.

셋째, 종래 연구가 결과적으로 만족스러운 유형화의 결과에 도달하였다고 볼 수 있는지 여부에 대해서도 의문이 없지 않다. 법적으로 의미 있게 사안들을 유형화하는 것은 연속선상에 있는 사안들을 일정한 정형성에 따라 파악하고 구분하여 각각의 특성을 하나의 전체로서 파악힐 수 있도록 하는 구조적 요소들을 적출하는 것이다.[1] 그런데 종래의 연구는 재판례들의 개별 사실관계를 — 구조적 요소의 관점이라기보다는 — 그 내용에 따라 세세하게 분석하여어음위조, 금전차용, 자동차사고, 폭행 등 한편으로 개별 구체론Kasuistik에 치우치는 모습을 보이는 동시에, 그러한 분석에 기초하여 제시하는 유형을 사실적 불법행위 및 거래적 불법행위라는 두 가지로 종합하고 있다. 그러나 이러한 거래적 불법행위와 사실적 불법행위의 구별은 유형이 되기에는 포괄하는 사안들이 지나치게 광범위하여 충분한 구체성을 결여하고 있다고 생각된다. 이는 이러한 연구가 결국 피용자 직무와 불법행위의 밀접한 관련성이라는 포괄적이고 추상적인 기준으로 회귀한 것에서 잘 나타난다. 게다가 이 견해는 거래적 불법행위에서는 상대방의 신뢰가 문제되지만 사실적 불법행위에서는 그렇지 않다는 전제에서 이들 유형을

---

1 Arthur Kaufmann, *Analogie und „Natur der Sache". Zugleich ein Beitrag zur Lehre vom Typus*, 2. Aufl., 1982, S. 46ff.

구별하지만,1 아래에서 살펴보는 바와 같이 이러한 구별에는 의문이 있다아래 IV. 3. (4), 4. (2) 참조. 상당수의 사실적 불법행위의 경우에도 사용자와 피해자 사이에 거래관계 내지 거래적 접촉이 존재하고, 그러한 경우에는 이른바 사실적 불법행위가 문제되더라도 사무집행관련성 판단과 관련하여 상대방의 신뢰가 의미를 가질 수 있고 또 가져야 하기 때문이다.

(4) 그러므로 이상의 평가에서 다음과 같은 과제가 도출된다. 사무집행관련성 판단에서 보다 확실한 기초에 서기 위해서는 그와 관련해 판례가 도달한 성과를 기초로 유형화를 시도하고 그로부터 실질적인 판단기준을 도출해야 할 것이다. 그러나 그러한 유형화는 사무집행관련성을 인정할 수 있게 하는 평가요소들을 보이면서도 구체적 적용에서 포섭가능한 구체성을 가지고 있어야 하며, 또한 동시에 판례의 표현에 집착하기보다는 관계 사안유형의 이익상황에 집중해야 한다. 그리고 판례에 존재할 수 있는 오류가 있다면 이를 발견하여 정정할 수 있어야 한다.

이러한 과제를 달성하기 위해서는 사무집행관련성 판단에 대한 다른 나라의 입법과 재판례를 살펴보는 것이 불가결하다고 생각된다. 이러한 비교법적인 연구에 의해서 비로소 문제되는 사안유형의 이익상황이 보다 잘 드러날 수 있고, 또한 동일성과 차이의 비교에 의하여 보다 타당한 결과에 도달할 수 있는 가능성을 확보할 수 있을 것이기 때문이다. 아래에서는 유럽의 몇몇 나라의 입법과 재판례를 중심으로 사용자책임에서 사무집행관련성이 어떻게 규율되고 있는지 살펴보기로 한다.

| 1 김재형, "사용자책임에서 사무집행관련성(2)," 31, 38.

III. 비교법적 고찰

1. 입법례

(1) 확인가능한 대부분의 입법례는 사용자책임의 요건으로서 사무집행관련성을 요구하고 있지만, 그 내용을 구체화하여 규정한 입법은 드물다. 예를 들어 사무집행관련성 요건은 "피용자를 사용한 사무범위에서"dans les fonctions auxquelles ils les ont employés; 프랑스 민법 제1384조 제5항, "사무집행에서"in Ausführung der Verrichtung; 독일 민법 제831조 제1항, "사업의 집행에 관하여"事業ノ執行ニッイテ; 일본 민법 제715조 등으로 표현되고 있으나, 그 구체적인 내용 및 판단은 판례의 운용에 맡겨져 있다.

(2) 이 문제에 대해 보다 구체적인 문언으로 규율하고 있는 입법례로는 스페인 민법과 네덜란드 민법을 들 수 있다.

스페인 민법은 피용자가 "고용된 영역의 사무집행에서 또는 그 직무의 기회에 야기한 손해에 대해서"en el servicio de los ramos en que los tuvieran empleados, o con ocasión de sus funciones 사용자에게 책임이 있다고 규정한다동법 제1903조 제1항. 스페인 민법은 엄밀한 의미에서의 사무집행뿐만 아니라 피용자가 사무집행의 기회에 직무의 남용의 가능성을 이용하여 손해를 가한 경우에도 사무집행관련성이 인정될 수 있다는 점을 분명한 문언으로 밝히고 있는 것에 특징이 있다.

네덜란드 신민법은 피용자의 불법행위非行; fout가 있는 경우에 그러한 불법행위의 위험이 사무처리 위탁에 의해 증대되었다는 사정이 있는 경우de kans op de fout door de opdracht tot het verrichten van deze taak is vergroot에 사용자책임을 성립시킨다동법 제6:170조 제1항. 즉 네덜란드 신민법 역시 단순히 엄밀한 의미에서 사무집행에 의해 불법행위가 있었던 경우뿐만 아니라 사무집행이 피용자에게 이를 기회로 직권을 남용할 가능성을 창출한 때에는 그러한 위험증대에 상응하여 사무집행관련성을 인정하겠다는 것으로 이해된다. 그러나 네덜란드 민법은 "하위자가 어떤 자연인의 사무를 처리하였고 후자의 직업이나 영업을 위하여 근로하지 아니하는 경우에는, 후자는 하위자가 비행에 관하여 그에게 위탁한 사무의 이행으로 행위하고 있었던 경우에만 책임을 진다"동조 제2항고 하여, 자연인의 비영업적 피용자의 불법행위에 대해서는 본래의 사무집행과 관련해서만 사용자책임이 성립하도록 함으로써, 비영업적 자연인의 책임을 완화해 주는 예외규정을 두고 있다.

(3) 이상의 내용에서 사무집행관련성에 대한 각국의 동향을 이해하기 위해서는 단순히 법률의 규정만을 살펴보는 것만으로 충분하지 않으며, 재판에서 나타나는 구체적인 적용례를 고찰할 필요가 있다는 사실이 인식된다. 아래에서는 각각의 법계를 대표한다고 볼 수 있는 독일, 프랑스, 영국에서 사무집행관련성이 어떻게 이해되고 적용되고 있는지 살펴보기로 한다.

2. 독 일

비교법적으로 독일은 사무집행관련성을 비교적 엄격하게 인정하고 있는 나라에 해당한다.

(1) 독일 민법은, 피용자가 "사무의 집행에 관하여" 제3자에게 위법하게 가한 손해에 대해 사용자책임을 부담시킴으로써, 책임요건으로서 사무집행관련성을 요구하고 있다동법 제831조 제1항. 지배적인 견해와 판례는 이러한 사무집행관련성을 엄격하게 해석한다. 즉 피용자의 사무집행과 위법행위 사이에는 직접적인 내적 관련성unmittelbarer innerer Zusammenhang이 존재해야 하며, 피용자가 단지 사무집행의 기회에 bei Gelegenheit 사무집행으로 가능하게 된 수단을 이용하여 위법행위를

한 경우에는 사무집행관련성을 인정할 수 없다고 한다.[1] 물론 이러한 공식은 불명확한 부분을 포함하고 있어 그 구체적인 내용이 아직 충분하게 해명되었다고 할 수는 없다.[2] 그러나 우선 피용자가 정당한 사무집행의 과정에서 과실로 불법행위를 야기한 경우에 사무집행관련성이 인정된다는 것에는 의문이 없다.[3]

(2) 통설과 판례는 앞의 기준을 구체화하여 피용자의 위법행위가 피용자에게 위탁된 사무범위Kreis oder Rahmen der übertragenen Aufgaben를 일탈하지 않은 경우에는 직접적 관련성이 있다고 하지만, 그렇지 않은 경우에는 사무집행관련성을 부정한다. 즉 피용자가 사용자로부터 위탁을 받은 권한 범위를 벗어나 행동한 경우에는 통상 사무범위를 벗어났다고 하여 사무집행관련성을 부정하는 모습을 보인다. 반면 위탁된 권한 범위에 머물러 있다면 피용자가 사용자의 지시를 위반하였더라도 사무집행관련성에는 지장이 없고, 경우에 따라서는 고의의 위법행위가 있더라도 사무집행관련성이 인정될 수도 있다고 한다. 예를 들어 정해진 노선을 따라 운행하던 버스 운전자는 고의로 과속을 하여 사고를 일으키더라도 사무집행에 관하여 가해를 한 것이다. 그렇지 않으면 사용자는 지시를 이유로 하여예컨대 과속의 금지 모든 책임에서 벗어나는 결과가 발생할 것이기 때문이다.[4]

(a) 이러한 일반론에 따라 판례는 피용자가 권한이 없음에도 불구하고 무권대리인으로서 행위하여 상대방에게 손해를 가한 때에는 위탁된 사무를 일탈하였음을 이유로 사용자책임을 부정한다. 예를 들어 계약교섭에 대한 사무위탁을 받은 피용자가 대리인 행세를 하여 무권대리인으로 계약을 체결하고 그로부터 발생한 수익을 횡령한 경우 사

1 BGHZ 11, 151; BGH VersR 1967, 353; Palandt/Sprau, §831 Rn. 9; Finkentscher/Heinemann, Rn. 1671; Esser/Weyers II/2, 210; Staudinger/Belling, §831 Rn. 81 등.
2 Larenz/Canaris II/2, 480.
3 Fikentscher/Heinemann, Rn. 1671; MünchKomm/Wagner, §831 Rn. 24.
4 MünchKomm/Wagner, §831 Rn. 25.

무집행관련성은 부정되었다.[1] 또한 자동차 판매회사의 계약을 중개할 임무의 피용자가 대리인으로서 계약을 체결하면서 회사의 인장을 남용하고 서명을 위조하여 회사에 제출해야 할 수표를 자신이 지급받아 횡령한 경우에도 마찬가지이다.[2]

이러한 경향은 피용자가 거래행위가 아닌 사실행위를 매개로 손해를 야기한 경우에도 마찬가지이다. 그래서 예컨대 사용자가 비행기의 이동만을 지시하였음에도 공항에서 권한 없이 승객을 탑승시켜 운행하다가 손해를 야기한 비행사의 경우에도 사용자책임은 부정되었다.[3] 더 나아가 피용자가 사무집행의 기회에 폭행·절도 등 고의의 불법행위를 하는 경우도 일반적으로 사무범위를 일탈한 것으로 보아 사용자책임이 부인된다. 그래서 예를 들어 건축회사의 피용자가 공사의 기회에 도급인의 집에서 절도를 한 경우에는 사무집행관련성이 없다.[4]

이러한 내용은 피용자의 가해가 자동차 운행과 관련된 경우에도 같다. 그래서 사용자의 차량을 운전하는 피용자가 사용자가 지시한 노선을 벗어나 운전한 경우에는 사무집행관련성이 인정될 수 있겠지만,[5] 반면 사용자의 금지에 반하여 피용자가 다른 사람을 승차시키고 사고를 야기한 경우에는 사무집행관련성이 없다고 한다.[6] 마찬가지로 피용자가 출퇴근 시에 사용자의 차량을 이용한 경우에도 그러하다.[7]

(b) 그러나 피용자가 고의의 위법행위를 한 경우에도 사무집행관련성이 인정되는 사례들이 존재한다. 농산물을 운송하기로 하는 계약을 체결한 사용자의 피용자가 이를 횡령한 경우,[8] 철도에서 승객의 화물을

---

1 BGH WM 1977, 1169.
2 BGH WM 1971, 906.
3 BGH NJW-RR 1989, 723.
4 BGHZ 11, 151. 이는 방론(傍論)으로 언급되었다. 이 사건에서 결과적으로는 절도 등을 예방할 감독의무 있는 피용자가 그 감독을 제대로 하지 못하였다는 이유로 사무집행관련성이 인정되었다.
5 Palandt/Sprau, §831 Rn. 9.
6 BGH NJW 1965, 391.
7 Staudinger/Belling, §831 Rn. 82; Palandt/Sprau, §831 Rn. 9.
8 BGH VersR 1981, 732.

취급하는 직원이 이를 절취한 경우,[1] 여행안내서 작성을 위해 식당에서 시식을 한 피용자가 고의로 허위의 사실을 보고하여 식당주에 손해를 가한 경우,[2] 정보제공업자의 지점장이 고의로 허위정보를 제공하고 그로 인해 가능하게 된 사기행위에 가담한 경우,[3] 추심권한이 없는 직원이 매매금을 수령한 다음 이를 권한 있는 자에게 인도하지 않은 경우[4] 등이 그러하다. 여기서 학설은 피용자가 그에게 위탁된 사무에 의해 바로 그의 임무인 주된 급부의무를 침해한 경우에는 고의에 의한 위법행위가 있었다고 하더라도 사무집행관련성이 인정된다고 이해한다.[5]

그러므로 사무집행의 기회에 고의의 위법행위가 있다고 하더라도 피용자가 주된 급부의무로서 위탁된 바로 자신의 사무 자체를 침해한 경우에만 사무집행관련성이 인정되고, 그렇지 않은 경우에는 사무집행관련성이 없다는 결과에 도달한다. 이는 피해자의 생명·신체·소유권 등의 보호가 사용자의 부수의무인 때에는 피용자가 사무집행의 기회에 이를 침해해도 사무집행관련성이 있다고 할 수 없지만, 반면 그러한 보호가 사용자의 주된 급부의무로서 피용자에게 위탁된 때에는 그 침해에 의해 사무집행관련성이 인정될 수 있다는 것으로 요약할 수 있을 것이다.[6]

(c) 그러나 이러한 판례와 통설에 대해서는 피용자의 위법행위가 사무범위를 일탈했는지 여부를 가지고 판단하는 것은 타당하지 않다는 비판도 유력하다. 피용자를 선발·감독·지시하는 것은 제3자에 대한 법익을 침해할 수 있는 수단과 가능성을 증진시키는 일이고, 피

---

1 BGHZ 24, 188.
2 BGH VersR 1998, 862.
3 BGH VersR 1968, 92. 이는 사용자책임과 동일한 내용의 사무집행관련성을 요구하는 독일 민법 제31조에 대한 판결이다.
4 OLG Saarbrücken NJW-RR 1986, 672.
5 Staudinger/Belling, §831 Rn. 84(피용자는 "이로써 그의 임무를 보다 불완전하게 이행한 것이다"); Seorgel/Krause, §831 Rn. 33 등.
6 Palandt/Sprau, §831 Rn. 9.

해자가 아닌 사용자가 바로 선임·감독·지시에 의해 그러한 손해발생을 예방할 수 있는 지위에 있으므로, 사용자는 피용자가 태만하거나 악의적이라는 사정으로부터 발생하는 위험인 인사위험Personalrisiko을 부담해야 한다는 것이다.[1] 또는 사무집행관련성은 사용자가 피용자를 사용하였다는 사정이 아무런 특별한 위험증가와 결부되지 아니한 경우에 사용자에게 사용자책임을 배제하기 위해 요구되는 것이므로, 피용자가 사무범위를 일탈하였거나 범죄행위를 저질렀다는 사정만으로 사무집행관련성을 부정해서는 안 된다고 한다.[2]

이들 견해에 의하면 결국 사용자가 피용자를 사용함으로써 위법행위가 가능하게 되었거나 그것이 보다 용이하게 된 때, 반대로 말하자면 위법행위의 가능성이 높아진 때에는 사무집행관련성을 인정할 수 있다. 이러한 기준은 독일 판례와 통설이 사무집행관련성을 부정한 상당수의 사안에서 반대의 결론에 도달하게 된다. 예를 들어 피용자가 사무집행의 과정에서 절도를 저지는 사안에서 사용자가 스스로 사무를 처리하였다면 그러한 행위를 하였을 것이라고는 상정하기 어렵기 때문에 피용자의 사용에 의해 특별한 위험이 증가하였다고 해야 하고, 따라서 사무집행관련성이 인정되어야 한다.[3] 피용자가 다른 사람을 승차시킨 사안에서도 마찬가지이다.[4] 이 견해에 따르면 결국 사용자가 영향을 미칠 수 없고 사업 내의 수단에 의해 예방할 수 없는 피용자의 위법행위만이 사무집행과 무관한 것으로 평가된다.[5]

---

1 MünchKomm/Wagner, § 831 Rn. 27; Looschelders, SBT Rn. 1327.
2 Larenz/Canaris II/2, 480.
3 Larenz/Canaris II/2, 480; MünchKomm/Wagner, § 831 Rn. 27; Looschelders, SBT Rn. 1327. 이러한 설명에 대해 사용자 자신이 스스로 사무를 처리하여도 그러한 절도를 범할 가능성은 마찬가지로 존재한다는 이유로 의문을 제기하는 견해도 있다(Staudinger/Belling, § 831 Rn. 83). 그러나 이는 오해에서 기인한 비판이다. 물론 사용자도 범죄행위를 할 가능성이 있다. 그러나 여기서 문제는 스스로라면 범죄행위를 하지 않았을 사용자이더라도 피용자를 사용함으로써 그러한 절도가능성을 증가시킨 것인지를 묻고 있는 것이고, 이는 부정하기 어렵다.
4 MünchKomm/Wagner, § 831 Rn. 27.
5 Larenz/Canaris II/2, 480; MünchKomm/Wagner, § 831 Rn. 27.

(3) 사무집행관련성에 관한 독일의 재판례를 살펴볼 때에는 불법행위법상의 사용자책임에 관한 것 이외에도 채무불이행 책임과 관련하여 이행보조자 책임이 문제된 사안들을 함께 살펴볼 필요가 있다.

(a) 이러한 접근의 근거는 다음과 같다. 이미 살펴본 바와 같이제2장 III. 4. (3) 참조, 피해자가 사용자 내지 피용자와 계약적 접촉을 가지는 과정에서 위법하게 손해를 입은 사안들은 이른바 계약체결상의 과실책임culpa in contrahendo으로 취급되고 있다독일 민법 제280조, 제241조 제2항, 제311조 제2항. 독일 민법이 인정하는 사용자의 면책입증 가능성동법 제831조 제1항 제2문이 실무상 여러 가지 타당하지 않은 결과들을 야기하였기 때문에, 판례와 통설은 일찍부터 계약적 접촉이 인정되는 경우에 사용자의 채무불이행 책임을 인정함으로써 사용자책임의 적용을 회피하고 면책의 가능성이 없는 이행보조자책임독일 민법 제278조 제1항을 적용하였던 것이다.[1] 이러한 계약책임의 확장은 사용자책임 사례의 상당수가 계약책임의 이행보조자책임의 문제로 치환되어 해결되고 있음을 의미한다. 그러므로 이 경우 위탁된 사무와 피용자의 위법행위의 관련성은 당연히 이행보조자에 대한 채무자의 책임을 정하는 독일 민법 제278조 제1항의 해석으로 논의되고 있다. 물론 판례는 이 두 규정에서 인정되는 사용자 및 채무자의 책임범위를 서로 평행하게 해석하므로,[2] 독일 민법 제278조 제1항의 해석은 우리의 주제와 관련해서도 의미를 가진다.

(b) 독일 민법 제278조에 의하면 채무자는 자신이 채무의 이행을 위하여zur Erfüllung 사용하는 사람의 과책Verschulden에 대해서도 책임을 진다. 여기서 "이행을 위하여"의 해석이 문제되는데, 통설과 판례는 사용자책임에서 사무집행관련성과 같은 내용의 기준을 가지고 이를 해결한다. 즉 이행보조자책임이 인정되기 위해서는 이행보조자의 위

1 우선 Staudinger/Belling, §831 Rn. 25ff. 참조.
2 MünchKomm/Wagner, §831 Rn. 24.

법행위가 채무의 이행과 직접적인 관련성을 가지고 있어야 하며, 이행보조자가 단순히 채무이행의 기회에 이를 이용하여 손해를 야기한 것에 대해서는 채무자는 책임이 없다고 한다.[1] 사용자책임에서와 마찬가지로, 이행보조자가 채무자의 지시에 위반했다는 사정이나 심지어 고의의 불법행위를 했다는 사정만으로 관련성이 부정되는 것은 아니지만, 이행보조자의 유책한 행위가 직무범위Aufgabenbereich를 벗어나지 않았어야 한다.[2]

구체적으로 몇 가지 예를 살펴보면, 사용자책임의 경우와 비슷하기는 하지만, 보다 넓게 채무이행관련성이 인정되고 있는 것으로 보인다. 예컨대 은행의 지점장이 예금을 위해 피해자로부터 금전을 수취하고 이를 횡령한 경우,[3] 추심권한 없는 보험회사 직원이 보험료를 수취하여 횡령한 경우,[4] 직원이 계좌이체 대리권을 남용하여 사용자인 회사의 계좌에서 제3자의 계좌로 예금을 이체시킨 경우,[5] 운송업자의 직원이 운송해야 할 화물을 절취한 경우[6] 등에는 채무이행과의 관련성이 인정되었지만, 수선의무가 있는 채무자의 이행보조자가 채권자의 재산을 절도하거나[7] 채권자를 폭행한 경우, 건축가로부터 부여받은 대리권 없이 현장감독이 상당한 보수의 도급계약을 체결한 경우,[8] 회사의 계좌이체 신청서를 은행에 전달하던 사자가 보관하던 신청서를 위조하여 자신의 계좌로 금전을 이체시킨 경우,[9] 보험회사의 지점장이 고객이 해외 계좌에 이체하도록 교부한 금전을 횡령한

---

1 Larenz I, 302; Fikentscher/Heinemann, Rn. 662; Palandt/Heinrich, § 278 Rn. 20.
2 Larenz I, 302f.; Fikentscher/Heinemann, Rn. 662.
3 BGH NJW 1977, 2259.
4 BGH NJW-RR 2005, 756.
5 BGH NJW 1991, 3210. 이 사건에서는 이행보조자의 이행관련성이 있는 과실이 채무자의 과실상계에서 고려될 수 있는지 여부가 문제되었다. BGH NJW 2001, 3190도 유사하다.
6 BGH VersR 1981, 732.
7 Larenz I, 302; Palandt/Heinrichs, § 278 Rn. 22; OLG Hamburg MDR 1977, 752.
8 BGH NJW 1963, 2167.
9 BGH NJW 1994, 3344.

경우[1] 등에서는 채무이행과의 관련성이 부정되었다.

(c) 이들 사례에서 보는 바와 같이, 계약적 접촉이 있는 경우에 판례의 사무집행관련성 판단기준은 모호하고 불분명하다.[2] 특히 앞서 언급한 바와 같이 피용자의 고의의 불법행위가 문제되는 경우 독일 민법 제831조와 비교할 때 비교적 너그러운 적용이 행해지고 있다는 인상을 지우기 어렵다. 독일의 학설도 채무이행의 위탁에 의해 불법행위가 보다 용이하게 되었다는 사정이 있다면 판례는 독일 민법 제278조를 적용하여 채무자의 책임을 인정하는 경향이 관찰된다고 지적한다.[3] 그래서 학설에서는 채무이행의 위탁이 이행보조자에게 불법행위의 가능성을 창출하여 손해위험을 증가시켰다는 사정이 있으면 채무자의 책임이 긍정되어야 한다는 비판도 유력하다.[4] 특히 한 견해에 의하면 급부의무와 관련해서는 그 이행과 직접적인 관련성을 가지고 있는 경우에만 이행보조자책임을 인정하는 것이 규정의 취지에는 부합한다고 하면서도, 독일의 통설과 판례가 불법행위법상 의무의 상당부분을 채권관계의 보호의무로 인정하여 이행보조자가 보호의무를 위반하는 경우에도 이행보조자책임이 인정될 수 있도록 하였으므로[5] 이 경우에는 엄밀한 의미의 "이행"보조자책임을 운위할 수 없다고 한다. 상대방의 법익완전성이익을 침해하지 않기 위해 누군가를 사용한다는 명제는 법적으로 무의미하기 때문이다. 그러므로 보호의무 위반의 영역에서는 피해자가 계약교섭의 기회에 상대방을 신뢰하여 자신의 법익에 대한 영향가능성을 허여한 이상 피해자의 그러한 신뢰는 상대방이 사용하고 있는 이행보조자에 대해서도 미치는 것이고, 따라서 이행보조자가 그러한 기회를 이용하여 상대방에게 손해를 가한 경우

---

1 OLG Hamm VersR 2000, 213.
2 Palandt/Heinrich, §278 Rn. 22.
3 Palandt/Heinrich, §278 Rn. 22.
4 Medicus/Lorenz I, Rn. 391; MünchKomm/Grundmann, §278 Rn. 46; Looschelders, SAT Rn. 546.
5 우선 Larenz I, 302 참조.

에도 채무자가 책임을 부담하는 것이 정당하다고 한다.[1]

이러한 비판들은 앞서 독일 민법 제831조와 관련해서 유력한 소수설이 주장하고 있는 내용과 일맥상통하는 견해라고 말할 수 있을 것이다.

3. 프 랑 스

독일과는 달리 프랑스는 사무집행관련성을 보다 넓게 인정하고 있는 나라에 해당한다.

(1) 프랑스 민법은 피용자의 불법행위가 사용자가 "피용자를 사용한 사무범위에서"동법 제1384조 제5항 행해졌을 것을 요구함으로써 불법행위의 사무집행관련성을 사용자책임의 요건으로 한다. 이 문언은 그 자체만으로 고찰할 때에는 엄격하게 사무집행의 범위 내에서 행해진 불법행위의 경우에만 사무집행관련성이 인정된다고 이해할 여지가 있다. 그러나 프랑스 판례는 일찍부터 그러한 좁은 해석을 채택하지 않고 피용자가 직무범위를 벗어난 경우에도 사무집행관련성을 인정해 오고 있었다.[2] 물론 피용자의 불법행위가 사무집행과 아무런 객관적 관련성도 가지고 있지 않은 경우에는 사무집행관련성이 인정될 여지가 없다. 그러나 피용자가 사용자가 부여한 권한을 일탈하거나 남용하여 사무집행의 기회에 고의의 불법행위를 한 경우에도 프랑스 판례는 전통적으로 사무집행의 위탁에 의하여 불법행위가 가능하게 되었다는 사정을 고려하여 사무집행관련성을 인정하는 경향이었다. 예를 들어 은행의 직원이 고객이 위탁한 금전으로 투기를 한 경우, 사용자의 차량을 피용자가 개인적인 여가를 위해 사용하였다가 사고를 야기

---

1 Eike Schmidt, AcP 170 (1970), 505ff.; Esser/Schmidt I/2, 103f. 그런 의미에서 아이케 슈미트는 이 맥락에서는 이행보조자가 아니라 보전보조자(Bewahrungsgehilfe)가 문제되는 것이라고 말한다.

2 Biller, 74; Flour, Aubert et Savaux II, n° 216 (224); Viney et Jourdain, n° 804 (1000).

한 경우, 극장의 직원이 관람객을 화장실로 유인해 강간하고 살해한 경우 등에서 사무집행관련성이 인정되었던 것이다.[1]

이러한 너그러운 해석은 노동관계에서 근로자의 사용자에 대한 사회적 종속을 배경으로 하고 있는 것이라 하며, 그래서 판례가 사무집행관련성을 넓게 인정하여 사용자책임을 확장하는 태도는 충분한 의미가 있었다고 지적된다.[2] 그러나 1950년대를 지나면서 업무에 있어서의 지시종속을 제외한다면 근로자의 사용자에 대한 사회적 종속은 대부분 해소되어 평등한 관계로 이전하게 되었고, 그 결과 종래 사무집행관련성을 넓게 인정한 판례에 대해서도 의문이 제기되었다. 이러한 변화는 프랑스 파기원 내에서 민사2부와 형사부의 판례의 충돌에서 나타났다. 즉 형사부[3]는 피용자가 사용자에 의해 위탁된 직무범위를 일탈하여 사무집행의 기회에 불법행위를 한 경우에도 사무집행관련성을 인정할 가능성을 열어 두는 종래 파기원의 판례를 유지하고자 하였으나, 이에 대해 민사2부는 이를 제한하여 불법행위가 사무집행과 내적인 관련성connexité을 가지고 있어야 하므로 단순히 사무에 의해 불법행위가 가능하게 되었거나 용이하게 되었다는 사정만으로는 충분하지 않다고 하면서 특히 피용자가 사용자를 위하여 행위하였을 것을 요구하여 일정한 직무일탈 사안에서 사무집행관련성을 부정하기 시작한 것이다.[4] 형사부와 민사2부의 이러한 대립은 이후 다섯 차례

---

1 Ferid/Sonnenberger II, Rn. 2O231의 전거 참조.
2 Biller, 75f.
3 형사부가 사용자책임에 대한 판례 형성에 관여하는 것은 프랑스 소송법상의 부대소송 제도와 관련이 있다. 즉 범죄의 피해자는 그로 인한 손해배상을 별도의 민사소송으로 주장할 수도 있지만, 이미 진행되는 형사절차에 부대하는 소송으로 손해배상청구권을 행사할 수도 있다. 피해자가 후자를 선택하는 경우 형사법원이 손해배상 사건에 대해 판단하게 되므로, 그에 대한 상고사건도 파기원 형사부가 담당하게 되는 것이다(이에 대해서는 우선 Wagner, 210f. 참조). 그런데 전통적으로 피해자는 형사절차에서 발견되는 증거들을 쉽게 이용할 수 있을 뿐만 아니라 형사법원이 피해자의 구제라는 차원에서 손해전보를 배려하므로 형사절차에서 손해배상을 청구하는 것을 선호하는 경향이 강하다고 한다(Bell, Boyron and Whittaker, 368-369 참조).
4 Flour, Aubert et Savaux II, n° 216 (224-225); Viney et Jourdain, n° 804 (1000).

에 걸친 파기원 연합부Chambres réunies 내지 대법정Assemblée plénière1 판결을 야기하였다.

(2) 형사부와 민사2부의 판례의 조정이 시도된 최초의 사건은 1960년 3월 9일의 파기원 연합부 판결이다. 여기서는 운전사로는 고용되지 않은 농업노동자인 피용자가 사적인 목적으로 사용자가 없는 틈을 이용해 사용자 소유의 화물차를 운전하다가 사고를 야기한 사안이 문제되었다. 원심인 아미엥 항소법원은 사무집행관련성이 없다고 하여 사용자책임을 부정하였고, 파기원 연합부 역시 이러한 원심의 판단을 시인하였다.

"사실심 법원은 손해를 발생시킨 화물차의 운행은 피용자의 권한에 부합하지 아니하며, 그는 그러한 운행을 하도록 허락받지 아니하고 사용자의 지시를 무시하여 사용자 모르게 이 사건 자동차를 개인적인 목적으로 사용하였다는 사실을 확정하였는데, 사용자의 책임은 피용자가 고용을 이유로 하여 가해의 도구가 있던 차고에 출입하였다는 사실만으로부터는 도출될 수 없었다. 피용자가 그의 고용주와의 피용관계와는 독립적인 행위를 수행하였음을 함축하는 사실인정 및 설시로부터 항소심은 사용자가 그의 피용자의 행위에 대하여 민사적으로 책임이 없다는 결론을 도출할 수 있었고, 따라서 법률에 근거하여 판결하였으며 상고이유의 비난은 근거가 없다."2

---

1 종래 파기원에서는 중요한 사안에 대하여 하급심과 파기원 사이에 법률의 해석의 견해 차이가 있는 경우 연합부를 구성하여 이를 해결하였는데, 1967년의 조직개정 이후에는 파기원 대법정이 그러한 기능을 수행하고 있다. 대법정은 일반적으로 원장이 주재하며, 각부의 장(長)들, 각부의 최고참재판관들, 그리고 각부에서 파견된 한 명의 재판관들로 구성된다(프랑스 법원조직법[Code de l'organisation judiciaire] L421-5). 상고사건은 그것이 중요한 문제(question de principe)일 때 특히 사실심법원들 사이 또는 원심과 파기원 사이에 서로 다른 결론이 존재하는 경우에 대법정에 회부되는데, 이를 위해서는 파기원이 파기한 사건을 환송받은 법원이 다시 내린 판결에 대해 앞서 상고이유에서 지적된 이유와 동일한 이유로 다시 상고가 제기되었어야 한다(동법 L431-6).
2 Cass. ch. réunies, 9 mars 1960, D. 1960, 529. 판결이유 중 고유명사는 사용자, 피용자 등의 일반명사로 대체하였다. 이하 같다.

여기서 연합부는 명시적으로 형사부의 판례를 배척하고 민사2부의 해석을 채택한 것이라고 평가할 수 있다. 그러나 이러한 연합부 판결은 형사부와 민사2부의 다툼을 해결할 수 없었다. 이 판결 자체가 일반적인 판시를 포함하고 있지 않아 형사부는 이 판례를 개별사건에 대한 판단으로 축소하여 종래의 판례를 계속 유지할 수 있었고, 그 결과 판례의 충돌은 계속되었던 것이다.[1]

그러한 이유로 파기원은 1977년 6월 10일의 대법정 판결로 다시한 번 판례의 조정을 시도하여야 했다. 이 사건에서는 회사의 운전사로 화물차를 다루고 있던 피용자가 주말에 다섯 명의 동료와 함께 드라이브를 하기 위하여 회사의 자동차를 이용하였는데 그 과정에서 중대한 사고를 일으켜 그 동료들 중 하나가 사망하고 나머지는 상해를 입은 사안이 문제되었다. 이 사건에서도 항소심은 사용자책임을 부정하였고, 원고는 "한편으로 회사차량을 사적 목적을 위하여 사용하지 않도록 사용자가 피용자에게 금지하였다는 사정은 사용자책임을 소멸하게 할 수 없고, 다른 한편으로 피용자는 이 사건 자동차를 상시 운행하였는데 출퇴근 시에도 이를 사용하였고 자기 집에 주차하였으며 이를 상시 관리하고 있었으므로, 비록 그가 화물차를 사적인 목적으로 사용하여 자신의 직무를 벗어났다고 하더라도 결국 손해의 실현이 그에게 허용되어 있는 그의 직무라고 볼 수 있"다는 이유로 파기원에 상고하였다. 이에 파기원은 "사용자는 직무를 위하여 부여된 자동차를 동의 없이 사적인 목적으로 사용하여 피용자가 가한 손해에 대하여는 책임이 없으며, 따라서 항소심의 판단은 법적으로 이유 있다"고

---

1 Biller, 78f; Terré, Simler et Lequette, n° 834 (805). 물론 형사부와 민사2부의 판례 충돌을 과장해서는 안 된다고 지적된다. 형사부가 직무남용이 있다고 하여 직무와 무관한 행위에 사무집행관련성을 인정하였던 것도 아니고, 민사2부 역시 직무범위를 일탈하였다는 이유로 항상 사무집행관련성을 배제하였던 것은 아니기 때문이다. 쟁점이 되었던 것은 피용자가 사적인 동기로 직무남용을 한 경우에 사무집행관련성을 부정할 것인지 여부였다. Viney et Jourdain, n° 804 (1001-1002).

하여 상고를 기각하였다.[1] 이로써 대법정은 이 사건과 관련해서도 민
사2부의 판례가 파기원의 공식적 입장임을 확인한 것으로 볼 수 있
다. 그러나 이 판례에도 불구하고 형사부는 여전히 종래의 판례를 유
지하였다. 즉 이 대법정 판결의 일반론은 피용자가 사용자의 자동차
를 무단으로 이용한 경우에 한정되어 있어 이를 제외한 나머지 직무
일탈의 경우에는 여전히 종래의 판례를 유지할 수 있었기 때문이다.[2]

따라서 파기원은 다른 유형의 사안에서 다시 한 번 민사2부와 형사
부의 판례의 조정을 시도하지 않을 수 없었다. 그것이 1983년 6월 17
일의 파기원 대법정 판결이다. 사실관계에 의하면 운수회사의 화물운전
사가 인근에 거주하는 자신의 아버지 집의 연료통에 채울 의도로 고객
에게 배달되어야 할 연료의 상당량을 횡령하였는데, 그가 회사로 돌아
오는 대신 그 지역으로 가는 도중 자신이 추격을 받고 있다고 느끼고
계획을 중단하여 멀리 떨어진 장소에 있는 채석장에 연료를 버렸고, 그
결과 인근 지방자치단체들의 저수지와 식수원을 오염시켰다. 이 사건에
서 원심은 사용자책임을 부정하였고, 원고인 지방자치단체들은 사무집
행을 기회로 하여 근무시간에 직무의 수행과정에서 피용자가 행한 불
법행위에 대해서는 사용자책임이 인정되어야 한다고 주장하여 상고하
였다. 파기원 대법정은 다음과 같이 판결하여 상고를 기각하였다.

> "민법 제1384조 제5항은 [사용자의] 동의 없이 자신의 임무와는 무관한 목
> 적을 위하여 자신이 사용되는 직무에서 벗어나 행위한 피용자가 가한 손해의
> 경우(en cas de dommages causés par le préposé qui, agissant, sans
> autorisation, à des fins étrangères à ses attributions, s'est placé
> hors des fonctions auxquelles il était employé)의 사용자에게는 적용되
> 지 아니한다. 개인적인 목적을 위해 자신의 직무와는 다른 고의의 피용자 행위

---

1 Ass. plén. Cass., 10 juin 1977, D. 1977, 465.
2 Viney et Jourdain, n° 804 (1002-1003); Flour, Aubert et Savaux II, n° 217 (226).

가 손해의 원인이라는 점을 확인함으로써, 항소심은 사용자인 회사의 책임이 성립하지 않는다고 정당하게 판시하였다."[1]

이 판결에서 비로소 파기원 대법정은 직무일탈의 경우 사무집행관련성이 배제되는 직무남용 abus de fonction의 요건을 일반론으로 설시하였다.[2] 이에 의하면 사용자의 ① 동의 없이 ② 자신의 직무와는 다른 목적을 위하여 ③ 자신이 사용되는 직무에서 벗어나는 행위는 사무집행관련성이 부정된다는 것이고, 이는 보다 제한적으로 사무집행관련성을 인정하려는 민사2부의 판례를 따르려 한 것으로 보인다.[3] 그러나 이러한 파기원의 공식은 그 의미의 모호성 때문에 바로 학설에서 논쟁을 야기하였다.[4] 이 공식은 한편으로 앞서 언급한 세 가지 요소가 모두 충족되어야만 사무집행관련성이 부정되는 직무남용이라고 이해할 여지가 있지만①∧②∧③, 다른 한편으로는 동의 없이 자신의 직무와 다른 목적을 수행하였다면 그것으로 자신이 사용되는 직무에서 벗어나는 것이라고 이해할 여지도 있다(①∧②)→③. 전자의 해석은 사용자의 동의가 없고 피용자가 사적인 목적을 추구하였다는 사정 외에 사용자가 객관적으로 직무에서 벗어났다는 사정을 검토해야 하므로 이 세 번째 요건의 해석에 따라 종래 형사부의 판례를 계속 유지할 가능성을 내포하고 있으나, 후자의 해석은 피용자의 사적인 목적만으로 이미 사무집행관련성이 배제되는 결과가 발생하여 보다 엄격하게 사무집행관련성을 인정하는 결론에 도달한다.

이러한 두 가지 해석의 가능성은 다시 파기원의 판례를 분열시켰다. 계약관계에서 피용자가 자신에게 위탁된 금전을 횡령하여 소비한

---

1 Ass. plén. Cass., 17 juin 1983, Bull. ass. plén., n° 8.
2 Viney et Jourdain, n° 804 (1003).
3 Flour, Aubert et Savaux II, n° 217 (226).
4 Viney et Jourdain, n° 804 (1003); Flour, Aubert et Savaux II, n° 217 (226); Malaurie, Aynès et Stoffel-Munck, n° 164.

사안에서, 형사부는 후자의 해석을 채택하여 사용자책임을 부정하였으나,[1] 민사2부는 전자의 해석을 채택하여 은행의 사용자책임을 인정하였다.[2] 민사2부에 의하면 피용자가 사용자를 위해서 행동하는 것으로 피해자가 정당하게 신뢰할 수 있었다면 여전히 직무에서 벗어난 것은 아니라는 것이다. 판례는 통일되지 못하였다. 형사부와 민사2부 사이에 "역할은 바뀌었으나 대립은 여전히 유지되고 있는 것으로 나타났다."[3]

1985년 11월 15일의 파기원 대법정 판결은 이러한 새로운 의견대립을 조정하기 위하여 필요하였다. 경비용역회사의 피용자가 자신이 감시할 의무가 있었던 공장에 방화한 사건에서, 항소심은 사용자책임을 부정하였다. 파기원은 1983년의 대법정 판결의 법리를 그대로 받아들여 "[사용자의] 동의 없이 자신의 임무와 무관한 목적으로 직무를 벗어나 행위한 피용자가 가한 손해의 경우에는 사용자에게 민법 제1384조 제 5 항이 적용되지 않는다"는 이유로 상고를 기각하고 항소심 판결을 시인하였다. 즉 불법행위법만을 적용하는 원심은[4] "피용자의 동기는 무엇이든 간에 자신의 임무에 반하고 자신의 직무와 무관하게 고의로 행위하였다는 사실로부터" 피용자가 사용자가 사용한 직무를 벗어나는 행위를 하였다고 판단하였는데, 이는 정당하다는 것이다.[5] 이로써 파기원은 사무집행관련성을 엄격하게 판단하는 새로운 판례를 확고히 하였고, 특히 사용자의 동의가 없고 피용자가 사적인

---

1 Cass. crim., 27 oct. 1983, Bull. crim., n° 272.
2 Cass civ. 2ᵉ, 7 déc. 1983, Bull. civ. II, n° 195.
3 Viney et Jourdain, n° 804 (1004).
4 주지하는 바와 같이 계약책임과 불법행위책임이 경합하는 경우 프랑스의 통설과 판례는 계약법의 적용을 우선하는 것이 원칙이다. 그에 의한다면 여기서 법원은 계약책임에 관련된 규율을 적용해야 했을 것이다. 그러나 형사법원은 범죄의 피해자가 형사소송에서 손해배상을 주장하는 경우(앞의 145면 주 3 참조)에는 피해자가 불법행위책임을 물을 수 있다는 예외를 허용해 오고 있었다. 이 사안이 그러한 예외에 해당하는 것으로 보인다. 물론 이러한 형사부 판례의 타당성에 대해서는 논쟁이 있다. Viney, n° 223 (621 sqq.); 여하윤, 575 참조.
5 Ass. plén. Cass., 15 nov. 1985, Bull. ass. plén., n° 9.

목적을 추구하였다는 두 가지 요건이 충족하면 직무에서 벗어난 것으로 취급되어 사무집행관련성이 부정된다는 견해를 채택한 것으로 보였다.[1]

그러나 이 판결은 학계에서 격렬한 비판을 받았다.[2] 우선 이 사건에서 사용자와 피해자 사이에는 경비업무에 대한 계약이 존재하므로 사용자의 책임은 실질적으로 계약책임적인 성질을 가지게 되는데, 파기원이 사용자책임을 부정함으로써 결과적으로 사용자가 주된 급부의무를 불이행한 결과에 대해 면책을 하게 하는 효과가 발생하여 부당하다는 것이다.[3] 그리고 계약책임과의 관계를 별론으로 하더라도, 이 사건에서 피용자는 근무시간에 경비점검을 하는 과정에서 방화를 하였으므로 명백하게 직무 내에 있었고 이전의 민사부의 판례에 의하더라도 이러한 경우에까지 사무집행관련성을 부정한 선례는 없었다는 것이다.

이 대법정 판결에 의하여 이후 파기원의 민사부와 형사부는 통일적인 판례를 적용하기 시작하였지만, 앞서 지적한 난점들계약책임의 실질적 부정, 피용자의 의도만으로 직무 일탈을 인정할 때 나타나는 부당함 때문에 하급심은 이러한 파기원의 판례를 거부하였다. 예컨대 1985년의 대법정 판결과 유사한 한 사안에서 파리 항소법원은 그 실질에서 계약책임적 성질이 있고 경비회사는 그 피용자의 행위에 대해 책임을 부담해야 한다는

---

1 Terré, Simler et Lequette, n° 834 (807).
2 Viney et Jourdain, n° 804 (1004).
3 물론 이 부분의 법상황은 간단하지 아니하다. 이 사안에서 불법행위법이 아니라 계약법이 적용되었더라면 결과가 어떻게 되었을 것인가? 프랑스 민법전은 이행보조자책임에 관한 규정을 두고 있지 않다. 현재의 통설은 이행보조자책임을 사용자책임과 구별하면서 전자의 경우 계약상의 위험분배를 이유로 채무자가 이행보조자의 과책에 대해서도 책임을 져야 한다는 결과를 인정한다. 이러한 관점에서 본다면 파기원 대법정의 판결은 계약법이 적용되었다면 인정되었을 결과와 충돌하여 부당하다고 비판될 여지가 크다. 그러나 전통적으로 판례는 이행보조자책임의 경우에도 사용자책임에 관한 프랑스 민법 제1384조 제 5 항을 유추하는 입장을 보이고 있다. 그에 의한다면 판례에 의해 사무집행관련성을 엄격하게 인정하는 이상 이는 이행보조자책임 역시 엄격하게 인정하는 결과에 도달하게 될 것이다. 그렇다면 파기원의 입장에서는 대법정 판결이 특별히 계약법이 적용되는 경우와 모순된다고 볼 여지는 없을 것이다. 프랑스 민법상 이행보조자책임에 대해서는 우선 Ferid I, Rn. 2C40ff.; Terré/Simler/Lequette, n° 585 (575); Bénabent, n° 412-5 참조.

이유로 사용자책임을 긍정하였던 것이다.[1] 이러한 하급심의 저항에 직면하여 판례의 안정은 달성되지 못하였고, 상이한 해석들이 주장되었다. 이러한 사정은 파기원이 다시 한 번 자신의 판례를 명확하게 할 것을 요구하였다.[2]

(3) 파기원은 1988년 5월 19일의 대법정 판결로 사무집행관련성에 관한 판례를 일단락 짓는다. 이 사건에서는 가구별로 방문하여 만기원금상환 보험계약의 체결을 심사할 임무를 부여받고 있었던 보험회사의 직원인 피용자가 피해자로 하여금 다양한 보험에 가입하도록 하면서 피해자가 반대급부로 지급한 금전의 일부를 자신을 위하여 횡령한 사안이 문제되었다. 원심은 피고인 보험회사의 사용자책임을 인정하였으나, 피고는 특히 피용자가 자신의 이익과 계산으로 행위한 것이 아니라 임무와 무관한 목적을 위하여 권한을 사용하였으므로 사용자책임이 인정되어서는 안 된다고 상고하였다. 이러한 상고이유는 명백하게 이전의 파기원 판례에 의지하고 있는 것이지만, 이 사건에서 파기원은 다음과 같은 이유로 상고를 기각하였다.

"사용자는 그의 피용자가 사용되는 직무에서 벗어나 행위하였고, 그 행위에 [사용자의] 동의가 없으며, 그것이 임무와 무관한 목적을 위한 것인 경우에 한하여 면책된다(le commettant ne s'exonère de sa responsabilité que si son préposé a agi hors des fonctions auxquelles il était employé, sans autorisation, et à des fins étrangères à ses attributions). 원심판결은 피용자가 피해자로 하여금 만기원금상환 보험계약에 가입하도록 함으로써 직무의 행사 범위 내에 있었고, 자신의 임무와 합치하는 동의를 받아 행위한 사실, 피해자는 피용자가 사용자의 계산으로 행위한다고 확신하였다는 사실, 더 나아가 사용자는 정기적으로 계약체결을 등록하였고 이익을 받았다는

---

1 CA Paris, 24 fév. 1986, D 1986, 397.
2 Viney et Jourdain, n° 804 (1004-1005).

사실을 밝히고 있다. 이러한 설시로부터 피용자가 직무를 수행하면서 받은 금전을 횡령함으로써 직무에서 벗어나는 행위를 한 것은 아니라는 것이 도출되므로, 사용자인 회사가 자신의 민사책임으로부터 면책될 수 없다는 항소법원의 결론은 정당하다."[1]

여기서 파기원은 1983년과 1985년의 대법정 판결에서 사용된 일반론을 채택하면서도 그것을 보다 명확하게 표현하여 사무집행관련성 인정에 관한 법리를 확정하였다. 즉 사무집행관련성을 배제하는 직무남용abus de fonction은 ① 피용자가 자신의 직무에서 벗어나 행위하였고, ② 직무에서 벗어난 행위에 사용자의 동의가 없으며, ③ 그러한 행위가 임무와 무관한 목적을 위한 것인 경우에 한하여 존재한다. 이제 파기원의 판례에 의하면 직무에서 벗어나 행위한다는 요건은 사용자의 동의가 없고② 사적인 목적을 추구하였다는 사정③이 있으면 당연히 인정되는 결과가 아니라 독자적으로 심사해야 하는 하나의 독립한 요건①이라는 것이 명백하게 되었다.[2] 이로써 파기원은 결과적으로 50년대 이전의 파기원 판례 및 오랫동안 변경하고자 하였던 형사부의 판례로 복귀하였다.[3] 객관적으로 피용자가 자신의 직무를 수행하는 것으로 나타나는 이상 그가 비록 사무집행의 기회에 사적인 목적을 추구하는 불법행위를 하였다고 하여 직무에서 "벗어났다"고 볼 수는 없으므로, ①의 요건은 충족되지 않고 그 결과 사무집행관련성이 인정될 것이기 때문이다.

그 밖에 이 판결에서도 계약책임적 성질의 손해배상이 문제되었으나 파기원은 — 1985년 판결과는 달리 — 사용자책임을 인정함으로써 계약의 취지를 몰각시키는 결론을 회피하였다는 점을 지적할 만하다.[4]

1 Ass. plén. Cass., 19 mai 1988, Bull. ass. plén., n° 5.
2 Viney et Jourdain, n° 804 (1005); Flour, Aubert et Savaux II, n° 218 (226-227).
3 Biller, 85.
4 Viney et Jourdain, n° 804 (1005-1006).

(4) 현재의 프랑스 판례는 기본적으로 1988년의 파기원 대법정 판결의 법리를 유지하고 있다고 말할 수 있다.[1] 즉 앞서 언급한 세 가지 요건이 충족되어야 사무관련성이 부정되는 것이다. 이는 피용자가 사무집행의 기회에 사용자가 부여한 수단을 이용하여 불법행위를 하더라도, 그리고 그것이 사적인 목적을 위한 것이더라도, 통상 사무집행관련성이 인정된다는 것을 의미한다.[2] 그러한 경우에도 객관적으로 피용자가 직무에서 벗어났다고 말할 수는 없다고 이해하기 때문이다. 그러므로 현재 판례는 사무집행관련성을 객관적 기준에 의하여 판단하는 전통적인 입장으로 회귀하였다.[3] 그러나 피해자가 직무남용의 사실을 알았던 경우예를 들어 피해자가 피용자의 횡령을 인식하였거나 피용자가 권한 없이 운행하고 있다는 사실을 알면서 그가 운전하는 사용자의 자동차에 승차한 경우 등에는 사무집행관련성이 부정된다는 점에서는 여전히 주관적인 기준이 남아 있다고 말할 수 있다.[4]

이러한 법리는 특히 다음과 같은 민사2부의 판례로 보다 적극적으로 전개되고 있다. 위에서 보았지만 파기원 판례에 의할 때 객관적 기

---

1 다만 개별적으로 주류에서 이탈하는 판례의 흐름도 없지는 않다. 한편으로 형사부는 1980년대 후반부터 1990년대까지 청소용역회사나 경비용역회사의 피용자가 고객에 대해 불법행위를 한 사안에 대해서 피용자가 자신에게 위탁된 사무와 무관한 행위를 한 것을 넘어 위탁된 사무에 정면으로 위반하는 행위를 한 때에는 사무집행관련성을 부정하는 일련의 판례를 보였으나 (Cass. crim., 23 juin 1988, Bull. crim. n° 289 (arrêts 7, 8 et 9) 등), 이는 종래의 형사부의 입장 및 새로운 판례의 취지와 부합하기 어려운 것이었다. 결국 형사부는 학설의 비판에 직면하여 1999년 2월 16일 판결(Bull. crim. n° 23) 이후 그러한 해석을 포기한 것으로 보인다 (Viney et Jourdain, n° 805 (1007-1008); Flour, Aubert et Savaux II, n° 218 note 2 (229); Terré, Simler et Lequette, n° 835 (810) 등). 다른 한편으로 운송회사의 운전사가 화물을 싣기 위해 화물차를 주차한 사이에 다른 운송회사의 운전사가 호기심에 몰래 승차하여 시동을 걸다가 화물차가 갑자기 후진하여 원래 운전사를 상해한 사안에서, 민사2부는 종래 판례의 추상론을 언급하면서도 가해 피용자가 직무를 일탈하였다고 보아 사무집행관련성을 부정하였다(Cass. civ. 2ᵉ, 3 juin 2004, Bull. civ. II, n° 275). 이는 피용자가 직무와 무관한 순수한 개인적인 동기에 의해 행위한 때에는 사무집행관련성을 부정한다는 의미로 이해되는데 (Flour, Aubert et Savaux II, n° 218 (229-230)), 이에 대해서는 현재 판례와 어긋나며 타당하지 않아 선례로 인정할 수 없다는 비판이 있다(Viney et Jourdain, n° 805 (1007)).
2 Flour, Aubert et Savaux II, n° 218 (227).
3 Viney et Jourdain, n° 805 (1006); Malaurie, Aynès et Stoffel-Munck, n° 164.
4 Viney et Jourdain, n° 805 (1008).

준에 따라 피용자가 직무에서 일탈하였는지 여부가 중요하므로, 그것은 피용자가 사용자의 직무를 수행하고 있다는 외관을 피해자가 정당하게 신뢰한 경우에는 사무집행관련성이 인정될 수 있다는 것을 함축한다. 즉 피해자에게 피용자의 정상적인 업무수행에 대한 정당한 신뢰를 발생시키는 외관의 존재 또는 부재가 직무일탈 여부를 판단하는 중요한 기준이 되는 것이다.[1] 그래서 피해자가 정당한 사무집행을 신뢰할 수 있었던 경우에는 사용자책임이 인정되지만, 반대로 피용자의 직무남용의 사실을 인식한 경우에는 사무집행관련성이 부정된다.[2] 이렇게 상대방의 신뢰를 기준으로 사무집행관련성을 판단하는 태도는 계약책임적 성질의 사용자책임에서뿐만 아니라, 피해자가 정상적인 업무집행을 신뢰하여 위험을 감수한 이상 다른 유형의 사용자책임에서도 적용된다. 그러므로 그러한 한도에서 1988년 대법정 판결의 법리는 피해자의 정당한 신뢰를 기준으로 하는 준칙으로 구체화되어 적용되고 있다고 말할 수 있다.[3]

4. 영 국

영국의 판례법은 사무집행관련성의 판단에 있어서 대체로 엄격한 해석에서 보다 너그러운 해석으로 이행하면서 프랑스와 독일의 중간적 입장에 가깝다고 평가된다.

---

1 Viney et Jourdain, n° 805 (1007); Flour, Aubert et Savaux II, n° 218 (228); Terré, Simler et Lequette, n° 835 (809); Malaurie, Aynès et Stoffel-Munck, n° 164.
2 Flour, Aubert et Savaux II, n° 218 (228).
3 예컨대 Cass civ. 2e, 29 mai 1996, Bull. civ. II, n° 118("피해자가 은행의 피용자로서의 지위에 있는 사람과 거래한다는 믿음에 근거할 수 있었다면, 신뢰남용의 범죄가 있다고 하더라도 반드시 피용자가 프랑스 민법 제1384조 제5항의 의미에서 직무범위를 일탈하였다는 것을 의미하는 것은 아니다"); Cass. civ. 2e, 24 juin 1998, Bull. civ. II, n° 225("이로부터 피해자는 피용자가 은행의 계산으로 행위한다는 사정을 정당하게 신뢰할 수 없었다고 할 것이어서, 이러한 사실로부터 법률상 결과를 도출하지 않는 항소심은 위 규정을 위반한 것이다") 등.

(1) 영국 커먼로에서 사용자책임이 인정되기 위해서는 피용자의 불법행위가 사무집행의 과정에서in the course of employment 또는 사무집행의 범위 내에서in the scope of employment 발생하였을 것이 요구된다.[1] 그런데 사무집행관련성에 관한 판례들은 명확한 기준을 제시하지는 못하고 있으며, 서로 모순되는 모습을 보이고 있다고 한다. 따라서 이를 체계화하여 설명하기는 쉽지 않다.[2] 이러한 배경에는 법원이 피해자 보호나 다른 법정책적 가치들을 고려하는 과정에서 사안의 개별성에 주목하게 되고, 그 결과 일반적 기준을 적출하기에 어려운 판례법을 형성하였다는 사정이 있다.[3]

(2) 전통적으로 판례법에서 사무집행관련성을 판단하기 위해 사용된 기준은 이른바 새먼드Salmond의 공식이다. 이에 의하면 ① 사용자가 피용자의 불법행위에 대해 동의하였거나"a wrongful act authorised by the master" ② 사용자가 동의한 행위를 피용자가 위법하고 동의받지 않은 방법으로 수행한 경우"a wrongful and unauthorised mode of doing some act authorised by the master"에 사무집행관련성이 인정될 수 있다고 한다.[4] 전자의 경우에 사무집행관련성이 인정되는 것은 당연하지만, 후자의 경우에도 피용자는 사용자가 하도록 지시한 사무를 수행하고 있었던 것이고 다만 그 과정에서 부적절한 방법으로 이를 수행하여 손해가 발생한 것이므로 사용자의 사무범위 내에 있다고 판단된다는 것이다.

이러한 공식에 의하면 기본적으로 피용자가 직무범위에 머물러 있었던 경우에는 사무집행관련성을 쉽게 인정할 수 있을 것이다. 우선 예를 들어 철도회사의 승무원이 피해자가 잘못된 객차에 있다고 오신하고 사용자의 지침에 반해 그를 강제로 내리게 한 경우, 그는 사

---

1 Weir, 109.
2 Atiyah, 172; van Dam, 455.
3 Markesinis and Deakin, 679; Giliker, 150 sq.
4 Salmond, 113; Markesinis and Deakin, 682-683. 이는 "새먼드 불법행위법 책에서 가장 잘 알려진 구절"로 유명하다(Wicke, 246).

용자가 허용한 직무를 부적절하게 수행한 것뿐이므로 사용자는 배상책임이 있다.[1] 마찬가지로 정유차의 운전자가 유류가 정유차에서 탱크로 옮겨지는 중에 부주의하게 성냥을 던져 화재가 발생한 경우에도 사용자가 권한을 부여한 행위를 수행하는 과정에서 발생한 부주의이므로 사무집행관련성이 있다고 판단되었다.[2] 피용자의 폭행 등의 경우에도 피용자가 사용자를 위하여 사무를 수행하는 과정에서 폭력이 행사된 경우에는 새먼드의 공식에 의해 사무집행관련성이 인정되었다. 예를 들어 회사의 피용자가 화물차에서 피해자가 사용자 소유의 설탕을 절취하려 한다고 믿고 가격하여 상해를 가한 경우, 회사의 재산을 보호하고 감시하는 것은 사용자가 지시하고 승인한 사항이므로 피용자는 단지 이를 부적절하게 행사한 것으로서 사무집행관련성이 있다고 한다.[3] 합리적인 범위에서라면 그러한 폭력행사에 대한 사용자의 묵시적인 수권을 인정할 수 있다는 것이다.[4] 마찬가지로 사용자의 부동산이나 선박을 감시하는 피용자에게도 합리적인 범위에서 실력을 행사할 것이 기대될 수 있어 사무집행관련성이 인정된다.[5] 반면 피해자가 주유 후에 다른 자동차에 비켜 주기 위해 잠시 자동차를 운행하였는데 피용자가 피해자가 대금을 지급하지 않고 도주한다고 생각하여 이를 격렬하게 비난하였고, 이에 피해자는 주유소 종업원에게 대금을 지급한 다음 경찰을 부르고 사용자에게 이 사실을 말하겠다고 하자 종업원이 폭행을 가한 사안에서는 사무집행관련성이 부정되었다.[6] 이미 대금을 회수하였으므로 추가적인

1 Bayley v The Manchester, Sheffield and Lincolnshire Railway Co. [1872-73] LR 8 CP 148.
2 Century Insurance Co. Ltd. v Northern Ireland Road Transport Board [1942] AC 509.
3 Poland v Parr & Sons [1927] 1 KB 236.
4 Poland v Parr & Sons [1927] 1 KB 236 at 241-242 per Bankes L.J., at 243-244 per Scrutton L.J. 등; Markesinis and Deakin, 680.
5 Vasey v Surrey Free Inns [1996] PIQR P373(입장을 거부당해 행패를 부리던 피해자가 나이트클럽 문지기들로부터 폭행을 당한 경우) 등.
6 Warren v Henlys Ltd. [1948] 2 All ER 935.

폭행은 사용자의 관점에서 본다면 불필요한 것이고 그의 의무와는 무관하였기 때문이다.

이러한 기준이 적용되는 이상 사용자가 특정한 행위를 명시적으로 금지했다는 사정만으로는 사무집행관련성이 부정될 수는 없다. 그렇지 않다면 사용자는 불법행위를 금지하는 지시를 통하여 사실상 사무집행관련성을 배제하고 책임에서 벗어날 수 있을 것인데 이는 부당하다.[1] 그러므로 중요한 것은 사용자가 사무집행의 범위에서 제외하는 취지로 특정행위를 금지하는지(사무집행관련성이 배제된다) 아니면 단순히 사무집행의 방법을 구체화하는 내용으로 특정행위를 금지하여 사무범위 자체에는 영향이 없는지(사무집행관련성이 인정된다) 여부이다.[2] 물론 이 판단은 반드시 명백한 것은 아니다. 예를 들어 사용자가 피용자에게 업무상 보험에 가입되지 아니한 차량의 운행을 금지하였으나 피용자가 이를 업무상 운행하여 사고가 발생한 경우, 사무집행관련성은 인정되었다. 이는 피용자가 사무를 수행하는 방법만을 제약했을 뿐이어서 사무범위 자체에는 영향이 없다고 판단되었기 때문이다.[3] 마찬가지로 버스를 운전하는 피용자가 다른 차량의 추월을 방해하지 말라는 사용자의 지시에 반하여 운전하다가 충돌사고를 야기한 경우에도 사무집행관련성이 인정되었다.[4] 그러나 사용자가 피용자에 대해 쓰레기를 특정 장소에서 다른 특정 장소로 옮기고 다른 곳에 버리지 않도록 명령하였음에도 피용자가 자신의 편의를 위해 피해자의 토지에 쓰레기를 버린 사안에서는 사용자의 지시는 사무범위 자체를 제약한 것이므로 사무집행관련성은 없다고 하였다.[5]

---

1 Murphy, 608; Weir, 110.
2 Plumb v Cobden Flour Mills Co Ltd [1914] AC 62 at 67 per Lord Dunedin.
3 Canadian Pacific Fly Co. v Lockhart [1942] AC 591.
4 Limpus v London General Omnibus Co. [1862] 1 H & C 526; 158 ER 993.
5 Rand v Craig [1919] 1 Ch 1. 여기서는 특히 피용자가 전적으로 자신의 이익을 위해 행위했다는 점이 강조되었다(at 5 per Neville J.; 본장 III. 4. (3) 참조).

(3) 반면 피용자가 사무집행의 기회에 직무를 일탈하여 불법행위를 행한 사안을 새먼드 공식에 따라 '사용자가 허용한 행위의 부적절한 수행'으로 보아 사무집행관련성을 인정할 수 있는지 여부는 그 자체만으로 반드시 명확한 것은 아니다. 그러나 판례는 오랫동안 새먼드 공식을 엄격하게 이해하여 피용자가 직무범위에 머물러 있으면서 사용자의 이익을 위해 행위한 경우에 사무집행관련성을 인정하였고, 그 결과 피용자가 사적인 목적을 위해 고의의 불법행위를 한 경우에는 사용자책임을 부정하는 것이 통상이었다.[1]

(a) 우선 피해자로부터 마차를 임차한 사용자의 마부가 사적인 목적으로 마차를 몰고 나갔다가 과실로 이를 손괴한 경우,[2] 주주명부에 등록하려는 피해자가 선의로 피용자에게 금전을 지급하였으나 피용자가 위조된 증명서를 발급하고 금전을 횡령한 경우,[3] 청소업체의 피용자가 피해자의 집을 청소하면서 피해자의 전화를 사용하여 국제통화를 한 경우[4] 등에서 판례는 사무집행관련성을 부정하였다. 또한 피용자가 사무집행의 과정에서 이를 이용하여 사적인 목적을 위해 폭행을 한 경우에도 판례는 오랫동안 사무집행관련성을 부정하였다. 사무집행이 피용자에게 불법행위의 기회를 제공하였다는 사정만으로는 사무집행관련성이 있다고 할 수 없다는 것이다.[5] 이에 의하면 앞의 주유소 종업원의 예본장 157면 주 6 참조에서도 대금을 받은 이상 주유소 종업원의 폭행은 사적인 복수심의 충족을 위한 것이라고 볼 여지가 있다. 마찬가지로 노동쟁의를 이유로 하는 소방관의

---

1 Wicke, 260.
2 Sanderson v Collins [1904] 1 KB 628.
3 Ruben v Great Fingall Consolidated [1906] AC 439. 판결문으로부터는 한편으로 피해자가 피용자의 대리권을 신뢰할 수 없었다는 사정도 엿보이고(at 443 per Lord Loreburn), 다른 한편으로 피용자가 자신의 위법한 목적을 위해 부정하게 행위하였다는 주관적인 측면도 강조된다(at 446 per Lord Davey).
4 Heasmans v Clarity Cleaning [1987] IRLR 286.
5 Markesinis and Deakin, 681 참조.

태업으로 인해 피해자의 주택이 전소한 경우에도[1] 사무집행관련성은 부정되었다.[2]

(b) 그러나 20세기에 들어와 판례가 피용자가 사적인 목적으로 불법행위를 한 경우에도 사용자책임을 인정하기 시작하면서 전통적인 판례준칙은 흔들리기 시작하였다. 대표적인 선례로서 법률사무소의 직원이 고객에게 권원 날인증서를 교부하도록 하여 그 재산을 처분하고 그 이익을 편취한 사안에서 편취행위의 사무집행관련성이 인정되어 사용자책임이 긍정되었다.[3] 이 사건에서 귀족원은 명시적으로 피용자가 사용자의 이익을 위해 행위해야 사무집행관련성이 있다는 종래의 견해를 기각하였고, 동시에 피용자에게 현실적 대리권 내지 외관상 대리권actual or ostensible authority이 있는 범위에서는 피용자의 행위에 사무집행관련성이 있다고 하였다.[4] 더 나아가 피해자가 자동차를 주차장에 위탁하였는데 주차장 직원이 사용자의 지시에 반하여 사적인 목적을 위해 야간에 이를 운행하여 사고를 야기한 경우에도 사용자가 책임을 부담하였다. 여기서는 특히 사용자가 자동차를 안전하게 보관할 의무가 있다는 사실이 고려되었다.[5] 경비업체에게 공장의 경비를 위탁하였으나 경비업체의 피용자가 공장에 방화를 한 경우,[6] 피해자의 모피 숄의 세탁을 위탁받은 모피업자가 피해자의 동의를 받아 다른 세탁업자에게 이를 위탁하였는데 세탁업자의 피용자가 모피를 절취한 경우[7]도 마찬가지이다.

---

1 General Engineering Services Ltd. v Kingston and Saint Andrew Corp. [1989] 1 WLR 69. 피용자의 행위는 사용자와의 고용계약상 본질적 의무에 대한 이행거절로서 사무집행의 범위에 있다고 볼 수 없다고 한다(at 72-73 per Lord Ackner).
2 반면 인종관계법(Race Relation Act 1975)의 적용이 문제되는 경우에는 법원이 보다 넓게 사무집행관련성을 인정해 오고 있었다고 한다. Markesinis and Deakin, 681-682 참조.
3 Lloyd v Grace, Smith & Co. [1912] AC 716.
4 LLoyd v Grace, Smith & Co. [1912] AC 716 at 735-736 per Lord MacNaghten.
5 Central Motors (Glasgow) Ltd v Cessnock Garage & Motor Co [1925] SC 796.
6 Photo Production Ltd v Securicor Transport Ltd [1980] AC 827.
7 Morris v CW Martin & Sons Ltd [1966] 1 QB 716 at 725 per Lord Denning M.R.

(c) 이러한 판례의 경향은 자동차 사고와 관련해서도 대체로 유사하게 유지되었다. 즉 사용자가 운전자인 피용자에게 다른 사람을 태우지 말 것을 지시하였음에도 피용자가 이를 위반하였고 사고로 승객이 피해를 입은 경우에도, 판례는 통상 사무집행관련성을 부정하지만,[1] 우유배달부가 사용자의 지시에 반해 미성년자인 피해자를 동승시켜 우유배달 사무를 돕도록 하였다가 부주의한 운전으로 상해를 가한 경우에는 사무집행관련성을 인정한 예도 있다.[2] 특히 자주 문제되는 사안으로는 피용자가 업무상 운전 중에 사용자의 명시적 또는 묵시적 지시에 반해 통상적인 경로를 이탈하여 운행하다가 손해를 야기한 경우이다. 통상 피용자가 개인적인 목적으로 자동차를 이용한 경우에는 사무집행관련성이 부정되지만,[3] 일률적으로 그렇다고 단정할 수는 없고 결국 그러한 '일탈'의 정도가 평가의 기준이 된다. 특히 피용자가 '일탈'한 시간 등이 유급인지 여부, 시간·장소의 관련성 등이 종합적으로 고려된다.[4]

(4) 이렇게 사무집행의 기회에 피용자가 사적인 동기로 고의의 불법행위를 한 사안들에서 영국의 판례는 점차 난점에 직면하게 되었다. 그러한 사건들에서 사용자책임의 취지에 비추어 손해배상책임을 인정해야 할 필요성이 점점 인식되었음에도 불구하고, 종래 판례의 새먼드의 공식에 따르면 그러한 경우 사무집행관련성을 판단할 구체

---

1 Twine v Bean's Express Ltd. [1946] 62 TLR 458; Conway v George Wimpey & Co. [1951] 2 KB 266.
2 Rose v Plenty [1976] 1 WLR 141. 차이를 정당화할 수 있는 이유로는 피용자가 사용자의 지시를 위반하기는 하였지만 미성년자를 동승시킨 이유가 사용자의 사무집행을 위한 것이었다는 사정(at 144-145 per Lord Denning M.R.; Markesinis and Deakin, 685 참조), 피용자가 미성년자를 동승시킨 것은 사용자의 업무를 수행하기 위한 부적절한 방법일 뿐이고(at 147-148 per Lord Scarman) 피용자의 불법행위는 피해자를 승차시킨 것이 아니라 부주의한 운전이므로 새먼드 공식에 따라 사무집행관련성이 인정될 수 있다는 것(Weir, 110) 등을 들 수 있을 것이다.
3 Hilton v Thomas Burton (Rhodes) Ltd. [1961] 1 WLR 705("진정한 기준은 그가 하도록 고용된 일을 그가 하고 있었는가이다. 나는 이 사건의 사실관계에서는 그는 그렇지 않았다고 생각한다").
4 Smith v Stages [1989] AC 928, at 955 per Lord Lowry.

적인 기준을 제공받을 수 없었기 때문이다.[1] 그 결과 영국의 귀족원은 2002년 판례의 전환을 시도하였다. 어린이집의 관리인warden이 자신의 감호하에 있는 아이들에 대해 성적 침해를 하였으나 고용주는 이를 알지 못하고 있었던 사안에서, 항소심은 새먼드 기준을 적용하여 그러한 침해는 권한을 부여받은 행위의 부적절한 수행이라고 볼 수 없다는 이유로 사무집행관련성을 부정하였으나, 귀족원은 사무의 성질과 당해 불법행위 사이에 "근접한 관련성"closeness of connection이 있다는 이유로 사무집행관련성을 인정하였다.[2] 즉 성적 침해는 관리인이 그의 의무를 이행하는 것과 분리할 수 없이 관련되어 있어 그러한 경우 사용자책임이 인정되는 것이 정당하다는 것이다.

이 판결에서 채택된 기준을 '충분한 관련성 기준'sufficient connection test 이라고 한다. 이 판결은 단순히 성적 침해의 유형에 한정되는 선례적 가치만을 가지고 있는 것이 아니라, 오히려 전통적으로 이해된 새먼드 공식을 포기하고 새로운 기준을 채택하는 판례 변경으로서 의도되었고 또 그렇게 수용되고 있다.[3] 이에 의하면[4] 피용자의 의무의 내용과 범위를 고려하여 고의의 불법행위이더라도 피용자의 사무집행이라는 행

---

1 Atiyah, 262-263. Lister v Hesley Hall Ltd. [2002] 1 AC 215 at 224, 226 per Lord Steyn도 참조: "새먼드 공식을 기계적으로 적용한다면 은행 직원이 고객이 지급한 금액에 대해 환율을 절반하여 차액을 편취하는 방식으로 고객을 기망한 경우에도 일견 결론은 은행은 고객에 대해 책임을 부담하지 않는다고 생각될 것이다. 이러한 개념적 추론에 사로잡힌다면 은행이 고객을 사취하는 업무를 수행하는 경우에만 대위책임이 인정될 수 있다는 터무니없는 결론에 도달하게 될 것이다. […] 그러나 어떻게 고의의 불법행위에 대한 대위책임이 새먼드 공식과 조화를 이룰 수 있는지 고려하는 일이 남는다. 해답은 그 공식은 그러한 사안들에 이상적으로 대처할 수 없다는 것이다."

2 Lister v Hesley Hall Ltd. [2002] 1 AC 215 at 227 per Lord Steyn: "사용자가 관리인의 노무를 통해 소년들에 대한 보살핌(care)을 인수하였다는 것과 관리인의 불법행위 및 그의 사무집행 사이에 매우 긴밀한 연관성이 존재한다는 것에 근거하여 대위책임의 문제를 고려할 수 있게 된다. 결국 그 행위들은 관리인이 아이들을 보살피는 과정에서 사용자의 시간 및 장소에서 행해졌던 것이다." 이 판결은 본문에서도 인용하고 있듯이 1999년 캐나다 대법원의 유사한 판례전환으로부터도 영향을 받았다(Bazley v Curry [1999] 174 DLR (4th) 45; Jacobi v Griffiths [1999] 174 DLR (4th) 71).

3 Edelman and Davis in English Private Law, n. 17.411; Clerk and Lindsell, n. 6-26.

4 Markesinis and Deakin, 690-691.

동패턴의 한 측면이라고 볼 수 있다면 사무집행관련성이 인정될 수 있으며, 특히 여기서는 불법행위의 시간과 장소가 결정적이지는 않더라도 의미를 가진다고 한다. 반면 이러한 기준을 채택한다고 해서 사무집행에 의해 주어진 기회에 행해지는 모든 불법행위에 대해 사무집행관련성이 인정되는 것은 아니며, 상당한 관련성some greater connection이 인정되어야 비로소 그러하다. 중요한 것은 당해 불법행위가 피용자의 사무집행과 분리할 수 없는 특별한 위험의 결과인지 여부이다.[1] 이 기준의 당부에 대해서는 논의가 있었으나, 이후 여러 사건에서 적용되어 이제 귀족원의 확고한 판례라고 할 것이다.[2]

또한 이러한 새로운 판례는 피용자가 사용자의 대리인이거나 대리인임을 주장하여 행위하는 경우에는 상대방이 피용자의 대리권 및 사무집행에 대해 정당한 신뢰를 가지고 있는지 여부에 따라 사무집행관련성을 판단하는 경향과도 조화를 이루는 것으로 보인다본장 160면 주 4 참조.[3] 실제로 상대방에게 그러한 정당한 신뢰를 부여할 정도의 행위라면 충분한 관련성을 부정하기 어려울 것이기 때문이다. 그러므로 피해자가 피용자의 대리권의 존재를 믿을 만한 상당한 이유 없이 거래를 하여 손해를 입은 경우에는 사용자책임을 물을 수 없다.[4] 그러므로 이러한 사안에서는 피해자는 자신이 피용자의 현실의 대리권 또는 외관상 대리권을 신뢰하였다는 점을 보여야 하며,[5] 반대로 불법행위를 행한 피용자가 사용자를 위해 행위하지 않는다는 사실을 피해자가 인식한 경우

---

1 Murphy, 612.
2 Edelman and Davis in English Private Law, n. 17.411; Markesinis and Deakin, 692.
3 이에 대해 Giliker, 180 이하는 현실적 대리권 내지 외관상 대리권이 인정되는 경우 사용자책임을 인정하는 것은 귀족원의 새로운 판례에 포섭되지 아니하며 오히려 사기소권(deceit)이 행사되는 경우의 특별법리라고 이해한다.
4 Armagas Ltd. v Mundogas (The Ocaen Frost) [1986] 1 AC 717.
5 Kooragang Investments Property Ltd. v Richardson and Wrench Ltd [1982] AC 462. 이는 오스트레일리아의 판례로서, 사용자인 감정평가회사가가 피용자에게 특정 회사를 위한 감정을 금지하였음에도 불구하고 피용자가 이를 수행하였으나 그러한 행위에 대한 현실적 대리권 또는 외견상의 대리권을 인정하기 어려운 사안이 문제되었다.

에는 손해배상을 청구할 수 없다.[1] 예를 들어 법률회사의 시니어 파트너가 고객에게 피해자에 대한 사기를 가능하게 하는 문서를 작성해 주었으나 다른 파트너들은 이 사실을 알지 못하였던 사안에서 사무집행관련성이 문제되었다. 귀족원은 여기서 새로운 판례를 적용하여 피용자의 불법행위를 사무의 집행에 관한 것으로 볼 수 있다고 하여 사용자책임을 시인하였다. 파트너에게 대리권이 없었더라도 그의 행위가 법률회사의 사무와 긴밀한 관련성을 가지고 있어 위법행위가 법률회사의 영업 내지 피용자의 사무의 집행으로 행해지는 것으로 보는 것이 정당한 경우에는 사무집행관련성이 인정될 수 있다는 것이다.[2]

IV. 비교법으로부터의 시사와 우리 민법의 해석

1. 이론적인 출발점

(1) 이상에서 살펴본 바와 같이, 사무집행관련성 판단에 대한 우리와 외국의 재판례들에서 세부적으로는 다양한 차이들을 발견할 수 있다. 사용자책임의 구조, 사무집행관련성을 판단할 때 사용하는 개념이나 기준의 내용, 사무집행관련성을 인정하는 범위 등에서 각국의 판례와 학설은 그 나름의 특수성을 보이는 것이다. 그러나 그럼에도 불구하고 각국의 재판례들에서 나타나는 사안유형들과 고려되고 있는 이익들이 놀라울 정도로 유사하다는 사실도 확인할 수 있다. 이는 현대 자본주의적 경제에서 타인을 보조자로 사용하여 발생하는 손해사건에서 서로 충돌하는 이익들은 어디서나 대체로 동일하다는 사정에서 기인할 것이다. 아래에서는 앞서의 연구에 기초하여 우리 민법의

---

1 Markesinis and Deakin, 689.
2 Dubai Aluminium Co. Ltd. v Salaam [2003] 2 AC 366 at 377 per Lord Nicholls of Birkenhead.

해석론에 시사를 줄 수 있는 부분을 도출하고, 그에 기하여 우리 민법에서 사무집행관련성 판단을 위해 도움이 될 수 있는 기준을 모색해 보기로 한다.

(2) 먼저 사용자의 면책이 법률에 의해 당연히 또는 재판례에 의해 사실상 배제된 대위책임적인 사용자책임에서 사무집행관련성의 판단이 어떠한 규범목적에 기초하는 것인지를 살펴볼 필요가 있다. 이미 살펴본 바와 같이 이는 다음과 같이 설명할 수 있을 것이다.[1] 다른 사람을 사용하여 자신의 활동범위를 넓히는 사람은 그에 의하여 이익을 창출할 가능성을 넓힘과 동시에 손해를 발생시킬 가능성 역시 확대시킨다. 여기서 사용자에게 사용관계에 의한 경제활동의 확장에 의해 이익을 보도록 하면서 그와 결부되어 있는 손해발생 가능성에 따른 손해비용을 부담시키지 않는 것은 타당하다고 하기 어렵다. 사용자가 직접 사무를 처리하였다면 자신이 부담하였을 손해배상의 비용을, 동일한 사무에 다른 사람을 사용하였다는 이유로 회피할 수 있도록 하는 결과는 허용되어서는 안 되며, 사용관계에 의하여 발생하는 손해배상비용은 사용자의 경제활동에 수반하는 필연적인 비용으로 받아들여 사용자가 부담하는 것이 타당하다.[2] 그렇다면 사무집행관련성의 요건도 이러한 맥락에서 쉽게 해명될 수 있다. 즉 사용자가 다른 사람을 사용하여 이익 창출의 가능성과/함께 손해 발생의 가능성을 증가시킨 범위에서는 사용자는 피용자의 불법행위로 발생한 손해비용을 자신이 부담하는 것이 타당하므로 그 한도에서는 사무집행관련성이 인정되어야 한다는 것이다. 이는 결과적으로 사용자가 자신이 스스로 사무를 집행한 경우와 비교할 때 피용자를 사용하여 불법행위의 위험이 증가한 범위에서는 사무집행관련성을 긍정해야 함을 의미한

---

1 앞의 제2장 V. 3. (2) 참조.
2 제2장의 68면 주 1 내지 69면 주 1에 인용된 전거를 참조.

다. 이러한 의미에서 우리 입법자가 "타인을 사용하여 자기의 활동범위를 확장한 자는 그 확장된 범위에 있어서 보상책임이익이 귀(歸)하는 곳에 손실이 귀(歸)한다는 이념"을 근거로 하여 사무집행관련성을 확장하는 문언을 채택한 것이나본장 I. 2. 및 122면 주 2, 그리고 제2장 V. 1. (2) 참조, 피용자의 불법행위가 있는 경우에 그러한 불법행위의 위험이 사무처리 위탁에 의해 증대되었다는 사정이 있는 경우에 사무집행관련성을 인정하는 네덜란드 신민법의 규정동법 제6:170조 제1항은 그러한 사무집행관련성 요건의 일반적인 취지를 잘 밝히고 있다고 생각된다.

(3) 그러나 사무집행관련성이 요구되는 규범목적을 일반적으로 해명하였다고 해서 그것만으로 개별적인 적용에서 명확성이 획득될 수 있다고 말할 수는 없다. 무엇보다도 피용자의 불법행위는 매우 다양한 맥락에서 상이한 내용을 가질 수 있으므로 모든 경우에 일률적으로 적용되는 추상적인 기준만으로는 법적용의 명확화를 쉽게 달성할 수는 없기 때문이다. 그러므로 보다 생산적인 해석론을 전개하기 위해서는 사용자책임이 문제되는 사안들에서 전형적으로 나타나는 사안유형들을 적출한 다음 사무집행관련성 요건의 취지를 고려하면서 판단기준을 구체화하는 작업이 불가결하다고 할 것이다.

아래에서는 앞서 각국 재판례에서 살펴본 몇 가지 전형적인 사안유형을 중심으로 사무집행관련성을 인정할 수 있게 하는 요소들을 탐구해 보기로 한다.

2. 피용자가 대리인으로 행위한 경우

(1) 각국의 재판례에서 피용자가 일정한 거래행위를 매개로 불법행위를 한 사안들을 살펴보면 압도적으로 피용자가 사용자의 대리인으로 행위한 경우가 문제되고 있다는 것을 알 수 있다. 그러므로 '거래

적 불법행위'라는 광범위하면서 모호한 개념에서 출발하는 것보다는, 피용자가 대리인으로 행위하였다고 하는 법적인 요소를 중심에 두고서 민법이 정하는 대리제도, 외관책임 등과의 관련성하에서 사무집행관련성을 탐색하는 것이 바람직하다. 또한 이러한 작업이 비로소 단순히 판례의 요약·정리를 넘어 그것의 이론적 정당화를 제공할 수 있기 때문이다.

(2) 피용자가 사용자의 대리인으로 행위한 경우에, 그가 부여받은 대리권 범위 내에서 적법한 대리행위를 하였다면^{제114조} 상대방은 자신이 의욕한 법률행위의 효력을 받게 되므로 사용자책임으로 그를 보호해야 할 필요성은 없다. 그러므로 대리행위의 상대방이 사용자책임을 주장하는 것은 대체로 다음과 같은 사안유형들에서일 것이다. ① 피용자가 사용자가 부여한 대리권 범위 내에서 대리행위를 하였으나 이를 남용하여 자신 또는 제3자의 이익을 추구한 경우, ② 피용자가 사용자가 부여한 대리권의 범위를 유월逾越하여 대리행위를 한 경우, ③ 피용자가 사용자로부터 부여받은 대리권이 전혀 없음에도 무권대리인으로서 대리행위를 한 경우 등이 그것이다.

이미 비교법적 고찰에서 이렇게 피용자가 대리인으로 행위한 경우에는 대체로 많은 나라에서 상대방의 정당한 신뢰를 기준으로 사무집행관련성이 판단되고 있음을 살펴보았다^{프랑스의 판례에 대해 본장 III. 3. (4), 영국의 판례에 대해 본장 III. 4. (4) 등 참조}. 우리 판례도 이러한 사안에서 기본적으로 외형이론에서 출발하면서^{본장 II. 1. (1) 참조} 불법행위에 있어서 피해자가 피용자의 행위가 직무에 속하지 않음을 알았거나[1] 중대한 과실로 알지 못한 경우[2]에는 사무집행관련성을 부정하므로 유사한 견해를 채택하고 있다고 말할 수 있다^{우리 판례에 대해 본장 II. 1. (2) (d) 참조}. 이는 쉽게 이해할 수 있는 현상이다. 이 경우 피해자가 손해배상을 청구하면

---

[1] 大判 1980. 12. 13., 80다134, 공보 1981, 13573.
[2] 大判 1983. 6. 28., 83다카217, 집 31-3, 103.

서 주장하는 바는, 피용자의 대리행위가 대리권남용이나 무권대리 등에도 불구하고 대외적으로는 적법한 대리행위로 나타났다는 사실, 피해자 자신은 그러한 외형 내지 외관을 신뢰함으로써 피용자로부터 위법하게 손해를 입었다는 사실이다. 그러므로 피용자의 불법행위 및 그에 따른 사용자책임이 성립하기 위해서는 피용자의 적법한 대리행위에 대한 상대방의 신뢰가 불가결하다.

반면 상대방이 피용자의 대리권남용이나 무권대리의 사실을 알면서 피용자와 거래행위를 하였다면, 사용자책임은 성립할 수 없다. 그는 피용자의 대리행위가 무효라는 것을 알면서 그에 관여한 것이고, 그 결과 그는 자신에게 발생하는 불이익을 스스로 인식하면서 감수하였다. 이 경우 피용자의 가해행위와 피해자의 손해 사이에는 인과관계가 존재하지 않아 피용자의 불법행위가 성립하지 않으며, 그 결과 사용자책임도 성립하지 않는다본장 121면 주 1, 2 참조.[1]

그러므로 대리인으로서 행위한 피용자와 거래한 상대방이 사용자책

---

[1] 피해자가 피용자의 행위가 직무에 속하지 않음을 알았거나 중대한 과실로 알지 못한 경우에 사무집행관련성을 부정하는 우리 판례(본장 II. 1. (2) (d))에 대해 종래 여러 가지 설명이 있으나(김재형, "사용자책임에서 사무집행관련성(2)," 44-45 참조), 모두 대체로 악의의 상대방을 보호할 필요가 없다는 고려에 기초하고 있다. 이러한 고려는 본문에서 설명한 바와 같이 피해자가 피용자의 대리권남용이나 무권대리 등에 대해 악의였던 경우에는 불법행위법의 일반이론에 따라 인과관계가 없다고 구성하여 쉽게 설명할 수 있다고 생각된다. 예를 들어 계약 교섭의 부당파기가 있는 경우에 상대방이 부당파기하려는 당사자의 속셈을 모두 알아차리면서도 비용지출을 하였다면 부당파기와 손해 사이에 인과관계가 없는 것과 마찬가지이다. 그러므로 엄밀히 말한다면 피해자 악의의 경우에는 사무집행관련성이 부정되는 것이라기보다는 피용자의 불법행위 자체가 성립하지 않으며, 사용자책임의 문제는 처음부터 제기될 여지가 없다고 해야 한다(다만 판례가 같은 법리를 중과실의 경우에 확장하는 것에는 추가적인 별도의 설명이 필요할 수는 있겠지만, 중과실의 경우 이익상황이 악의와 유사하다고 판단하여 일종의 유추적용으로 해명할 수 있을 것이다). 만일 이러한 사안에서 인과관계를 고려하지 않고 사무집행관련성만이 부정되는 것이라고 이해한다면 사용자책임은 성립하지 않더라도 피용자의 불법행위는 성립한다는 결론을 피할 수 없는데, 이는 타당하지 않다고 생각된다. 상대방이 대리권남용이나 무권대리 등을 명확히 인식하면서 피용자와 거래를 한 경우에도 불법행위로 피용자에게 손해배상을 청구할 수 있다고 해석하는 결론은 받아들이기 어렵다. 그러한 해석은 제135조 제2항 전단의 취지에 반하여 불법행위에 따른 손해배상의 방법으로 악의의 상대방을 보호하게 하는 결과를 가져오기 때문이다.

임을 주장하는 경우에, 그는 피용자가 적법한 대리행위를 하고 있다는 점에 대해 신뢰하고 있어야 비로소 사무집행관련성을 논의할 여지가 발생한다. 사무집행관련성 요건의 취지를 고려할 때 여기서 제기되는 질문은 민법의 해석상 그러한 적법한 대리행위의 외관이 있었던 경우에 상대방에게 발생하는 손해비용을 사용자에게 부담시키는 것이 보다 정당한지 아니면 피해자가 감수하는 것이 타당한지의 문제이다. 그러한 손해비용을 사용자에게 부담시키는 것이 민법의 체계적 해석으로 타당하다고 판단된다면 비로소 우리는 그러한 사안유형에서는 사무집행관련성을 긍정해야 한다는 규범적 판단을 내릴 수 있는 것이다.

(3) 먼저 피용자가 사용자가 부여한 대리권 범위 내에서 대리행위를 하였으나 이로써 자신이나 제3자의 이익을 도모한 대리권남용의 경우를 살펴보기로 한다.

주류의 판례에 의하면 대리권남용이 있더라도 대리행위는 원칙적으로 유효하고, 다만 제107조 제1항 단서의 유추에 의하여 상대방이 대리권남용을 알았거나 알 수 있었던 경우에 대리행위가 무효로 된다.[1] 그러므로 상대방이 대리권남용에 대해 선의이고 무과실이었다면 그는 이러한 판례 법리에 따라 원래 의욕하였던 법률행위의 효력을 받게 되고, 사용자책임의 문제는 대개 발생할 여지가 없다. 반면에 상대방이 대리권남용을 인식하고 있었다면 앞서 살펴본 바와 같이 피용자의 가해와 상대방의 손해 사이에는 인과관계가 없어 피용자의 불법행위는 성립하지 않고, 사용자책임의 문제도 제기되지 않는다본장 IV. 2. (2) 및 168면 주1 참조. 그러므로 대리권남용의 경우 사용자책임은 현실적으로 피용자의 상대방이 대리권남용에 대해서 선의였으나 과실은 있었던 경우에 비로소 제기된다.

---

1 大判 1987. 7. 7., 86다카1004 판결, 공보 1987, 1292; 1987. 11. 10., 86다카371, 공보 1988, 78 등.

여기서 피용자가 불법행위로 발생시킨 손해비용을 그를 이용하여 활동영역을 확장한 사용자에게 부담시킬 것인지 아니면 대리권남용 사실을 알지는 못하였으나 통상의 주의를 기울였다면 인식할 수 있었을 상대방에게 부담시킬 것인지 여부가 문제된다. 다음과 같은 이유에서 사용자가 그러한 손해비용을 부담해야 한다고 즉 그러한 경우에는 사무집행관련성을 긍정해야 한다고 생각된다.

대리권남용에서 무엇보다 주목해야 할 것은 피용자가 자신에게 부여된 대리권의 범위에서 일탈하지 않았다는 사실이다. 물론 사용자는 피용자가 구체적으로 한 '그' 행위에는 동의하지 않았을 것이기는 하다. 그러나 사용자는 피용자에게 일정 범위의 대리권을 부여함으로써 그에 속하는 다수의 행위들을 할 수 있도록 권한을 부여하였다. 그렇다면 사용자는 그 범위에서 피용자가 자신을 위해 대리인으로 행위하는 것을 허용한 것이고, 그 한도에서 피용자의 행위의 효과를 받을 것을 의욕하였다. 그렇다면 대리권 범위 내의 피용자의 대리행위는 어떠한 의미에서도 사용자가 예정한 사무집행의 범위 내에 있다고 하지 않을 수 없다.[1] 대리권 범위 내의 행위들의 결과로 완전한 이행책임을 부담하기를 의욕한 사용자가 같은 행위들의 결과로 발생할 수 있는 손해배상책임에 대해 자신의 사무와 무관하다고 주장하는 것은 허용될 수 없는 일이다. 그러한 경우 피용자가 발생시킨 손해비용을 부담해야 할 사람은 그에 아무런 영향을 미칠 수 없었던 피해자가 아니라, 대리권의 범위를 엄밀하게 제약하고 피용자를 감독함으로써 남용의 기회를 예방할 수 있었던 사용자라고 해야 한다.

물론 여기서 통상의 주의를 기울였다면 대리권남용의 사실을 알 수 있었던 상대방을 보호해야 할 필요가 있는지의 의문은 제기될 수 있다. 그러나 그러한 과실이 있었던 상대방도 대리권남용 사실에 대해

1 Barwick v English Joint Stock Bank [1866-67] LR 2 Ex 259 at 266 per Willes J.

선의였다는 사실 즉 피용자의 정당한 대리행위가 있었다는 사실을 신뢰하였다는 사실은 변함이 없다. 과실은 있었지만 대리권 범위 내에서 행위하는 피용자의 대리행위를 신뢰한 상대방에게 일체의 보호를 부정하는 것이 타당한 해결이라고는 할 수 없을 것이다. 이는 사용관계로 인하여 발생한 손해비용을 사용자에게 전부 면제함으로써 이를 외부화하기 때문이다. 그렇다면 상대방의 과실을 이유로 그에 대한 일체의 보호를 거부하는 것보다는, 사용자책임을 인정하면서 과실상계제396조의 방법으로 사용자와 피해자의 적절한 이익균형을 도모하는 것이 보다 탄력적이고 유연한 해결책이다.

따라서 대리권남용의 경우 피용자는 사용자가 부여한 대리권 범위 내에서 행위한 것이므로 사무집행관련성이 인정되어야 하고, 상대방의 과실은 과실상계의 방법으로 고려하면 충분하며 사무집행관련성을 배제할 사유는 되지 못한다고 해석해야 한다. 우리 대법원도 피용자의 대리권남용의 경우에 사무집행관련성이 있음을 전제로 사용자책임을 긍정하고 있는데,[1] 이러한 태도는 지지되어야 할 것이다. 네덜란드 신민법 제6:172조는 이 점을 명시적으로 긍정하고 있다.

(4) 그 다음으로 대리인이 일정한 권한을 가지고 있었으나 그러한 권한을 넘은 대리행위를 하여 상대방에게 불법행위를 한 경우를 살펴본다. 예를 들어 다른 사무에 대한 대리권에 따라 인장을 보관하고 있던 피용자가 어음을 위조하여 발생한 사안이 이에 해당한다. 이러한 사안에서는 민법이 상대방 보호를 위해 규정을 두고 있으므로 그로부터 출발하는 것이 적절하다. 민법 제126조에 의하면 대리인이 그 권한 외의 법률행위를 한 경우에 제3자가 그 권한이 있다고 믿을 만한 정당한 이유가 있는 때에는 본인은 그 행위에 대하여 책임이 있다. 여기서 판례와 통설은 상대방이 월권대리의 사실에 대해 선의이고 과실이

---

[1] 예컨대 大判 1989. 9. 26., 88다카32371, 공보 1989, 1560.

없는 경우에 정당한 이유가 있다고 이해하고 있다.[1] 그러므로 한편으로 월권대리의 상대방이 그러한 사실에 대해 선의이고 무과실이라면 그는 민법 제126조에 따라 본인에 대한 관계에서 충분한 보호를 부여받게 된다. 또한 다른 한편으로 상대방이 월권대리 사실에 대해 악의였다면 피용자의 가해행위와 그의 손해 사이에는 인과관계가 없어 피용자의 불법행위는 성립하지 않고 그 결과 사용자책임도 문제되지 않는다앞의 IV. 2. (2) 및 168면 주 1 참조. 그러므로 대리권남용에서와 마찬가지로 여기서도 사용자책임은 현실적으로 피용자의 월권대리의 상대방이 월권대리 사실은 알지 못하였으나 그에 과실이 있는 경우에 비로소 제기된다.

그런데 그러한 경우에도 사무집행관련성은 인정하는 것이 타당하다고 생각된다. 민법 제126조는 본인이 기본대리권을 부여함으로써 대리인이 월권을 할 가능성을 발생하게 하였다는 사정을 외관의 기초로 인정하여 상대방의 정당한 신뢰를 보호하고자 한다. 즉 입법자는 무권대리임에도 불구하고 본인이 이행책임을 부담하는 이유를, 외부에서 범위를 명확히 인식하기 어려운 기본대리권을 부여함으로써 월권의 가능성 및 그에 상응하는 외관을 창출하여 본인이 스스로 거래를 하였더라면 발생하지 않았을 위험을 증가시켰다는 사정에서 찾고 있는 것이다.[2] 그런데 이미 살펴본 바와 같이 사무집행관련성 요건의 취지는 사용자 자신이 스스로 사무를 처리하였던 경우에 비하여 피용자를 사용함으로써 불법행위의 발생 가능성을 증가시키는 위험을 창출하였다는 점에 있다제2장 V. 3. (2) 및 본장 IV. 1. (2) 참조. 그렇다면 사용자가 피용자에게 일정한 기본대리권을 부여하여 월권의 가능성을 창출하였다는 사정은 법률의 가치평가에 따라 필연적으로 사용자가 피용

---

1 大判 1954. 3. 16., 4286민상215, 요지집 I-1, 195; 1997. 7. 8., 97다9895, 공보 1997, 2455 등.
2 관련하여 Canaris, 30, 480ff. 참조.

자를 사용함으로써 거래참여자의 불이익이 발생할 가능성을 증가시킨 것을 의미한다. 따라서 이는 피용자가 사용관계의 취지에 반하는 월권대리를 하더라도 사무집행관련성을 인정해야 한다는 결론으로 나아간다. 그러한 경우 피용자의 월권대리로 이행책임을 부담할 수도 있는제126조 사용자가 동일한 내용의 월권대리와 관련한 손해배상에 대해 자신의 사무와 무관하다고 주장하는 것은 부당하다.

여기서도 대리권남용에서와 마찬가지로 상대방에게 과실이 있다는 사정만으로 사무집행관련성을 부정하는 것은 타당하지 않다고 생각된다. 물론 상대방은 통상의 주의를 기울였다면 월권행위가 있음을 알 수 있었거나 조사를 통해 밝힐 수 있었다. 그러나 그가 적법한 대리행위가 있었다는 점에 선의인 것은 부정할 수 없고, 그 한도에서 일정한 보호를 부여하는 것이 부당하다고 할 수는 없다. 여기서도 상대방의 과실은 과실상계로 고려하면 충분할 것이다. 이러한 방법이 보다 탄력적으로 사용자와 피해자의 이익을 조정할 수 있음은 이미 대리권남용과 관련하여 지적한 바와 같다본장 IV. 2. (3) 참조.

그러므로 피용자의 월권대리의 경우 제126조의 객관적 요건기본대리권의 부여 및 그에 기초한 월권대리행위이 확인된다면 사무집행관련성은 존재하는 것으로 보아야 하고, 그 경우 피해자의 과실은 과실상계에서 고려하는 것이 타당하다.[1] 우리 판례도 제126조의 객관적 요건이 존재하는 경우에 사무집행관련성이 있음을 전제로 사용자책임을 인정하는 것으로 보인다.[2] 그리고 제126조에 대한 이러한 설명은 다른 표견대리[3]의 규정들제125조, 제129조의 객관적 요건이 존재하는 경우에도 그대

---

1 관련하여 사용자책임과 표견대리의 요건의 차이를 줄이는 방향으로 이론구성해야 한다는 田上, 125도 참조.
2 大判 1980. 8. 12., 80다901, 공보 1980, 13084; 1990. 1. 23., 88다카3250, 집 38-2, 26 등.
3 민법제125조, 제126조, 제129조의 표제에 사용되는 '表見代理'를 '표현대리'라고 읽을 것인지 아니면 '표견대리'라고 읽을 것인지에 대해서는 종래 의견이 나뉘어 있다. 원래 이 용어가 만들어진 일본에서는(中島玉吉, "表見代理論," 京都法學會雜誌, 第5卷 第2號, 1910, 1 참조) '見'을 'けん' 또는 'げん'으로 읽는데, 정확히는 중국 고대표준어인 관화에서 영향을 받았다

로 타당할 것이다. 예를 들어 수권의 철회에 의해 대리권이 없는 피용자가 이전과 같이 대리행위를 하였고 상대방이 그 사실을 과실로 알지 못한 경우가 이에 해당할 것이다제129조 참조.

(5) 피용자가 아무런 대리권 없이 대리행위를 하면서 상대방에게 불법행위를 한 경우는 어떠한가? 예를 들어 아무런 대리권 없는 경리직원이 보관된 인장을 절취하여 사용자의 명의로 어음을 위조하여 발행한 경우가 이에 해당한다. 이 경우에도 상대방이 무권대리 사실을 인식하였다면 무권대리를 매개한 불법행위와 상대방의 손해 사이에는 인과관계가 없어 피용자의 불법행위는 성립하지 않고, 사용자책임도 문제되지 않는다본장 IV. 2. (2) 및 168면 주 1 참조. 그러므로 사용자책임의 성립은 상대방이 피용자의 무권대리 사실을 인식하지 못한 경우에 비로소 다투어질 것이다.

그런데 무권대리의 경우 본인은 그로부터 어떠한 법률효과도 받지 아니하는 것이 원칙이다제114조, 제130조. 그러므로 그러한 경우 쉽게 사

고 추정하는 漢音으로는 'けん'이고, 중국의 남방 방언의 영향을 받았다고 하는 呉音에서는 'げん'으로 독음한다. 그러나 이들 사이에 어떠한 의미적 구분이 나타나는 것은 아니므로, 우리에게 크게 참조가 되지 못한다. 반면 '表見'은 종래 고전 한어에서 '顯示' '顯現' 등의 의미로 용례가 발견되지만(羅竹風 主編, 漢語大詞典, 1988 참조) 그 발음을 현재 재구성하기는 쉽지 않다. 하지만 적어도 현대 중국어에서 '表見'은 '외견' '외관'의 의미를 가지고 사용되는 단어이고 '見'은 '현'에 해당하는 'xiàn'이 아니라 '견'에 해당하는 'jiàn'으로 발음된다는 점은 확인할 수 있다(biǎojiàn; 고려대학교 민족문화연구소 편, 중한대사전, 1995; 손예철 편, 동아 프라임 중한사전, 2002; 熊野正平 編, 熊野中國語大辭典, 1984 등 참조). 즉 '表見'은 겉에서 즉 외부에서 볼 때의 관점을 의미하여 '외관'(外觀)과 상통하는 단어이고, '見'은 '볼 견'인 것이다. 그래서 중국 合同法 제49조와 관련하여 강학상 사용되는 용어인 '表見代理'도(江平, 中國民法, 노정환·중국정법학회·사법연수원 중국법학회 역, 2007, 507 이하 참조) '표견대리'에 상응하는 'biǎojiàn dàilǐ'로 발음되고, '表見'이 사용되는 다른 법률용어에서도 마찬가지이다(위 고려대학교 민족문화연구소 편, 중한대사전; Köbler, Rechtschinesisch, 2002, 151, 218; http://tran. httpcn.com/Html/ChinesetoEnglish/80/KOKOAZPWRNAZMERNXVRNCQ.html 2013년 1월 10일 최종 확인 등. 그러므로 이를 'biǎoxiàn dàilǐ'라고 표기하는 김주 편, 상용 중국법률용어사전, 2009, 72의 정확성에는 의문이 있다. 한국에서 활동하는 중국법률가인 편자가 무의식적으로 종래 한국의 특정 독법을 중국어에 투영한 것으로 추측된다). 이러한 내용을 고려한다면 '表見代理'는 한자문화권에서 사용되고 있는 의미와 용례에 충실하게 '표견대리'라고 읽는 것이 타당할 것이다.

용자책임을 인정한다면 무권대리에 관한 민법의 원칙이 현실적으로 잠탈되는 효과가 발생할 수 있다. 물론 사용자책임이 인정된다고 하여도 본인은 적법한 대리행위가 있었거나 표견대리가 성립한 경우처럼 이행책임을 부담하는 것이 아니라, 무권대리가 없었다면 상대방이 있었을 재산상태로 되돌리는 내용의 손해배상책임이른바 신뢰이익배상을 부담한다. 내용으로 한다는 점에서 차이가 있기는 하다. 그러나 그러한 손해배상이더라도 그 부담이 이행책임 수준에 육박하는 경우도 있을 뿐만 아니라, 자신이 관여하지 아니한 무권대리의 결과로 사용자인 본인이 불이익을 받을 이유가 없다는 점에서 사용자책임을 쉽게 인정하는 것은 대리법의 원칙을 현실적으로 잠탈할 위험이 있다고 평가할 수 있다.

그러나 피용자 무권대리의 경우에 직무범위를 일탈하였다는 이유로 일률적으로 사무집행관련성을 부정하고 사용자책임을 기각하는 것 역시 타당하다고 할 수는 없다. 왜냐하면 개별적인 사실관계에 따라서는 사용자가 피용자에 대한 관계에서 그러한 무권대리를 가능하게 하거나 용이하게 함으로써 손해발생의 가능성을 증가시켰고, 그 결과 그에 대한 비용을 사용자가 부담하는 것이 정당하다고 판단되는 사안이 충분히 있을 수 있기 때문이다. 이는 무엇보다도 민법이 정하는 표견대리의 유형들이 상대방의 신뢰를 보호할 수 있는 모든 사안을 다 포괄할 수는 없다는 사정과도 관련이 된다. 이러한 상황에서 민법이 정하는 표견대리에 포섭될 수는 없으나 사용자가 표견대리에 상응할 정도의 외관형성에 기여를 하였고 이를 기초로 피용자의 적법한 대리행위에 대한 상대방의 신뢰가 형성되었다면 — 법률의 규정이 없으므로 사용자에 대한 이행책임을 성립시킬 수는 없더라도 — 상대방에게 사용자책임에 의한 손해배상청구권을 부여하여 무권대리 행위가 없었더라면 존재하였을 재산상태로 되돌릴 가능성을 인정하는 것이 바람직하다.

그러므로 피용자가 무권대리를 매개로 불법행위를 한 경우에, 그러한 행위가 마치 적법한 대리행위로 보이는 외관을 가지고 있으면서 사용자가 상당한 정도의 외관형성에 기여한 때에는 사무집행관련성을 인정해야 할 것이다. 이러한 맥락에서 다수의 피용자 무권대리 사안에서 외형이론에 따라 피용자의 행위가 "외형으로 관찰하여 마치 직무의 범위에 속하는 것으로 나타나는 행위"이면 사무집행관련성을 인정하면서, 그 구체적인 판단기준으로 "피용자의 본래 직무와 불법행위와의 관련정도 및 사용자에게 손해발생에 대한 위험창출과 방지조치 결여의 책임"을 언급하는 판례가 특히 중요한 의미를 가진다. 종래 이러한 판례에 대해서는 추상론으로는 외형이론에 의한다고 하면서도 실제로는 사용관계의 내부적 요소인 직무와 행위의 밀접한 관련성을 기준으로 한다는 지적이 있었다.[1] 그러나 이렇게 내부적인 요소를 고려하는 판례의 태도가 외형이론과 모순된다고 볼 필요는 없으며, 오히려 외형이론의 필연적인 귀결이라고 할 것이다. 왜냐하면 앞서의 서술에서 명확하게 된 바와 같이, 이러한 유형의 사안에서 단순히 적법한 대리행위의 외관이 존재하였다는 사정과 그에 대한 신뢰가 있었다는 사정만으로는 사무집행관련성을 인정하기 충분하지 않기 때문이다. 그러한 결론은 이미 언급한 바와 같이 민법상 무권대리에 관한 원칙들과 쉽게 조화하기 어렵다. 사용자가 피용자의 무권대리 가능성을 충분히 봉쇄하였음에도 불구하고 피용자가 독자적으로 그러한 외관을 완벽하게 창출하였다는 이유만으로 사용자에게 책임을 지우는 것은 부당하다. 오히려 적법한 대리행위의 외관이 있었을 뿐만 아니라 그 배후에 사용자가 표견대리에 상응할 정도로 그러한 외관형성에 기여하였다는 사정이 있어야만 그에게 손해비용을 부담시키는 것이 정당화될 수 있고, 그러한 그의

| 1　김재형, "사용자책임에서 사무집행관련성(2)," 27-28.

외관창출의 기여가 있어야만 말 그대로 그의 "사무집행에 관하여" 피용자가 불법행위를 하였다는 표현이 의미를 가지게 된다. 중요한 것은 적법한 대리행위의 외관이 사용자의 상당한 기여에 의해 창출되었다는 사정이다.[1]

판례가 언급하는 피용자의 본래 직무와 불법행위와의 관련정도①, 사용자의 손해발생에 대한 위험창출②, 방지조치 결여의 책임③은 실제로 피용자의 무권대리를 적법한 대리행위로 나타나게 하는 외관창출에 기여하는 요소들을 언급하고 있다. 이 중에서 기초가 되는 것은 사용자의 업무상 작위 또는 부작위로 피용자가 무권대리를 하여 손해를 발생시킬 위험이 창출되었다는 사정②이다. 그런데 이러한 위험창출을 판단하는 과정에서 본래 직무와 불법행위의 관련성이 클수록 보다 높은 위험이 창출될 것이라는 것은 일응 추정할 수 있으므로, 그것은 사무집행관련성의 판단의 중요한 한 요소로 기능할 것이다①. 동시에 사용자가 보다 적은 비용으로 그러한 무권대리의 위험을 예방할 수 있었다면 그만큼 그의 위험창출의 기여도는 보다 높게 평가되어야 할 것이다③. 그런데 여기서 사용자의 방지조치 결여 책임과 관련해서는 보상책임인 사용자책임에서 사용자 과책의 요소를 고려하는 것이 부당하며 이는 사용자면책입증과 관련해 고려해야 한다는 학설의 비판이 있음을 보았다본장 130면 주 3, 4 참조. 그러나 이는 판례의 논리를 오해한 것이며 타당하지 않다. 이는 사용자의 과책을 이유로 사무집행관

---

1 유명한 大判 1964. 6. 30., 64다3, 집 12-1, 205의 표현을 빌자면 "일반인이 피용자의 직무 범위 내라고 신뢰할 수 있는 경우에는 민법상 표현대리의 법리와 마찬가지의 법리에 의하여 이를 피용자의 사업집행이나 사무집행에 관한 행위로 보아 사용자에게 책임을 지우는 것이 객관적으로 보아 피용자의 행위가 사용자의 사업이나 사무활동의 일부라고 인정되는 경우에는 이롭던 해롭던 사용자에게 그 결과를 돌리어야 한다는 사용자책임 제도의 근본 취지에 합치된다 할 것"이라고 한다. 이러한 관점에서 대표권 없는 상무이사의 어음행위(본장 125면 주 3)나 농협 지점장의 차용행위(본장 125면 주 6)가 통상 예상할 수 있는 적법한 대리행위의 외관에도 불구하고 사무집행관련성이 부정되었다는 것을 설명할 수도 있을 것이다. 즉 그 경우 대표권 내지 대리권이 없다는 사실이 법인등기나 법률의 규정에 의해 분명하게 확인가능한 이상 외관형성에 대한 기여를 인정하기 어렵다고 볼 여지가 있기 때문이다.

련성을 인정하는 것이 아니라, 사용자가 손쉽게 피용자의 불법행위를 예방할 수 있었던 만큼 그는 정당한 사무집행의 외형창출에 기여하였다는 의미이다. 즉 그는 피해자에 비해 적은 비용으로 손해를 예방할 위치에 있었던 사람the cheapest cost avoider으로서[1] 예방조치를 취하지 않음으로써 의식적으로 외관을 창출하여 위험을 증가시켰고 이로써 외관으로부터 발생한 결과를 부담하기에 보다 근접하다는näher daran[2] 취지로 이해해야 한다. 즉 이는 과책이 아니라 위험창출을 판단함에 고려해야 할 하나의 요소이다.

(6) 이상의 서술을 요약한다면, 피용자가 사용자 명의의 대리행위를 매개로 불법행위를 하는 사안유형에서, ① ⓐ 피용자가 남용에도 불구하고 어쨌든 그러한 행위에 대리권이 있었거나, ⓑ 피용자의 무권대리가 민법이 정하는 표견대리의 객관적 요건을 충족하고 있거나, ⓒ 피용자의 무권대리에도 불구하고 사용자가 적법한 대리행위가 있는 것과 같은 외관형성에 상당한 기여를 하였다는 사정이 있고, ② 상대방이 대리권남용이나 무권대리에 대해 선의였다면 사무집행관련성을 인정할 수 있다고 정리할 수 있다. 이러한 맥락에서 사용자책임은 대리권남용이나 무권대리의 영역에서 상대방의 신뢰를 일정한 한도에서 추가적으로 보호하는 기능을 수행하게 된다. 이러한 모습은 비교법적으로 다른 나라의 재판례에서도 확인할 수 있다.

프랑스 민법에서 무권대리는 무효이고, 상대방은 자신의 위험으로 대리인의 대리권 존부와 범위를 조사할 위험을 부담한다. 그러나 그러한 조사가 반드시 용이한 것은 아니므로 상대방의 신뢰를 보호할 법적인 필요가 발생하며, 이는 일차적으로 본인의 외관책임에 의해 도모된다. 즉 프랑스 판례는 1962년 이래로 무권대리의 경우에 본인의 의식

---

1 박세일, 법경제학, 78, 141 참조.
2 외관책임 일반과 관련하여 Canaris, 482 참조.

적 외관창출이 존재하고 그에 따라 상대방이 대리권의 존재에 대해 정당한 신뢰를 가진 경우에는 외관이론에 따른 외관상 대리권mandat apparent을 인정하여 본인에 대한 이행청구를 가능하게 하고 있다.[1] 그러나 그와 동시에 또는 그러한 외관대리의 요건이 불비되는 경우에도 상대방은 사용자책임의 요건이 충족되는 경우에는 그에 따라 손해배상을 청구할 수 있으며,[2] 이로써 손해배상에 의해 신뢰보호를 달성할 가능성을 보유한다. 그리고 그러한 경우 사무집행관련성이 상대방의 정당한 신뢰에 따라 판단되고 있음은 이미 보았다본장 III. 3. (4) 참조. 이러한 법리는 대리권남용에도 그대로 적용된다.[3]

영국법에서도 상황은 비슷하다. 영국 판례에서도 상대방의 신뢰보호는 일차적으로 외관법리에 의해 도모된다. 대리인이 무권대리를 한 경우에도 본인의 의식적 외관창출이 존재하고 상대방이 그 대리인의 대리권에 대해 정당한 신뢰를 가질 수 있었던 경우에는 외관상 대리권apparent authority; ostensible authority이 인정되어 상대방은 본인에 대하여 대리행위에 따른 이행을 청구할 수 있다.[4] 그러나 상대방은 대리인이 현실적 대리권의 범위 내에서 남용을 하였거나 외관상 대리권이 성립될 수 있는 무권대리를 한 경우에 불법행위의 관점에서 사용자책임을 추궁할 수도 있다.[5] 여기서 정당한 대리권이 있었거나 외관상 대리권이 인정된다는 사정은 이미 피용자의 불법행위가 사용자의 사무에 관한 것임을 지시한다.[6] 그에 따라 피용자가 현실적인 대리권의 범위 내에서 대리권남용으로 행한 불법행위에 대해 사용자책임이 인정되고 있으며본장 160면 주 3·4, 170면 주 1 등 참조,[7] 이는 상대방의 관점에서

1 Kötz, 355ff. 참조.
2 Ferid/Sonnenberger I/1, Rn. 1F1069; de Quenaudon, n°s 26 sq.
3 프랑스 판례는 별도로 대리권남용의 법리를 인정하지 않으며 이를 무권대리로서 취급하고 있으므로, 본문의 무권대리에 관한 법리가 그대로 적용되는 것이다. Kötz, 346 참조.
4 Kötz, 355ff.; Reynolds, 284 sq.
5 Reynolds, 386; Fridman, 266-267.
6 Reynolds, 389; Fridman, 268-269.
7 더 나아가 Wicke, 293f. 참조.

정당한 외관상 대리권이 인정되는 한에서도 마찬가지이다본장 III. 4. (4) 및 160면 주 4, 163면 주 5, 164면 주 2 참조.

독일법의 경우에도 기본적으로 사정은 비슷하지만, 다만 판례가 사무집행관련성을 엄격하게 해석하므로 사용자책임이 인정되는 범위는 보다 좁다고 할 수 있다. 독일 민법에서 무권대리 상대방의 보호는 동법이 정하는 본인의 외관책임동법 제171조, 제172조 및 학설과 판례에서 인정된 인용대리권Duldungsvollmacht과 외관대리권Anscheinsvollmacht에 의해 이루어진다.[1] 여기서 이들 외관책임의 요건이 구비되지 아니하는 경우에 현실적으로 사용자책임이 문제될 수 있다. 다만 그 경우 사무집행관련성 인정에 있어 인정하는 재판례와 부정하는 재판례가 나뉘고 있음은 이미 살펴보았다본장 III. 2. (2) (a) (b), (3) (b) 참조. 반면 독일 민법에서는 대리권남용이 있더라도 상대방이 그 사실에 대해 악의 내지 중과실인 경우에만 대리행위를 무효로 취급하므로, 상대방은 악의·중과실이 아닌 한 과실이 있더라도 대리에 따른 본인과의 법률행위의 효력을 주장할 수 있다.[2] 그러므로 여기서는 사용자책임이 관여될 여지가 거의 없을 것이다.

3. 피용자가 신체의 완전성 등을 침해한 경우

(1) 각국의 재판례에서 현저히 나타나는 또 하나의 사안유형으로 피용자가 사무집행의 기회를 이용하여 사적인 동기에 따라 특히 고의로 피해자의 신체의 완전성, 성적 자기결정, 소유권 등을 침해하는 경우를 들 수 있다. 예를 들어 우리 판례에 나타난 예로 호텔 직원이 숙박객을 폭행하였거나, 택시 기사가 승객을 강간한 경우가 이에 해당한다본장 126면 주 9, 127면 주 1 참조.

---

1 Larenz/Wolf, § 48 Rn. 1ff.
2 Larenz/Wolf, § 46 Rn. 141ff.

반면 고의의 폭행 내지 손괴이더라도 (새먼드 공식의 표현에 따르면) "사용자가 동의한 행위를 피용자가 위법하고 동의받지 않은 방법으로 수행한 경우"에 원칙적으로 사무집행관련성이 인정됨은 의문이 없다본장 III. 4. (2)에 인용된 영국 판례 참조. 예를 들어 버스운전조수 겸 차장이 승차정리관계로 언쟁 끝에 승객을 구타한 경우,[1] 사용자의 지시로 피용자가 부랑아, 걸식아동의 가두검색街頭檢索을 하던 중 피해자를 걸인으로 오인하고 강제연행하여 감금·구타한 경우[2] 등이 이에 해당한다. 이 경우에는 피용자는 사용자의 사무를 처리하기 위한 목적으로 실제로 사무를 처리하는 과정에서 부적절한 방법을 사용한 것이므로 사무집행관련성을 인정하기에 어려움이 없다. 그러므로 이러한 유형은 앞에 언급한 유형 즉 피용자가 사무집행의 기회에 사적인 동기로 폭행 등을 하는 유형과는 분리하여 고찰하는 것이 타당하다. 각각의 유형에서 다른 이익형량이 행해져야 하기 때문이다. 우리 문헌에서는 고의의 폭행이라는 이유로 이 모든 사례들을 하나로 묶어 설명하는 경우가 있으나,[3] 이는 합목적적이지 않다. 그러한 분류는 이익형량에 기초하는 유형론이라기보다는 사실관계의 내용에 주목하는 개별구체론에 가깝다.

(2) 우리 판례는 이러한 사안유형에서도 일반론으로 외관이론을 적용하여 사무집행관련성을 긍정하는 경우가 많지만본장 II. 1. (3) 참조, 학설은 이에 비판적이라는 것을 이미 살펴보았다본장 II. 2. (2) (b) 참조. 이러한 비판을 요약한다면 ① 폭행 등은 행위 자체를 사무집행으로 볼 수 없음이 명백함에도[4] 피용자가 사적인 동기로 고의의 불법행위를 한 경우까지 사무집행관련성을 인정하는 것은 과도하다는 것,[5] ② 이러한

---

1 大判 1962. 1. 31, 4294민상498; 김재형, "사용자책임에서 사무집행관련성(2)," 36에서 재인용.
2 大判 1964. 11. 30, 64다924; 김재형, "사용자책임에서 사무집행관련성(2)," 36에서 재인용.
3 예를 들어 김재형, "사용자책임에서 사무집행관련성(2)," 36-37; 지원림, "사용자책임에 있어서 '사무집행에 관하여' 판단기준," 213-214.
4 김재형, "사용자책임에서 사무집행관련성(2)," 36.
5 김형배, "사용자책임과 판례," 17; 지원림 "사용자책임에 있어서 '사무집행에 관하여' 판단기준," 214.

경우는 상대방이 행위의 외형에 의하여 행동하는 것은 아니기 때문에 외형이론은 타당하지 않다는 것이며,[1] 그래서 ③ 사무집행관련성은 가해행위와 피용자의 사무 사이의 밀접한 관련성에 의해 판단되어야 하는데, 한편으로 가해행위가 시간적·장소적으로 피용자의 사무와 관련하여 있을 것, 다른 한편으로 그것이 피용자의 사무의 전부 또는 일부를 수행하는 과정에서 이루어지거나 가해행위를 동기가 업무처리와 관련된 것임을 고려해야 한다고 한다.[2]

그러나 피용자가 사무집행에 의해 가능하게 되었거나 용이하게 된 기회를 이용하여 사적인 동기로 고의의 폭행 등을 한 사안유형에서도 원칙적으로 사무집행관련성을 인정하는 것이 타당하다고 생각된다. 이미 언급하였지만본장 IV. 1. (2) 참조, 사용자책임의 취지에 따라 사용자가 자신이 스스로 사무를 집행한 경우와 비교할 때 피용자를 사용하여 불법행위의 위험이 증가한 한도에서는 사무집행관련성을 긍정해야 한다면, 이러한 사안유형에서도 원칙적으로 사무집행관련성이 있다고 해야 한다. 그러한 경우 피용자를 사용함으로써 그러한 폭행 등의 가능성이 증가하였다는 것은 부정하기 어렵기 때문이다. 그리고 이러한 결론은 비교법적으로도 정당화된다. 프랑스 판례는 오랜 논쟁 끝에 이러한 사안유형에서 사무집행관련성을 인정하는 전통적인 입장으로 회귀하였고본장 III. 3. (4) 참조, 영국 판례도 최근의 판례전환에 의하여 그러한 경우 사무집행관련성을 인정하는 방향으로 나아가고 있다본장 III. 4. (4) 참조. 독일 판례의 경우에도 일반적으로는 이러한 경우 사무집행관련성을 인정하기에 소극적이기는 하지만, 그럼에도 피용자가 사용자에 의해 위탁된 바로 그 주된 의무를 침해하는 내용의 위법행위의 경우에는 사무집행관련성을 인정함으로써 많은 사례에서 영국 및 프

---

1 김재형 "사용자책임에서 사무집행관련성(2)," 31; 지원림, "사용자책임에 있어서 '사무집행에 관하여' 판단기준," 190.
2 김재형 "사용자책임에서 사무집행관련성(2)," 36; 지원림, "사용자책임에 있어서 '사무집행에 관하여' 판단기준," 209.

랑스 판례와 결론에서 수렴하는 모습을 보인다본장 III. 2. (2) (b), (3) (b) 참조.

(3) 실제로 이러한 사안유형의 이익형량은 그러한 결론을 뒷받침한다고 생각된다. 이러한 사안유형에서 작동하는 이익들을 정당하게 고려하기 위해서는 우선 일부 학설의 전제, 이른바 '사실적 불법행위'의 영역에서는 외형에 대한 신뢰가 문제되지 않으므로 상대방의 주관적 사정은 고려될 여지가 없다는 전제를 재고해야 한다. 물론 그러한 사안들에서 불법행위가 대리행위와 같은 법률행위를 매개로 한 것이 아니라 사실행위인 폭행 등에 의한 것이기는 하다. 그러나 그러한 폭행 등이 가능하게 된 배경을 살펴보면 대부분의 사안들에서 사용자와 피해자 사이에 거래적 접촉이 존재한다. 즉 피해자는 사용자와 숙박계약, 운송계약, 고용계약 등의 계약관계 내지 그 교섭관계에 있었고, 피용자는 사용자의 피해자에 대한 그러한 계약이행 내지 교섭진행의 장면에서 활동하고 있었던 것이다.

그리고 보다 중요한 점은 그러한 계약관계나 교섭관계가 없었다면 피해자는 손해를 입을 이유가 없었을 것이라는 사실이다.[1] 즉 피용자가 사무집행의 기회에 사적인 동기로 폭행 등을 할 수 있는 기회를 가졌다는 것은 다음과 같은 사정에서 기인한다. 피해자는 사용자와 계약관계 내지 교섭관계에 있었고, 그러한 관계가 존재하여 사용자로부터 계약이행 내지 계약체결을 기대하고 있었기 때문에, 계약의 이행 또는 교섭에 직면하여 자신의 법익에 대해 사용자 측이 영향을 미칠 수 있는 가능성을 허여하였다. 즉 그는 정상적인 계약이행 또는 계약체결을 신뢰하여 자신의 법익에 대해 침해를 할 수 있는 기회를 사용자 측에 열어 둔 것이다. 반면 피해자가 그러한 신뢰를 두지 않았더라면 사용자 및 그의 피용자는 피해자에 대해 불법행위를 할 가능성을 가질 수 없다. 승객이 택시의 정상적 운행을 신뢰하였기에 승차하

| 1 Schmidt, AcP 170 (1970), 508-509.

여 강간의 가능성을 감수한 것이고, 숙박객이 호텔의 정상적 운영을 신뢰하였기에 투숙함으로써 폭행의 가능성을 허여한 것이다. 그런데 여기서 원활한 계약이행이나 계약체결을 신뢰하여 자신의 법익에 대한 영향가능성을 허여한 피해자에 대하여 바로 그 이행이나 교섭을 위해 활동하는 피용자가 바로 그 법익침해를 감행한 경우에, 사용자가 그러한 불법행위가 자신의 사무와 무관하다고 주장하는 것이 허용될 수 있겠는가? 자신의 사무 때문에 이익창출의 가능성과 동시에 불법행위의 가능성이 창출되었고 이제 바로 그 불법행위의 가능성이 실현된 상황에서 사용자가 면책되는 것이 타당하겠는가? 피해자의 관점에서 그러한 가해가 사용자 스스로에 의해 발생하였는지 아니면 피용자에 의해 발생하였는지는 전혀 중요하지 않은 사정일 뿐이다. 피해자가 자신의 법익보호를 위탁한 사용자 측으로부터 법익침해를 당하였다는 점에서는 아무런 차이가 없다. 여기서 당해 불법행위가 피용자의 사무집행과 분리할 수 없는 특별한 위험을 가지고 있다는 것은 명백하다영국의 새로운 판례법리에 대한 본장 IV. 4. (4) 및 163면 주 1 참조. 더구나 여기서 사용자는 피용자에 대해 일반적 주의의무 내지 계약관계에 기초하여 피해자의 신체의 완전성, 성적 자기결정, 소유권 등에 대해 보호의무를 부담하므로, 그러한 보호의무의 준수는 그의 '사무'이다. 그렇다면 피용자가 불법행위에 의하여 그러한 보호의무를 침해하였다면 그러한 불법행위는 논리필연적으로 '사무집행에 관한' 것일 수밖에 없다. 그 경우 사무집행관련성을 부정하는 것은 그 자체로 형용모순에 다름 아니다.[1]

---

1 여기서 독일의 다수설에 따라(본장 III. 2. (2) (b) 참조) 피용자가 사용자의 주된 의무를 침해한 경우에만 사무집행관련성이 인정될 수 있고, 반면 부수의무의 경우에는 그렇지 않다고 하는 견해도 있을 수 있다(예컨대 이상광, 사용자책임론, 114 참조). 그러나 이는 타당하지 않다. 그러한 견해는 비교법적으로 일반화되기 어렵고(프랑스, 영국에 대한 본장 III. 3., III. 4. 참조), 독일에서도 그에 반대하는 유력한 소수설들이 있음은 이미 살펴보았다(본장 III. 2. (2) (c), (3) (c) 참조). 이론적으로 주된 의무와 부수의무를 명확하게 구분하는 것이 쉽지 않은 경우도 많으며, 구분할 수 있다고 하더라도 그에 따라 처리하는 것이 타당한 결과를 가져온다는

그러므로 피용자의 폭행 등이 매개한 경우 원칙적으로 사무집행관련성이 인정될 수 있는 하나의 사안유형이 발견되었고, 이는 다음과 같이 정리할 수 있다. 즉 피해자가 사용자와의 계약관계 또는 교섭관계에 있었고 그에 따른 계약이행이나 계약체결을 신뢰하여 자신의 법익에 대한 침해가능성을 사용자 측에 허여한 경우, 피용자가 비록 사적인 동기에 의한 것이더라도 그러한 기회를 이용하여 그 법익을 침해하는 불법행위를 하였다면 그에는 사무집행관련성이 인정되어야 한다. 이러한 기준에 따른다면 택시기사의 강간이나 호텔직원의 폭행, 아동복지시설의 원장의 직원 성추행 등의 사례에서 사무집행관련성을 인정한 판례는 타당하다고 해야 한다본장 126면 주 9 내지 127면 주 2 참조. 고철의 수집·정리를 담당하던 피용자가 고철을 수집하러 온 피해자에게 농약을 음료수로 오인하고 건네주어 피해자가 사망한 경우본장 127면 주 4에도 피해자가 거래 과정에서 정상적인 계약진행을 신뢰하여 법익에 대한 영향가능성을 허여한 경우이므로 사무집행관련성을 인정하는 것이 타당하다고 하겠다. 반면 지배인과의 다툼 이후 피용자가 장시간 외출 후 돌아와 지배인을 폭행한 경우 사무집행관련성이 부정되어야 한다면본장 127면 주 5, 이는 가해자인 피용자가 이미 근무에서 이탈하였으므로 피해자로서는 사용자 측의 정상적인 사무집행가해자인 피용자가 정상적으로 사용자의 노무를 수행하고 있다는 외형을 신뢰하여 법익침해 가능성을 위탁했다고 볼 수 없기 때문이다.[1]

보장은 전혀 존재하지 않는다. 예를 들어 피용자인 버스 기사가 승객을 폭행한 경우와 고의적인 난폭운전으로 실족시켜 부상시킨 경우를 달리 볼 이유가 있는지 의문이다. 더 나아가 그러한 견해에 따른다고 하더라도 피용자의 폭행 등이 문제되는 사안들에서 보호의무 위반은 사실상 필연적으로 급부의 불이행으로 귀결한다. 피용자가 절도를 하는 도급인에게 계속 수리를 맡기고, 강간을 한 기사의 택시를 계속 승차하며, 직원이 폭행한 호텔에서 계속 숙박하는 것을 기대할 수 있을 것인가(독일 민법 제282조 참조)? 그러므로 사무집행관련성 판단과 관련해 주된 의무와 부수의무를 구별하여 취급하는 입장은 이론적으로 관철하기 어렵다. 오히려 사용자가 보호의무를 부담하는 이상 상대방 법익을 보전하는 것이 그의 '사무'인 것은 분명하다고 할 것이어서, 피용자가 불법행위로 계약과정에서 영향가능성이 허여된 그 법익을 침해하였다면 사무집행관련성을 인정하는 것이 온건한 추론이라고 할 것이다.
1 만일 이 사안에서 피용자가 근무시간 중 지배인과 다툼이 있었던 시점에 바로 지배인을 폭행하였다면 사무집행관련성이 인정될 가능성이 높을 것이다. 지배인으로서는 정상적이고 안전한

(4) 이상의 서술에서 명백하게 되었지만, 이러한 사안유형에서 사무집행관련성이 인정되는 이유는 기본적으로 사용자와 피해자 사이의 법률행위적 거래 및 그에 대한 피해자의 신뢰에 의하여 손해위험이 창출되었다는 사정이다. 그러므로 피용자의 폭행이 매개하였다는 이유로 그러한 사안들을 모두 '사실적' 불법행위라고 지칭하고 그것을 '거래적' 불법행위에 대비하려는 시도는 설득력을 가지기 어렵다. 이는 피용자의 폭행이 일어나는 법적 배경을 사상捨象하여 적절한 이익형량을 방해하는 구별이기 때문이다. 오히려 이 사안유형은 사용자와 피해자의 거래관계를 전제로 한다는 점에서 '거래적'이고, 피해자가 사용자 측의 정상적 계약이행 내지 계약체결을 신뢰함으로써 보호가치 있게 된다는 점에서 상대방의 신뢰는 충분히 의미를 가진다.[1] 이는 피용자가 대리행위를 한 경우에 문제되는 신뢰와는 다른 내용의 신뢰이지만, 그럼에도 피해자의 신뢰가 보호되고 있음을 부정할 수는 없다.[2]

또한 그러한 의미에서 이러한 유형에서 정당한 사무집행의 '외형'을 언급하는 판례를 이해할 수 있다. 사용자책임의 피해자로서는 피용자가 정당한 사무집행 즉 정상적인 계약이행을 할 것이라고 신뢰하여 자신에 대한 침해가능성을 허여한 것이기 때문이다. 정상적인 사무집행의 외형이 없어 피용자가 사무집행에 있지 아니하였음을 알면서도

노무관계의 전개를 신뢰하여 다른 근로자들에 의한 침해가능성을 허여한 것이기 때문이다. 전기공작소 공원이 작업조장으로부터 특정 지시를 받고 화가 난 나머지 가지고 있던 드라이버를 작업조장에게 던져 상해한 경우에도 마찬가지라고 할 것이다(大判 1986. 10. 28., 86다카702, 집 34-3, 107). 회사의 현장소장이 주관한 체육대회에서 심판판정 문제로 시비가 있자 경기 종료 후 패한 팀의 대표인 가해자가 심판을 보았던 피해자를 폭행한 사안(大判 1989. 2. 28., 88다카8682, 공보 1989, 530)에서는 판단이 쉽지 않다. 이는 그러한 체육대회 활동의 오락적 성격에 비추어 그것을 사용자의 사무로 보는 것에 거부감이 없지 않기 때문이다. 그러나 그러한 체육활동도 어디까지나 근로관계에 따른 노무제공의 일환으로 보아야 한다면 사무집행관련성을 인정한 판례의 결론은 타당하다고 생각된다. 여기서도 그 활동이 노무인 이상 피해자는 정상적인 근로관계의 진행을 신뢰하여 침해가능성을 허여하였기 때문이다.

1 Flour, Aubert et Savaux II, n° 218 (228) 참조.
2 예를 들어 카나리스는 법률행위적 거래에서 상대방을 신뢰하여 자신의 법익에 대한 영향가능성을 열어두었음을 이유로 인정되는 손해배상책임을 신뢰책임의 일유형으로 인정하고 이를 "위탁책임"(Anvertrauenshaftung)이라고 부른다. Canaris, 540 참조.

그에게 자신의 법익에 대한 영향가능성을 허여하였다면, 피해자로서는 사용자에 대한 관계에서 정상적인 사무집행을 신뢰하지 아니한 것이어서 사용자책임으로 보호할 이유가 없다. 그러한 경우에 사무집행 관련성은 부정되어야 한다프랑스 판례와 학설에 대해 본장 III. 3. (4) 참조. 예컨대 비번이 명백한 택시에 그 사실을 알면서 승차한 승객이 기사의 폭행 등을 이유로 사용자책임을 물을 수는 없는 것은 당연하다또한 본장 128면 주 4의 판례에 대한 IV. 4. (2) 참조. 이러한 의미에서 판례가 이들 사안에서 외형을 언급하는 것을 부당하다고 말할 수는 없다. 그리고 동일한 논리에 따라 피해자의 주관적 사정은 이 경우에도 사무집행관련성 판단에서 고려되어야 한다. 이상의 내용을 고려할 때 종래 학설에서 주장되는 이른바 '거래적 불법행위'와 '사실적 불법행위'의 유형론은 이론적으로 유지하기 어렵다고 생각된다.[1]

---

1 이러한 필자의 입장에 대해 본장이 학술지에 투고될 때 심사를 담당해 주신 한 심사자께서는 다음과 같은 의견을 제시해 주셨다. 이에 의하면 본문의 서술은 "부정확하거나 오해를 불러일으킬 소지가 있다." 즉 "필자의 주장을 선해한다면 종래 말하는 사실적 불법행위에도 피해자의 신뢰를 고려해야 하는 경우가 있고 그렇지 않은 경우가 있으므로 이를 더 세분해야 한다는 것인데, 필자 자신도 사실적 불법행위에서 고려되는 신뢰는 거래적 불법행위에서 고려되는 신뢰와는 다르다는 것이므로, 사실적 불법행위와 거래적 불법행위를 구별할 필요는 부정할 수 없다. 그러므로 굳이 종래의 학설을 비판한다면 위와 같은 이분법적인 유형론에는 문제가 있고, 좀 더 다양한 유형론을 전개해야 한다고 설명하여야 할 것이다." 그러나 이는 필자의 취지와는 다르다. 본문에서는 "종래 학설에서 주장되는 이른바 '거래적 불법행위'와 '사실적 불법행위'의 유형론"이라고 하여 기존에 주장되던 학설이 유지될 수 없다는 점을 밝힌 것이고, 이를 수정해서 유지할 수 있는지 여부에 대해서 어떠한 입장을 표명하고 있는 것은 아니다. 그렇다면 다른 문제는 심사자께서 시사하시는 바와 같이 이후에도 '거래적 불법행위'와 '사실적 불법행위'의 유형론을 유지할 실익 내지 "구별할 필요"가 있는지 여부이다. 필자는 개인적으로 이에 회의적이다. 종래 사실적 불법행위 유형은 새먼드 공식이 적용될 수 있는 사안, 사무집행의 기회에 직무를 일탈한 사안, 자동차 사고가 매개된 사안들을 구별하지 않고 포괄하여 하나의 기준을 모색하고 있는데, 이로써 이미 유형으로서 변별력은 상실되어 있다고 생각된다. 사정요소와 이익형량을 전혀 달리하는 세 경우를 굳이 묶어 하나의 유형으로 만들 이유는 무엇인가? 하나의 유형으로 종합할 수 있게 하는 기준이 구체적이고 적용가능한 것이 아니라면 그러한 유형은 그저 이름에 불과할 뿐 법학적 작업도구는 될 수 없다. 바로 이 지점에서 우리는 오컴의 면도날을 사용해야 한다. 요컨대 본고의 비판을 고려하여 수정된 '사실적 불법행위' 유형론이 불가능하다는 것이 아니라, 보다 구체적인 유형화가 가능한 이상 이는 그다지 효용이 없고 합목적적이지 않다는 것이다. 결론적으로 본고의 입장은 ① 심사자께서 적절하게 지적하는 바와 같이 "이분법적인 유형론에는 문제가 있고, 좀 더 다양한 유형론을 전

이와 관련하여 학설에서 '사실적 불법행위'의 경우에 판단기준으로 지적되는 가해행위와 사무의 시간적·공간적 관련성은 계약진행에 대한 신뢰에 기초한 법익침해 가능성 발생이라는 기준에 따른다면 저절로 해소된다. 정상적 계약이행이나 계약체결을 신뢰하여 침해가능성을 허여하였고 그에 따라 불법행위가 일어난 경우 시간적·공간적 관련성은 거의 예외 없이 존재할 수밖에 없기 때문이다. 가해행위가 사무의 전부 또는 일부를 수행하는 과정에서 이루어져야 한다는 기준도 마찬가지이다. 그러나 "가해행위의 동기가 업무처리와 관련된 것을 고려해야 한다"는 지적은 수용하기 어렵다. 사용자의 피해자와의 거래가 바로 불법행위의 가능성을 창출하였고 그에 따라 피용자가 그 기회를 이용할 수 있게 된 이상, 그로부터 발생하는 손해비용은 사용자가 부담해야 하며 거기서 피용자의 동기를 고려할 여지는 없다고 해야 할 것이다. 사용자는 피해자와의 거래에 의해 이익가능성을 창출하는 동시에 바로 피용자가 사적인 동기로 위법한 가해를 할 수 있는 손해가능성을 창출한 것이므로, 사용자책임의 일반적인 취지에 따라 피용자 동기의 고려 없이 그 위험은 사용자가 부담해야 한다. 또한 피해자의 관점에서 피용자의 동기는 인식할 수도 없어 그에 따라 자신의 행태를 조절할 가능성도 없다.[1] 그러므로 원칙적으로 피용자가 순수하게 사적인 동기를 추구한 경우에도 사무집행관련성은 배제되지 않는다고 할 것이다. 우리 판례도 순수 사적인 동기로 인한 피용자의 불법행위에도 사무집행관련성을 인정하고 있으며본장 II. 1. 참조, 이는 영국과 프랑스 판례의 전개에서도 확인할 수 있는 바이다본장 III. 3. (4), 4. (4) 참조.[2]

개해야 한다"는 것이지만, ② 그렇다면 종래 주장된 바의 '사실적 불법행위' 유형론은 (가장 중요한 직무일탈의 사안들이나 호의동승 사안들에서 거래적 접촉의 존재와 상대방의 신뢰를 고려하지 않고 있었다는 점에서) 그대로 유지하기 어렵다는 것, ③ 그리고 재판례로부터 구체적이고 다양한 유형들을 형성할 수 있다면 '사실적 불법행위'와 같이 다종의 사안들을 포괄하는 거대유형을 인정할 실익이나 합목적성은 찾기 어렵다는 것이다.

1 Terré, Simler et Lequette, n° 835 (808).
2 Atiyah, 191 이하는 영국 판례법에 대한 분석에 기초하여, 피용자가 사용자의 이익을 위한다

4. 피용자가 자동차 사고를 야기한 경우

(1) 비교법적으로 자주 문제되는 또 하나의 사안유형은 피용자가 자동차 사고로써 불법행위를 한 경우이다. 그런데 우리나라에서는 이에 대한 재판례가 그리 많다고 할 수 없어[1] 우리의 '있는 법'에 따른 유형화가 쉽지는 않다.[2] 그러므로 여기서는 앞서 살펴본 외국의 경험을 참조하여 간단한 시사점을 제공하는 것에 그치기로 한다.

여기서도 (새먼드 공식의 표현에 따라) "사용자가 동의한 행위를 피용자가 위법하고 동의받지 않은 방법으로 수행"하여 발생한 자동차 사고에는 통상 사무집행관련성이 인정될 것이다. 예를 들어 매표직원이 버스에 승차하여 승차권을 판매하던 중 운전수의 이석으로 버스의 출발이 심히 지체되자 운전수를 찾다가 시동을 걸어 사고가 발생한 경우가 그러하다.[3] 그러므로 피용자 폭행 등의 사안에서와 마찬가지로 여기서도 피용자가 사적인 동기로 사용자의 명시적 내지 묵시적 지시에 반하여 자동차를 운행하여 사고가 발생한 사안유형을 구별하여 논의하는 것이 합목적적이다.

그런데 피용자가 사적인 동기로 지시에 위반하여 자동차를 운행한 경우에도 피해자의 신뢰라는 관점에서 볼 때 다시 사안유형을 구별할 필요가 있다. 즉 한편으로 피용자가 사용자의 명시적 내지 묵시적 지

는 동기는 사용자의 명시적이거나 묵시적인 동의가 있는 사안에서만 고려될 수 있는 요소이고, 그 밖의 경우에는 문제될 여지가 없다는 점을 설득력 있게 보여주고 있다.

1 통상 피해자는 자동차손해배상보장법에 따라 운행자인 사용자에 대해 손해배상을 청구할 수 있으므로 별도로 사용자책임을 주장하고 판단되는 경우는 많지 않은 것으로 보인다(본장 II. 1. (3) (b) 참조).

2 지원림, "사용자책임에 있어서 '사무집행에 관하여' 판단기준," 211 이하는 자동차손해배상보장법상의 운행자 개념에 관한 재판례를 사무집행관련성에 관한 판례로 언급하고 있으나, 이는 부당하다. 동법상의 책임은 위험책임으로서, 불법에 기초한 대위책임적인 사용자책임과는 귀책구조를 달리한다. 그 결과 운행자 개념의 판단은 사무집행관련성 판단과 상이할 수 있으며, 이는 우리 재판례에서 확인되는 바이기도 하다(본장 II. 1. (3) (b) 참조). 그러므로 양자는 구별하여 고찰하는 것이 바람직하다(본장 IV. 4. (4) 참조).

3 大判 1978. 12. 26., 78다1889, 집 26-3, 372.

시에 반하여 제3자를 승차시켰다가 사고에 의해 위법한 손해를 가한 경우가 있을 수 있고, 다른 한편으로 피용자가 사용자의 명시적 내지 묵시적 지시에 반하여 운행시간이 아닌 때에 운행하였거나 정해진 운행경로를 이탈하는 과정에서 불법행위를 한 경우이다.

　(2) 피용자가 제3자를 승차시킨 사안유형에 대해서는 각국의 재판례가 서로 다른 모습을 보이고 있음을 확인할 수 있다. 독일에서는 전통적으로 그러한 경우 사무집행관련성을 부정하였지만 이에 반대하는 유력한 소수설이 있고, 프랑스에서는 통상 사무집행관련성을 인정하지만 피해자가 사무집행이 아님을 알았던 경우에는 이를 부정하며, 영국에서는 전통적으로 사무집행관련성을 부정했지만 새로운 판례의 전개에 따라 변화의 가능성이 있다고 말할 수 있다본장 III. 2. (2) (a), III. 3. (4) 및 154면 주 4, IV. 4. (3) (c), (4) 등 참조. 우리 민법의 해석으로는 프랑스 판례 및 통설과 같이 피해자의 신뢰를 기준으로 하는 견해가 타당하다고 생각된다. 즉 피해자가 사용자에 의해 허용되었거나 적어도 용인되고 있는 승차라고 믿을 만한 사정이 있었다면 그러한 경우에는 사무집행관련성이 인정되어야 할 것이다. 이 경우에도 사용자는 피용자를 사용함으로써 이익을 확장하는 동시에 피용자가 타인을 승차시켜 손해를 야기할 가능성도 창출하는 것이어서, 그로부터 발생하는 손해비용은 그 피용자를 고용하고 있는 자신이 피용자에 관한 인사위험으로 부담하는 것이 타당하다. 피용자를 감독하고 남용을 방지하는 것은 사용자의 일이며, 피해자가 정당한 사무집행이라고 신뢰할 수 있었다면 그 범위에서 그는 사용자와 피용자의 내부적 관계에 따라 영향을 받을 이유가 없다. 물론 제한이 부가되어야 한다. 즉 피해자가 승차의 과정에서 피용자가 사용자의 사무를 집행하고 있지 않다는 사정 또는 그러한 동승이 금지되어 있다는 사정을 인식하였던 경우에는 사무집행관련성은 부정되어야 한다. 그러한 경우에는 피용자에게 정

당한 사무집행에 대한 신뢰가 없으므로 그는 보호될 이유가 없다. 그는 자신의 위험으로 피용자의 개인적인 운행에 동승한 것일 뿐이다.

이렇게 해석한다면, 피용자가 제3자를 승차시키는 사안유형에서도 정당한 사무집행의 외형은 상대방의 보호가치 있는 신뢰를 정당화한다는 점에서 의미를 가진다. 실제로 판례가 자동차손해배상보장법상 운행자 개념의 해석으로 외형이론을 채택하였을 때 거의 동일한 결론에 도달하였음을 이미 살펴본 바 있다본장 II. 1. (3) (b) 참조. 그러므로 피용자가 제3자를 승차시키는 유형에서도 판례의 외형이론은 의미가 있다고 말할 수 있으며, 피해자의 정당한 신뢰 내지 악의와 같은 주관적 사정은 고려되어야 한다는 점이 나타난다.

(3) 이에 대해 피용자가 근무시간 외에 사용자의 자동차를 사적으로 운행하였거나 사무상 정해진 경로를 이탈하는 과정에서 사고를 야기한 경우에는 피해자의 신뢰는 고려될 여지가 없으므로 다른 이익형량이 요구된다. 우선 사무집행의 결과로 자동차에 대한 접근이 가능하거나 용이하게 되었고 그에 따라 근무시간 외 운행이 가능하게 된 경우에는 원칙적으로 사무집행관련성이 긍정되어야 할 것으로 생각된다. 그러한 사적 운행의 가능성은 사용자가 피용자를 고용하고 차량을 관리하는 과정에서 창출된 것이므로, 바로 사용자가 가장 적은 비용으로 효율적으로 예방할 수 있다. 사용관계 내부의 사정에 아무런 영향을 미칠 수 없는 피해자가 그러한 위험을 부담할 이유는 쉽게 납득하기 어렵다. 피용자의 감독 및 차량의 관리책임은 그에 대한 손해비용을 포함해야 하며, 이는 사용자가 이를 부담해야 한다는 것을 의미한다. 반면 같은 이유에서 사용자가 할 수 있는 충분한 예방조치를 하였음에도 불구하고 피용자가 독자적으로 자동차에 접근할 수 있는 가능성을 창출한 경우에는 사무집행관련성은 부정된다. 그러한 경우에는 피용자가 사무집행의 기회를 이용하여 자동차를 이용한 것이라

고 말할 수도 없고, 오히려 피용자가 사용자의 자동차를 절취한 것이라고 평가해야 하기 때문이다.

이러한 고려는 사무집행 과정에서 정해진 경로를 이탈해서 운행하는 경우에도 일반적으로 그대로 타당하다. 그러므로 이러한 경우에도 원칙적으로 사무집행관련성은 인정되어야 할 것이다. 다만 사안에 따라 피용자의 이탈이 현저한 때에는 사무집행관련성을 부정할 수도 있을 것이다.

이러한 결론 역시 판례가 자동차손해배상보장법상 운행자 개념을 해석하면서 외형이론을 적용하여 내린 결론과 대체로 일치한다_{본장 II. 1. (3) (b) 참조}. 다만 이러한 유형에서는 피해자가 정당한 사무집행의 외관을 신뢰한다는 사정이 없으므로 외형에 대한 신뢰를 운위할 수는 없을 것이다. 그러나 여기서도 판례가 사무집행의 객관적 외형을 언급하는 것이 부당하다고 말하기는 어렵다. 피용자가 근무시간 외에 사용자 차량을 운행하거나 경로를 이탈하여 운행하는 것이 정상적인 사무집행으로서의 운행과 외형에서 유사하다면, 그것은 사용자에게 피용자의 감독 및 차량의 관리에 결함이 있음을 일응 지시하는 것에 다름 아니기 때문이다. 그러한 외형 즉 허용되지 아니한 운행을 예방할 수 있고 관리할 수 있는 사람은 피해자가 아닌 사용자이며, 그러한 의미에서 그로부터 발생하는 손해비용을 부담해야 한다. 따라서 이러한 사안유형에서 외형을 언급하는 것은 사무집행관련성 인정의 근거를 밝히는 측면이 있으며, 그것을 부당하다고 볼 것만은 아니라고 생각된다.

(4) 이렇게 해석된 사무집행관련성의 내용은 자동차손해배상보장법상 운행자 개념과 일치하지 않는다. 현재 판례에 의하면 예를 들어 피용자가 사정을 알고 있는 타인을 무단으로 승차시킨 경우에도 사용자의 운행지배와 운행이익이 존속한다고 볼 수 있는 한에서는 운행자성

이 인정될 수 있음에 반하여본장 129면 주 3 참조, 위에서 제안된 해석론에 따르면 그러한 경우 사무집행관련성은 부정되어야 한다. 그러므로 자동차손해배상법상 책임은 인정되지만 사용자책임은 부정되는 결과가 발생할 수 있다.

이러한 결과에 대해서는, 각각에 대해 서로 다른 내용의 판단이 내려지는 것은 불합리하다는 이유로 자동차손해배상보장법상 운행자에 대한 판단기준을 자동차로 인한 사용자책임이 문제되는 경우의 사무집행관련성 판단에 고려해야 한다는 지적이 있음을 살펴보았다본장 129면 주 5 참조. 그러나 이러한 주장에 대해서는 동의하기 어렵다.[1] 자동차손해배상보장법상의 책임은 위험책임의 성질을 가지고 있음에 대해동법 제3조, 사용자책임은 어디까지나 피용자의 불법을 전제로 하여 인정되는 대위책임적 성질을 가지고 있다. 양자는 귀책구조를 달리하고 있으므로 양자를 반드시 일치시킬 논리적인 이유는 제시할 수 없다. 그러한 의미에서 동법은 민법의 손해배상과의 차이를 전제로 하여 명시적으로 "자기를 위하여 자동차를 운행하는 자의 손해배상책임에 대하여는 제3조에 따른 경우 외에는 「민법」에 따른다"고 규정하고 있다동법 제4조. 그런데 여기서 만일 사무집행관련성을 운행자 개념에 일치시키는 방향으로 해석한다면 동법이 전제하는 위험책임과 불법책임의 경합적 이중구조는 몰각되어 버릴 위험에 직면한다. 그리고 이는 실제로 부당한 결과로 나아갈 수 있다. 예를 들어 제3자가 피용자가 무단운행을 하고 있음을 알면서 동승한 경우에도, 자동차손해배상보장법의 취지에 따라 인신손해에 관해서는 운행자인 사용자에게 손해배상을 받는 것이 타당할 수도 있다. 그러나 동시에 운행자성 기준에 따라 사무집행관련성도 인정하여 기타 물적 손해에 대해서도 사용자책임에 따른 손해배상을 부여하는 것이 정당화될 수 있

| 1 MünchKomm/Wagner, § 831 Rn. 27 참조.

겠는가? 피해자가 무단운행임을 알면서 승차하였음에도 승차 시 지참했던 물건의 소유권 침해를 사용자에 대해 주장하는 것은 허용될 수 없는 일이다. 그러한 경우 사무집행관련성은 부정되어야 한다. 그러므로 자동차 사고의 경우에도 사용자책임의 요건인 사무집행관련성은 독자적으로 심사되어야 한다. 자동차손해배상보장법상 운행자 판단 기준을 사무집행관련성 판단에 도입하는 것에는 찬성하기 어렵다.

[부록] 사무집행관련성이 인정되는 사안유형 개관

이 책의 설명에 따라 사무집행관련성이 인정되는 유형을 개관하면 다음과 같다. 물론 이러한 요약이 폐쇄적인 내용의 유형론을 지시하는 것은 아니다. 이후 학설과 재판례의 전개에 따라 새로이 사무집행관련성이 긍정될 수 있는 유형들이 발견될 수 있음은 물론이다.

상위유형	사무집행관련성이 인정되는 유형	부정되는 사정	서술위치
피용자가 사용자 명의의 대리행위를 매개로 불법행위를 한 경우	피용자가 남용에도 불구하고 당해 대리행위에 대리권이 있었던 경우(=대리권남용의 객관적 요건이 존재하였던 경우)	피해자가 대리권남용에 대해 악의인 경우 인과관계가 없어 사용자책임 불성립	IV. 2. (2), (3)
	피용자에게 대리권이 없지만 제125조, 제126조, 제129조 표견대리의 객관적 요건을 충족하고 있는 경우	피해자가 무권대리 사실에 대해 악의인 경우 인과관계가 없어 사용자책임 불성립	IV. 2. (2), (4)
	피용자의 무권대리에도 불구하고 사용자가 적법한 대리행위의 외관 창출에 상당한 기여를 하고 상대방이 그러한 외관을 신뢰한 경우(피용자의 본래 직무와 불법행위와의 관련정도, 사용자의 손해발생에 대한 위험창출, 방지조치 결여의 책임 등이 고려됨)	피해자가 무권대리 사실에 대해 악의인 경우 인과관계가 없어 사용자책임 불성립	IV. 2. (2), (5)

피용자가 신체의 완전성, 성적 자기결정, 소유권 등을 (특히 고의로) 침해한 경우	사용자가 승인한 사무집행을 피용자가 부적절한 방법으로 수행하여 폭행 등이 매개된 경우	–	IV. 3. (1)
	사용자와 피해자 사이에 계약관계나 계약교섭 등 거래관계가 존재하고 피해자가 계약이행 내지 계약체결을 신뢰하여 자신의 법익에 대한 영향가능성을 허여하였고 그에 따라 피용자가 불법행위의 기회를 가지게 된 경우(피용자가 사적 동기로 행위하였다는 사정은 불고려)	피용자가 사무를 집행하고 있지 아니함을 알면서도 피해자가 자신의 법익에 대한 영향가능성을 허여한 경우에는 사무집행관련성 부정	IV. 3. (2), (3)
피용자가 자동차 사고를 야기한 경우	사용자가 승인한 사무집행을 피용자가 부적절한 방법으로 수행하여 자동차 사고가 발생한 경우	–	IV. 4. (1)
	피용자가 사용자의 명시적 내지 묵시적 지시에 반하여 피해자를 차량에 승차시켰으나 피해자로서는 사용자에 의해 허용되었거나 적어도 용인되고 있는 승차라고 신뢰할 수 있었던 경우	피용자가 사용자의 사무를 집행하고 있지 않다는 사정 또는 동승이 금지되어 있다는 사정을 피해자가 인식하였던 경우에 사무집행관련성 부정	IV. 4. (2)
	사무집행의 결과로 자동차에 대한 접근이 가능하거나 용이하게 되었고 그에 따라 근무 외 운행이 가능하게 된 경우	사용자가 충분한 예방조치를 하였음에도 불구하고 피용자가 독자적으로 자동차에 접근가능성을 창출한 경우에는 사무집행관련성 부정	IV. 4. (3)
	사무집행으로 운행하는 과정에서 정해진 경로를 이탈해서 운행하다가 사고를 발생시킨 경우	현저한 이탈의 경우 사무집행관련성을 부정할 가능성 있음	IV. 4. (3)

5

사용자구상과
피용자면책

Ⅰ. 문제의 제기

1. 사용자구상에 대한 민법의 태도

(1) 민법 제756조 제 3 항은 "전2항의 경우에 사용자 또는 감독자는 피용자에 대하여 구상권을 행사할 수 있다"고 하여 사용자책임이 성립한 경우에[1] 사용자가 피용자에 대하여 구상할 수 있다고 규정하고 있다. 우리 판례에 의하면 피용자의 불법행위 요건이 충족되는 경우에 사용자책임도 성립하므로,[2] 사용자와 피용자는 부진정연대채무관계에 있다고 해석되고 있다.[3]

(2) 그런데 이러한 규정에 대해서는 사용자책임의 취지에 비추어 그 타당성에 의문이 제기된다. 사용자책임의 취지는 이미 언급한 바와 같이,[4] 다른 사람을 사용하여 자신의 활동범위를 넓히는 사람은

---

1 사용자책임의 성립요건에 대해서는 그 입법주의와 관련하여 제 2 장을 참조하라.
2 大判 1981. 8. 11., 81다298, 집 29-2, 263; 1991. 11. 8., 91다20263, 공보 1992, 74.
3 민법주해[XVIII]/이주흥, 590 참조.
4 앞의 제 2 장 V. 3. (2) 참조.

그에 의하여 이익을 창출할 가능성을 넓힘과 동시에 손해를 발생시킬 가능성 역시 확대시키므로, 사용관계에 의하여 발생하는 손해배상비용은 경제활동에 수반하는 필연적인 비용으로 받아들여 사용자가 부담하는 것이 타당하다는 것이다. 그런데 사용자책임에 의해 사용자에게 그러한 손해비용을 부담하게 하면서도 사용자에게 피용자에 대한 구상을 인정한다면, 사용자의 경제활동의 증가로 발생한 손해비용은 다시 구상을 통해 피용자에게 전가되는 결과가 발생한다. 이는 사용자책임의 제도적 목적이 사용자의 피용자에 대한 구상에 의해 잠탈될 수 있음을 의미한다. 그러므로 여기서 사용자책임의 제도취지를 고려할 때 법률의 규정에도 불구하고 사용자의 피용자에 대한 구상에 어떠한 제한이 있어야 하는 것은 아닌지 의문이 제기된다.

(3) 그런데 동시에 앞서 살펴본 사용자책임의 제도취지를 배경으로 할 때, 민법 제756조 제 3 항의 해석상 사용자와 피용자가 피해자에 대해 부진정연대채무관계에 있게 된다는 결과도 반드시 만족스럽다고 평가할 수만은 없다는 사실도 인식된다. 이는 사용자책임이 성립하는 경우 피해자는 사용자와 피용자 중에서 자력이 있는 편으로부터 만족을 받을 때까지 손해배상을 청구할 수 있다는 것을 의미한다. 그런데 여기서 피해자가 피용자를 선택하여 손해배상을 받는다면 피용자는 제756조 제 3 항의 취지에 따라 사용자에게 구상을 할 수 없다는 결과가 발생한다. 만일 사용자책임의 취지가 단순히 피해자에게 추가적인 변제자력만을 보장한다는 것에 그친다면 이러한 결과에는 아무런 문제가 없다고 보게 될 것이다. 그런데 앞서 살펴본 바와 같이 사용자에게 그의 경제활동 확장의 비용을 부담시키는 제도로 사용자책임을 이해한다면 그러한 결과의 정당성에는 의문이 제기될 수 있다.[1] 이는 사용자가 자신의 경제활동 확장의 결과로 부담해야 할 손해비용이 피

---

1 Viney et Jourdain, n° 808 (1011-1012) 참조.

용자에게 전가되는 것에 다름 아니기 때문이다. 물론 피해자는 자력이 있는 사용자에 대해 청구하는 것이 보통이므로 이러한 문제가 항상 첨예하게 드러나는 것은 아니다. 그러나 그럼에도 피해자가 피용자에게 손해배상을 청구하는 사안은 충분히 생각할 수 있다. 사용자 책임의 취지를 고려할 때 그러한 경우 어떠한 방법으로 그 비용을 다시 사용자에게 부담시킬 수 있는지에 관하여 해석론적·입법론적인 과제가 제기된다.

2. 서술의 개관

이러한 의문들에 직면하여 종래 학설과 판례는 사용자의 피용자에 대한 구상을 제한할 수 있는지 그리고 있다면 어떠한 요건하에서 가능한지 등에 대한 논의를 진행해 왔다. 그러나 현재 우리의 논의수준이 아직 이 문제에 관한 종국적인 해결을 확보할 만큼 성숙하였다고 말하기는 어렵다고 생각된다. 본고는 이 문제에 관해 활발하게 토론이 수행된 최근 프랑스 판례의 동향을 자세하게 살펴봄으로써 이러한 논의에 기여하고자 한다.

아래에서는 비교를 위하여 우선 현재 우리나라의 논의를 개관하고본장 II. 1, 비교를 위해 우리의 학설과 판례에 적지 않은 영향을 준 것으로 생각되는 독일에서의 논의를 간단하게 살펴본다본장 II. 2. 그 다음 프랑스 판례의 전개를 비교적 자세히 고찰한다본장 III. 그리고 나서 마지막으로 앞서의 논의를 종합하고, 우리 민법의 해석론과 입법론에 시사하는 바를 간략하게 서술하기로 한다본장 IV.

II. 우리나라와 독일에서의 논의상황

서론에서 제기한 사용자구상과 관련된 문제점과 관련해서, 각국의 법질서는 대체로 사용자의 구상을 제한하는 방향으로 나아가고 있다.[1] 이를 성문법으로 규율하는 나라도 있지만,[2] 대부분의 나라들은

---

1 예외적으로 사용자구상의 제한에 대해 소극적인 입장을 보이는 국가로는 영국을 들 수 있다. 대위책임적 사용자책임(vicarious liability)을 인정하는 영국법에서도 사용자의 책임이 성립하는 경우 항상 피용자의 책임도 동시에 성립하며, 사용자는 한편으로는 제정법에 따라, 다른 한편으로는 커먼로에 따라 구상을 할 수 있다고 인정되고 있다. 영국의 학설은 사용자책임이 성립하는 경우 사용자와 피용자가 공동불법행위자(joint tortfeasors)로서 책임을 부담하는 것으로 이해한다(Markesinis and Deakin, 693). 그러므로 이에 대해서 1978년의 민사책임분담법(Civil Liability (Contribution) Act 1978)이 적용되어 구상관계가 규율된다고 한다(동법 제 1 조 제 1 항). 이러한 분담은 손해발생에 대한 기여도 및 당사자들의 비난가능성을 고려하여 법원이 정하는데(동법 제 2 조 참조), 사용자책임의 경우 이는 사용자가 피용자에 대하여 전액에 대해 구상할 수 있다는 내용으로 해석되고 있다(Markesinis and Deakin, 694). 또한 사용자는 제정법과 별도로 커먼로상으로 피용자에 대해서 고용계약에 기하여 구상을 할 수도 있다. 즉 피용자는 고용계약상 상당한 주의를 다하여 의무를 이행할 의무를 부담하고 있으므로, 사용자는 그러한 의무위반을 주장하여 구상을 할 수 있다고 하며, 이는 원칙적으로 전액구상을 의미한다(Lister v Romford Ice and Cold Storage Co. [1957] AC 555). 그런데 이상과 같은 법상태는 학설에 의하여 비판을 받고 있다(Windfield and Jolowicz, n. 20.18). 물론 예전에는 사용자가 피용자에 대해 전액구상을 할 수 있다는 결과가 법이론적으로 일관된 것이고 타당하다는 주장도 있었다. 그러나 현재의 주류적 견해는 이러한 제정법과 판례가 오히려 불합리한 결과를 가져오게 된다고 지적한다(아래의 내용은 Markesinis and Deakin, 694-695; Windfield and Jolowicz, n. 20.18 등 참조). 즉 피용자가 고의의 불법행위를 저지르지 않는 한에서, 피용자의 경과실을 이유로 그에게 사용자책임의 부담을 전적으로 지우는 것은 윤리적으로 받아들이기 어렵다고 한다. 그리고 실제로 사용자는 통상 그러한 부담을 질 수 있는 경제적 여력이 있을 뿐만 아니라, 대부분 보험에 가입할 수 있으므로, 그에게 구상권을 인정하지 않는 것이 경제적으로도 유의미하다고 한다. 더 나아가 이러한 구상은 대개 대위의 방법으로 보험자가 수행하게 되는데, 보험료의 형태로 이미 그에 대한 보수를 수취한 보험자에게 그러한 추가적인 이익을 부여할 이유도 없다는 것이다. 이러한 이유로 실무에서는 사용자와 보험자 사이에서는, 피용자의 공모 내지 고의의 불법행위의 입증이 없는 한 보험자는 대위에 의해 구상을 하지 않겠다는 신사협정이 체결되는 경우가 많다고 한다. 입법론적으로 사용자의 구상을 피용자의 고의의 불법행위에 한정하여 인정해야 한다는 주장도 제기되고 있다.

2 구상권 제한에 대하여 입법적으로 명시적 규정을 두고 있는 민법으로는 네덜란드 신민법을 들 수 있다. 동법 제6:170조 제 3 항은 "하위자와 그를 위하여 하위자가 사무를 처리하는 사람이 함께 손해에 대해 책임을 지는 경우에, 손해가 고의 또는 인식 있는 과실의 결과가 아닌 한 하위자는 내부관계에서 손해배상에 대해 구상의무가 없다"고 하면서, 그러나 "사안의 제반사정으로부터 그들의 법률관계의 성질을 고려하여 다른 결과가 인정될 수 있다"고 규정한다.

학설과 판례가 해석론으로 이를 제한하는 모습을 보인다. 우리나라와 독일도 이에 해당한다.

1. 우리나라의 논의상황

(1) 종래 학설에서는 기업책임의 관점에서 사용자의 구상권을 제한해야 한다는 주장이 제기되고 있었다. 즉 사용자책임이 자기책임이라는 전제에서 "기업조직의 존재형식인 피용자와 사용자의 내부관계"로부터 구상권제한이 인정될 수 있다고 하며, 피용자의 과실과 사용자의 과실이 비교형량됨으로써 구상권의 범위가 결정된다고 하여 해석론적으로 구상권을 제한하는 견해나,[1] 피용자는 기업의 일부로서 활동하고 있는 것이므로 기업에 본래적인 책임을 지우는 것이 타당하고 또 피용자에 대하여 구상권을 인정하더라도 자력이 없어서 실익이 없으므로 입법론으로 구상권을 제한하여 피용자에게 고의·중과실이 있는 경우에 한하여 구상권을 인정하는 것이 타당하다는 견해[2] 등이 주장되고 있었다.

판례가 이러한 주장과 맥락을 같이하여 사용자의 구상권 제한을 인정한 이후, 학설에서도 사용자의 구상권을 제한해야 한다는 견해가 지배적이다.[3] 다만 그 이론적 근거 및 구체적 기준에 대해서는 다양한 주장이 개진되고 있다.[4]

(2) 이러한 학설의 경향에 맞추어 판례도 구상권 제한을 인정하는 방향으로 전개되고 있다.

(a) 大判 1987. 9. 8., 86다카1045집 35-3, 9는 학설에서의 이러한 주

---

1 김형배, "사용자책임과 구상권의 제한," 545; 이상광, 사용자책임론, 135-136.
2 김증한, 채권각론, 498.
3 김증한·김학동, 채권각론, 845 등.
4 자세한 것은 우선 권용우, "사용자책임과 구상권의 제한," 435 이하 참조.

장에 상응하여 사용자책임의 경우 사용자의 피용자에 대한 구상권을 제한하는 입장을 보이고 있다. 이 사안에서 통운회사인 원고의 보세 장치장 관리책임을 맡고 있는 피고가 정당한 절차를 밟지 않고 저장된 수입화물을 반출함으로써 원고는 사용자책임에 기하여 화주에게 손해배상을 하는 동시에 그 화물이 공급될 예정이었던 실수요자에게 대출을 제공할 수밖에 없었다. 원고가 피고에 대하여 손해배상에 대한 구상과 자신이 추가적으로 입은 손해의 배상을 청구하였는데, 원심은 원고의 과실을 70%로 인정하여 과실상계를 인정하였음에 반하여 대법원은 과실상계 비율에 의문을 제기하며 원심을 파기하였다. 이 과정에서 대법원은 "사용자가 피용자의 업무집행으로 행해진 불법행위로 인하여 직접 손해를 입었거나 또는 사용자로서의 손해배상책임을 부담한 결과로 손해를 입게 된 경우에는 사용자는 그 사업의 성격과 규모, 사업시설의 상황, 피용자의 업무내용, 근로조건이나 근무태도, 가해행위의 상황, 가해행위의 예방이나 손실의 분산에 관한 사용자의 배려의 정도 등의 제반사정에 비추어 손해의 공평한 분담이라는 견지에서 신의칙상 상당하다고 인정되는 한도 내에서만 피용자에 대하여 위와 같은 손해의 배상이나 구상권을 행사할 수 있는 것이라고 해석함이 옳다 할 것"이라고 하여 구상권 제한의 법리를 시사하였다.

이 판결에서 설시된 법리의 특징은 신의칙상 단순히 사용자의 피용자에 대한 구상권만이 제한되는 것이 아니라 사용자에게 발생한 손해배상 역시 동일한 관점에서 제한될 수 있음을 인정하는 것이다. 그런데 이 판결에서는 우선 구상권 제한에 대한 판시가 이 사건의 구체적 해결과는 논리적으로 연결이 되지 않아 선례로서의 가치가 불확실했을 뿐만 아니라, 과연 (과실상계가 아닌) 신의칙에 의한 손해배상책임 제한을 인정할 필요가 있는지에 대해서도 의문이 제기되었고, 특히 손해배상청구권이나 구상권을 제한하는 실질적 근거에 대해서 해명이 없었다는 점에서,[1] 이후의 판례의 전개에 대해서 기대되는 바가 있었다.

(b) 그러나 이후 대법원은 이 판결을 단초로 하여 구상권 및 손해배상책임을 제한하는 입장을 견지하고 있다. 우선 구상권의 제한에 관해서 본다면, 렌트카 회사의 야간경비원이 업무수행과 관련하여 회사 소유의 렌트카를 운전하다가 일으킨 교통사고로 타인을 사망하게 하고 스스로도 사망한 사안에서, 대법원은 大判 1987. 9. 8.의 추상론 하에 여러 사정 특히 피용자의 운전면허가 없음을 사용자가 알면서 고용하였다는 사정, 근무감독이나 사고예방조치 결여, 피용자의 비교적 낮은 보수수준, 사용자의 사고 후 행태 등을 언급한 다음 "이 사건 사고의 발생원인에 있어 피용자[…]의 가해행위가 지니는 책임성에 비하여 사용자인 원고의 가해행위에 대한 기여도 내지 가공도가 지나치게 크다고 보여지는 점 등을 참작하면, 원고가 사용자로서 […] 구상권을 행사한다는 것은 신의칙상 도저히 받아들일 수 없다고 판시하고 원고의 청구를 기각하였는바, 원심의 위와 같은 조치는 위에서 본 법리에 따른 것으로 정당하다"고 하였다.[2] 더 나아가 아파트 관리회사인 원고의 피용자로 전기기술자인 피고가 이삿짐을 내리는 작업이 끝난 후 곤돌라 줄을 원래의 위치인 옥상 위로 감아올리던 중 곤돌라 줄 끝에 매달려 있던 쇠고리가 바람에 흔들리면서 15층 베란다 바깥쪽에 설치된 화분대를 충격해 떨어뜨림으로써 지상에 있던 피해자의 머리를 가격해 사망하게 한 사안에서도, 大判 1987. 9. 8.의 추상론을 전제로 피고의 근무조건과 그것이 사고발생에 미친 영향의 정도, 피해자가 사고를 당하게 된 경위, 원고의 노무자에 대한 인력관리상황, 사고 후 피고는 실형을 복역한 후 현재 면직되어 있음에 반하여 원고는 국내 유수의 공동주택관리업체로서의 지위를 그대로 유지하고 있

---

1 양창수, "1987년 판례 개관," 371-372. 그리고 양창수, "독일의 민사실무에서의 헌법적 고려," 466 이하도 참조.
2 大判 1991. 5. 10., 91다7255, 집 39-2, 228.

는 점 등 제반 사정을 고려하여 피용자의 전부면책을 인정하였다.[1] 그리고 피용자의 손해배상책임의 제한에 관해서도, 피용자가 사용자의 지시에 위반하여 사용자에게 손해를 야기한 사안에서 동일한 법리를 적용하여 피용자의 손해배상책임을 일부 제한하였다.[2]

다만 판례는 피해자의 부주의를 이용하여 고의로 불법행위를 저지른 자가 바로 그 피해자의 부주의를 이유로 과실상계를 주장할 수 없다는 법리[3]를 여기서도 원용하여, 사용자의 감독이 소홀한 틈을 이용하여 고의로 불법행위를 저지른 피용자가 바로 그 사용자의 부주의를 이유로 자신의 책임의 감액을 주장하는 것은 신의칙상 허용될 수 없다고 한다.[4]

2. 독 일

(1) 독일 민법에 의하면 사용자는 피용자가 사무집행에 관하여 "제3자에게 위법하게 가한 손해"를 배상할 의무가 있지만, 자신에게 피용자의 선임·감독에 관한 주의를 다하였다는 사정을 입증하면 배상의무로부터 면책된다동법 제831조 제1항. 즉 동법은 이른바 자기책임적 사용자책임을 인정하여, 한편으로 피용자의 위법한 가해가 있으면 충분하고 반드시 피용자의 과책은 요구되지 않는다고 하면서, 다른 한편으로 사용자에게 면책입증을 허용한다. 이러한 규정하에서는 사용자책임이 성립한다고 해서 반드시 피용자의 불법행위책임이 동시에 성립하는 것은 아니다. 그러나 일반적으로는 양자의 책임이 병존하는 것이 통상이므로, 그 한도에서 사용자와 피용자는 연대채무의 관계에 있게 되고동법 제840조 제1항, 사용자는 피용자에 대해서 전액구상을 할

---

1 大判 1994. 12. 13., 94다17246, 공보 1995, 476.
2 大判 1996. 4. 9., 95다52611, 공보 1996, 1390.
3 大判 1970. 4. 28., 70다298, 집 18-1, 385 등.
4 大判 2009. 11. 26., 2009다59350, 공보 2010, 33.

수 있다동조 제2항.

그러나 이러한 규정은 오래전부터 불만족스럽게 받아들여졌다. 한편으로 피용자는 보통 손해배상을 감당할 자력이 없어 그에 대한 청구는 경제적으로 무의미한 경우가 많고, 다른 한편으로 사용자가 피용자를 사용하여 경제활동을 확장하면서 발생한 위험을 모두 피용자에게 전가하는 것이 되어 정책적으로 부당하기 때문이다.[1] 그러므로 이러한 문제에 직면하여 학설·판례에서는 특히 사용자와 피용자 사이에 고용계약이 존재하는 경우를 중심으로 피용자의 책임제한의 법리가 발전되어 왔다.

(2) 독일의 법원은 일찍부터 사용자의 피용자에 대한 구상권을 제한하는 판례를 형성해 오고 있었다.[2] 1957년 9월 25일의 연방노동법원 연합부 판결[3] 이래 확립된 판례준칙에 의하면 위험성 있는 노무에 종사하는 피용자는 그 업무의 수행에 있어 야기한 손해에 대하여 다음과 같은 일응의 기준에 좇아 사용자에 대해 구상의무가 있다. 즉 중과실이 있는 피용자는 감경 없이 전액 책임을 지고, 최경과실이 있는 피용자는 전액 책임을 지지 아니하며, 피용자에게 통상의 과실이 있는 경우에는 일반적으로 사용자와 피용자가 손실을 분담해야 하는데, 그 구체적인 비율을 정함에 있어서는 손해발생과 그 후 사태전개의 총체적 사정이 형평과 기대가능성의 관점에서 비추어 서로 형량되어야 한다고 한다. 여기서 위험성 있는 업무는 "그 자체로 보면 회피할 수 있는 것이기는 하나 인간의 불완전성에 비추어 경험상으로 다소간 정확하게 예견할 수 있는 전형적인 노무제공상의 잘못을 양심적인 노무제공의무자라도 역시 범하게 되는 그러한 특성을 수반하는 업무"로 이해되고 있었다.

---

1 Kötz/Wagner, Rn. 317.
2 아래의 내용은 양창수, "독일의 민사실무에서 헌법적 고려," 470 이하 참조.
3 BAGE 5, 1.

그러나 이러한 판례는 1994년 9월 27일의 독일 연방노동법원 연합부 판결[1]에 의해 변경되었다.[2] 이 판결은 종래 판례가 피용자의 구상책임제한의 법리를 '위험성 있는 업무'에 제한하였던 입장을 포기하고, 이제 "사용자에 의해 유발되고 근로관계에 기해 행하여진" 모든 노무에 대해 적용된다는 입장을 확정하였다. 이에 의하면 독일 민법의 과실상계 규정은, 피해자에게 엄밀한 의미의 과책이 없더라도, 피해자가 책임을 져야 할 물건위험 또는 경영위험으로 말미암아 손해의 발생에 대하여 공동책임이 있는 경우, 즉 손해의 발생에 책임귀속시킬 수 있는 방식으로 기여하는 경우에는 역시 적용되어야 한다는 것이다. 즉 생산설비나 생산활동 자체 또는 그 결과의 생산물의 위험성은 사용자에게 귀책되어야 하겠지만, 더 나아가 기업의 조직과 노동환경의 조성에 대한 책임도 과실상계 규정에 따라 사용자에 귀책되어야 한다는 것이다. 그러므로 비록 구체적인 손해는 근로자의 행위로 인하여 야기되었더라도 그 손해의 발생이 그러한 경영위험의 발현으로 평가되는 경우에는 사용자는 그 손해의 발생에 기여한 것으로 과실상계의 법리에 따라 피용자의 구상책임은 감경되어야 한다는 것이다. 그리고 분담의 정도와 관련해서, 피용자가 고의인 경우에는 전액구상, 피용자가 중과실인 경우에는 전액구상이 원칙이지만 강화된 경영위험이 있는 경우에는 감경이 가능, 피용자가 경과실인 경우에는 내부적으로 사용자와 피용자가 분담, 피용자가 최경과실인 경우에는 피용자의 완전한 면책의 결과가 인정되고 있다고 한다.[3]

그러므로 피용자가 피해자에게 손해배상을 한 때에는 피용자는 사용자에 대해 판례법리에 따른 내부적 분담부분의 한도에서 구상을 할

---

1 BAG NJW 1995, 210.
2 Bamberger/Roth/Fuchs, §611 Rn. 93. 사실관계 및 상세한 경위에 대해서는 양창수, "독일의 민사실무에서 헌법적 고려," 471 이하 참조.
3 자세한 전거와 함께 Bamberger/Roth/Fuchs, §611 Rn. 94; Hanau/Adomeit, Rn. 705 ("매우 정당하지만, 매우 불명확"); MünchKomm/Wagner, §840 Rn. 18 등 참조.

수 있다. 더 나아가 피용자는 손해배상 의무를 이행하기 이전이더라
도, 사용자에 대한 관계에서 책임제한을 주장할 수 있는 범위에서, 사
용자를 상대로 피해자에 대한 관계에서도 면책을 시켜 줄 것을 청구
할 수 있는 면책청구권Freistellungsanspruch이 있다고 해석된다.[1] 그러
나 이러한 면책청구권은 피용자의 사용자에 대한 내부관계에서만 인정
되는 권리이고, 피해자의 피용자에 대한 손해배상에는 영향이 없다.[2]

III. 프랑스 판례의 동향

1. 판례 변경 이전의 법상황

(1) 프랑스 민법은 제1384조 제5 항에서 사용자책임에 대해 규정하
고 있다. 이에 의하면 "주인 또는 사용자는 자신들의 가사피용인 또는
피용자를 사용한 직무범위에서 이들이 야기한 손해에 대해 책임을 진
다." 이 규정의 특징은 명시적으로 사용자의 면책가능성을 인정하지
않고 있다는 것이다. 사용자책임은 무과실책임이다.[3] 동시에 사용자책
임이 성립하기 위해서는 일반적으로 피용자가 단순히 손해를 야기하였
을 것을 넘어 과책過責; faute 등 일반 불법행위의 요건을 충족할 것이
요구되고 있다.[4]

그러므로 이러한 대위책임적 사용자책임을 인정하는 프랑스 민법
에서는 사용자책임이 성립하면 동시에 피용자의 책임도 병존한다. 전
통적인 학설과 판례에 의하면 그러한 경우 피해자는 사용자나 피용자

---

1 Kötz/Wagner, Rn. 318. 다만 예외적으로 피용자의 손해배상에 대해 책임보험이 존재하는 경
  우에는 그러한 면책청구권은 인정되지 않는다고 해석되고 있다. 보험에 의해 피용자에 대한
  사회적 보호의 필요가 인정되지 않기 때문이다(MünchKomm/Wagner, § 840 Rn. 18).
2 MünchKomm/Wagner, § 840 Rn. 18.
3 van Dam, 452.
4 van Dam, 452; Fabre-Magnan II, 294.

어느 일방을 상대로 청구할 수도 있고, 양자 모두에 대해 청구할 수도 있다.[1] 또한 프랑스 민법은 연대채무를 합의가 있는 경우 또는 법률의 규정이 있는 경우에 한정하므로동법 제1202조, 피용자와 사용자는 우리의 부진정연대채무에 상응하는 전부채무obligation in solidum의 관계에 있게 된다.[2] 그러므로 사용자가 피해자에게 손해를 배상한 경우 피용자에 대한 구상의 문제가 발생하는데, 전통적인 학설과 판례는 사용자가 배상액의 전부를 피용자에 대해 구상할 수 있다는 법리를 고수하고 있었다.[3] 반대로 피용자는 사용자에 대해 면책이나 구상을 청구할 수 없었다.[4] 이는 기본적으로 사용자책임을 피해자의 전보를 위해 자력이 있는 사용자에게 책임을 부담시킨다는 관점에서 설명하는 태도로서, 그 이면에는 사용자책임은 피용자의 이익을 위한 제도는 아니라는 이해가 배경에 있었다고 한다.[5]

(2) 그러나 이러한 상황에서도 점차로 피용자의 부담을 경감하려는 시도가 학설, 판례, 입법 등에서 힘을 얻기 시작하였다고 한다.

(a) 우선 현실적인 배경으로, 실무에서 사용자책임에 기하여 피해자의 손해를 배상한 사용자가 피용자에 대해 구상을 하는 경우는 극히 드물었다고 한다. 이는 한편으로 피용자에게 구상의무를 이행할 만한 충분한 자력이 없는 경우가 많았기 때문이기도 하지만, 다른 한편으로는 사용자가 통상 그러한 위험에 대해 책임보험에 가입했다는 사정에 따른 결과이기도 하다.[6] 그래서 사용자의 구상은 "점점 드물어져서 관습상 폐지되는 상태désuétude에 이를 지경이었다."[7] 게다가 이러한 현상은 보험법의 규정에 의해 더욱 촉진되었다. 1930년 7월 13일

---

1 Flour, Aubert et Savaux II, n° 219 (231).
2 Flour, Aubert et Savaux II, n° 219 (231).
3 Viney et Jourdain, n° 811 (1014).
4 Cass. civ. 2ᵉ, 28. oct. 1987, Bull. civ. II, n° 214.
5 Viney et Jourdain, n° 811 (1014); Fabre-Magnan II, n° 130 (299).
6 Flour, Aubert et Savaux II, n° 219 (231); Fabre-Magnan II, n° 130 (299).
7 Viney et Jourdain, n° 811-1 (1015).

법률 제36조의 표현을 그대로 승계한 보험법전Code des assurances 제 L121-12조의 규정에 의하면 보험자는 보험자대위의 방법으로 손해를 발생시킨 사람에게 구상을 할 수 있지만동조 제1항, 그 상대방이 피용자인 때에는 피용자에게 고의malveillance가 있었던 경우가 아닌 한 구상을 할 수 없다동조 제3항. 그러므로 사용자가 통상 책임보험에 가입하였던 관행을 생각할 때, 피용자는 현실에서는 과실 불법행위에 관한 한 사용자에 대한 내부적 구상관계에서 면책되는 효과를 누리고 있었다고 말할 수 있다.

(b) 더 나아가 피용자에게 유리한 해석을 촉진하는 계기의 하나로서 행정판례의 동향을 들 수 있다. 여기서 프랑스의 국가배상책임과 관련하여 판례가 오랫동안 인정하고 있었던 공무원의 면책법리가 중요한 의미를 가지고 있었다.[1] 이에 의하면 공무원의 과책은 그의 역무상 과책faute de service와 개인적 과책faute personnelle으로 나뉘고, 후자는 다시 직무와 아무런 관련성도 없는 개인적 과책과 직무와 일정한 관련성을 가지는 개인적 과책으로 구분된다. 여기서 프랑스 판례는 공무원은 단순한 역무상 과책의 경우에는 피해자에 대해서 책임을 부담하지 않고 국가만이 배상책임을 지지만, 직무와 관련성이 있는 개인적 과책의 경우에는 국가와 공무원이 함께 책임을 부담하고, 직무와 관련성이 없는 개인적 과책의 경우에 비로소 공무원이 단독으로 피해자에 대해 책임을 부담한다고 하였다. 그런데 판례는 예컨대 형법상의 범죄에 해당하는 행위도 반드시 개인적 과책에 해당하는 것은 아니라고 하는 등 개인적 과책을 매우 엄격하게 인정하고 있어, 대부분의 공무원 불법행위에서는 국가가 단독으로 배상책임을 부담하게 되었다고 한다. 물론 이 경우 공무원은 내부적으로 징계를 받거나 구상을 당할 여지는 있지만, 모든 경우에 그러한 징계나 구상이 있는 것

---

1 아래의 내용에 대해서는 Biller, 108ff.; Galand-Carval, n. 40 참조.

은 아니므로 사실상 많은 경우 면책의 효과를 누리게 될 것이었다.

(c) 또한 노동법에서 사용자에 대한 근로자의 계약책임을 제한하기 시작한 파기원 사회부의 판례도 이러한 맥락에서 중요한 의미를 가진다. 실제로 사용자책임에 따라 사용자가 피해자에게 손해를 배상한 때에는 사용자는 피용자에 대해 고용계약의 채무불이행을 이유로 하는 손해배상의 형태로 구상을 하는 것이 일반적이었기 때문이다. 그런데 파기원 사회부는 1958년에 사용자에 대한 근로자의 계약책임은 근로자에게 고의 또는 그에 상응할 정도의 중과실이 있는 경우에만 인정될 수 있다는 내용으로 판례를 전환하였다.[1] 이러한 새로운 파기원 사회부의 판례는 사용자의 경영위험을 고려하여 피용자의 부담을 경감하고자 하는 판례의 시도였다독일에 대해 본장 II. 2. (2) 참조. 그러므로 이러한 판례에 의하면 피용자의 다수를 구성하던 근로자의 경우에 단순히 경과실만 있었던 때에는, 사용자는 사용자책임을 이유로 구상을 할 수 없다는 결과가 도출될 것이었다.

그러나 이러한 사회부의 판례변경 이후에도 파기원은 사용자책임의 경우 사용자의 피용자에 대한 전액구상을 계속 허용하였다. 지배적인 견해는 변제자대위 규정에 의해 사용자의 구상을 정당화하고 있었다.[2] 프랑스 민법 제1251조 제3 호에 의하면 다른 사람과 함께 또는 다른 사람을 위하여 채무를 부담하는 사람이 채무변제에 이해관계가 있는 때에는 그가 변제를 함으로써 채권자의 채권을 당연히 법정대위한다. 이 규정을 이러한 사안에 적용한다면, 사용자책임이 성립하는 경우 사용자가 피용자와 함께 채무를 부담하고 있고 채무변제에 이해관계가 있다고 볼 수 있기 때문에, 피해자에게 손해를 배상한 사용자는 피해자의 피용자에 대한 손해배상청구권을 대위행사하여 피용자에 대해 구상을 할 수 있다는 논리가 성립할 수 있다. 또한 그러한

---

1 Cass. soc., 27 nov. 1958, Bull. civ. IV, n° 1259; D 1959, 20.
2 Viney et Jourdain, n° 811-1 (1016-1017).

구상의 근거가 변제자대위라면, 피해자의 피용자에 대한 손해배상청구권이 존재하는 한에서는 피용자에게 경과실이 있더라도 사용자는 구상을 할 수 있다는 결론이 자연스럽게 도출된다.[1] 그러나 변제자대위 구성에 의해 사용자의 전액구상을 인정하는 것은 극도로 기교적이며, 실질적으로 사회부 판례의 취지와 조화되기 어렵다는 비판이 강하였다.[2]

(d) 이상의 실무, 입법, 판례 등을 배경으로 하여, 사용자의 전액구상을 인정하는 전통적인 해석은 점차로 비판적 학설의 도전을 받게 되었다. 피용자가 압도적으로 근로자인 현실을 고려할 때, 근로과정을 통제하고 위험예방 조치를 취할 수 있는 사용자가 조직운영의 결과 창출한 위험이 실현되어 발생한 손해비용을 전적으로 피용자에게 전가하는 결과가 부당하다고 인식되었던 것이다.[3] 동시에 국가배상법상 다른 결과를 인정하고 있던 판례와의 균형도 강조되었다.

학설에서는 이러한 비판을 배경으로 사용자책임에서 피용자의 책임을 제한하려는 해석론적인 시도가 행해졌는데, 이는 크게 두 경향으로 분류된다고 한다. 즉 하나의 경향은 일단 피용자의 피해자에 대한 불법행위책임은 인정하면서도 사용자와 피용자의 내부적 구상관계에서 사용자의 구상을 제한하는 해석이다. 여기서는 가령 파기원 사회부의 판례를 관철하여 피용자에게 고의 또는 중과실이 있는 경우에만 사용자의 구상을 인정해야 한다고 하거나, 당사자들의 과책의 정도를 형량하여 구상의 범위를 법원이 조정해야 한다는 주장 등이 제기되었다.[4] 다른 하나의 경향은 국가배상법리와의 유사성을 강조하여 사용자책임의 피용자면책에 관한 법리도 국가배상법리에 맞추어

---

1 이에 대한 예외는 사용자에게 과실이 있어 사용자의 독자적인 불법행위책임이 성립하는 경우에 한정되었다고 한다. Biller, 102 참조.
2 Viney et Jourdain, n° 811-1 (1017); Fabre-Magnan II, n° 130 (306).
3 Viney et Jourdain, n° 811-1 (1015).
4 자세한 내용은 Biller, 110ff. 참조.

수정되어야 한다는 해석이다.[1] 이 해석에 의한다면 피용자의 경과실의 경우에 피해자는 피용자에 대해 손해배상청구권을 취득하지 못하므로 결국 종래 활용되던 변제자대위에 의한 사용자구상이 봉쇄되어 피용자면책의 결과가 달성될 수 있는 것이다.

(3) 이러한 상황에서 판례 변경의 단초를 제시하였던 것은 파기원 상사부의 1993년 10월 12일 판결Rochas 판결이다.[2] 이 사건에서는 다음과 같은 사실관계가 문제되었다. 원고인 향수 회사 로샤스는 경쟁업체인 피고 회사의 특정 지역 지국책임자 및 판매원이 자신의 상표를 도용하고 부정경쟁 행위를 하였음을 이유로, 피고 회사 및 그 피용자들을 상대로 손해배상을 청구하는 소를 제기하였다. 항소심은 원고의 피고 회사에 대한 사용자책임에 기한 손해배상은 인용하였으나, 원고의 피용자들에 대한 불법행위에 기한 손해배상은 기각하였다. 이에 대해 피고 회사는 사용자책임이 인정된다고 하더라도 피용자의 책임은 유지된다는 전통적인 견해를 원용하여 상고하였으나, 파기원 상사부는 다음과 같이 판결하여 상고를 기각하였다.

"항소심은 피용자들의 피고회사의 근로자 지위에 다툼이 없다는 사실을 확인한 다음, 그들은 그들의 사용자가 부여한 임무의 범위(le cadre de la mission) 내에서 행위하였고 그 한계를 일탈하였다는 입증이 없다고 설시하였다. 항소심은 이러한 사실인정과 판단으로부터 가해행위를 실현함에 있어 피용자들에 대해서는 그들의 책임을 발생시킬 어떠한 개인적 과책(faute personnelle)도 발견되지 않았다고 추론하였다. 이러한 사정으로부터 상고는 이유 없다는 결론이 도출된다."

---

1 자세한 내용은 Biller, 115ff. 참조.
2 Cass. com., 12 oct. 1993, Bull. civ. IV, n° 338.

이 상사부 판결은 종래 파기원 민사부 및 형사부의 견해와 충돌한다는 점에서 주목할 만한 것이었다. 이는 사용자책임이 성립하더라도 피용자의 행위가 사용자가 부여한 임무의 범위 내에 머무른 한에서는 피해자에 대한 관계에서 손해배상책임을 부담하지 않는다는 것을 정면으로 판시하고 있기 때문이다. 즉 이 판결에 의하면 피용자는 그들이 임무의 한계를 일탈하여 "개인적 과책"을 저지른 경우에 비로소 피해자에 대한 관계에서 배상의무를 진다는 결과가 된다. 동시에 이 판결은 피고 회사가 원고 회사에 대해 손해를 배상한 경우에 피용자들에 대해 구상을 할 수 없다는 결론도 함축하고 있다고 해야 한다. 그러한 구상을 인정한다면 이 판결이 도입한 피용자면책의 취지는 몰각되기 때문이다.[1]

그러나 Rochas 판결의 선례로서의 가치에 대해서는 강한 의문이 제기되었다. 무엇보다도 민사 불법행위법의 영역의 판례전개에 상사부가 관여하는 경우가 드물었으므로, 이러한 상사부의 판례가 파기원의 입장을 종국적으로 표현하는 것으로 보기는 어렵다고 평가되었기 때문이다.[2] 그래서 이 단계에서는 어느 누구도 이 판결이 이후 심대한 판례 전환을 가져올 것이라고 예상할 수 없었다.[3]

(4) 이러한 사정은 파기원 민사1부의 1995년 10월 30일 판결[4]에서도 마찬가지이다. 여기서는 출산과정의 의료과오로 인하여 신생아가 회복불가능한 뇌손상을 입은 사안에서, 사용자인 병원 및 피용자인 의사들과 산파에 대해 손해배상 청구가 제기되었다. 손해배상을 명한 원심에 대해 피고인 산파가 상고를 하면서 그 이유로서 다음과 같이 주장하였다. 즉 자신은 피용자의 직무범위le cadre de ses fonctions 내에서 행위하

---

1 Viney et Jourdain, n° 811-2 (1018).
2 Viney et Jourdain, n° 811-2 (1018); Flour, Aubert et Savaux II, n° 220 note 1 (232).
3 Terré, Simler et Lequette, n° 838 (812).
4 Cass. civ. 1re, 30 oct. 1995, Bull. civ. I, n° 383.

였기 때문에 오로지 사용자인 병원만이 책임을 부담해야 한다고 주장하였으나 항소심은 이에 판시를 누락하였고, 동시에 자신은 병원에 대한 관계에서 근로적 종속관계에 있었기 때문에 조직상 과실이 있는 사용자만이 책임을 부담해야 하므로 항소심 판결은 불가항력 기타 책임 없는 사유로 인한 채무불이행의 경우 채무자의 면책을 정하는 프랑스 민법 제1147조에 위배하였다는 것이다. 그러나 파기원 민사1부는 다음과 같은 이유로 상고를 기각하였다. 즉 법령은 산파가 직업적 독립성이 있다고 규정하므로 근로계약이 존재하더라도 피고에게는 기술수행상의 상당한 독립성une telle indépendance이 있고, 더 나아가 항소심은 피고가 산모를 보살피는 기회에 개인적 과책des fautes personnelles을 범하였음을 설시하여 사용자인 병원과 함께 손해배상 의무를 부담한다는 결론을 내릴 수 있었으므로 판결은 정당하다는 것이다.

여기서 주목되는 바는 민사1부가 자신에게 "개인적 과책"이 없다고 주장하는 피고의 상고이유에 대해 항소심의 설시가 피고의 "개인적 과책"의 존재를 판시하였으므로 상고이유가 주장하는 판단의 누락은 존재하지 않는다고 밝히고 있는 부분이다. "개인적 과책"이라는 개념이 행정판례 및 상사부의 Rochas 판결에서 피용자가 피해자에 대한 관계에서 대외적으로도 책임을 부담하게 하는 사정을 지시하고 있다는 사실을 유념한다면, 민사1부의 이 판결은 명시적이지는 않더라도 상사부 판결의 새로운 견해를 전제로 하고 있다는 추측을 성립시키기 때문이다. 즉 이 판결은 사용자책임이 성립하는 경우에도 피용자는 "개인적 과책"이 있는 경우에만 피해자에 대해 책임을 부담한다고 하면서, 다만 피용자가 사용자에 대한 관계에서 일정한 독립성을 가지고 있는 경우 특히 자유전문직의 구성원인 경우에는 "개인적 과책"을 좁게 해석하는 것을 경계하는 내용으로 이해할 여지가 있었던 것이다.[1] 실제로 2000년 이후 판례 전개를 전제로 회고해 보면 이러한 이

| 1 Viney et Jourdain, n° 811-3 (1019).

해가 나름 설득력을 가진다는 것을 부정할 수는 없다. 그러나 앞서 인용한 판결 이유에서 잘 나타나는 바와 같이, 이 판결의 표현이 그러한 결론을 명확하게 뒷받침한다고 보기에는 어려움이 있었다. 그러한 모호함 때문에 민사1부의 이 판결 역시 파기원 판례의 전환을 표명하는 것으로 평가될 수는 없었다.[1]

2. 판례의 전환

(1) 파기원은 1993년 상사부 판결에서 주장되었고 1995년 민사1부 판결에서 시사되었던 견해를 2000년 2월 25일 파기원 대법정 판결Costedoat 판결[2]에서 전면적으로 수용하여 판례를 변경하였다.

(a) 이 사건에서는 농지의 소유자가 사용자와 계약을 체결하여 헬리콥터로 농지에 제초제를 살포하기로 하였는데, 피용자그의 이름이 Coste-doat이다인 조종사가 부주의하게도 일기가 불순한 날에 비행을 시도하다가 피해자의 이웃토지에 불시착하게 되었고, 그 결과 피해자의 농작물을 손괴한 사실관계가 문제되었다. 피해자는 사용자와 피용자 모두를 상대로 손해배상을 청구하였으나, 재판진행 도중 사용자에 대해서는 도산절차가 개시해 결국 피용자 자신의 책임만이 중점적으로 고려될 수밖에 없었다. 원심은 피용자에게 불법행위책임이 있음을 이유로 배상을 명하였고, 피용자는 상고하였다. 파기원 대법정은 다음과 같은 이유로 원심을 파기하고 피용자에게 책임이 없음을 명언하였다.

"민법 제1382조 및 제1384조 제5항에 관하여 본다. 사용자가 그에게 부여한 임무의 한계를 일탈하지 않고서(sans exéder les limites de la mission qui lui a été impartie par son commettant) 행위한 피용자는 제3자에 대

---

1 Terré, Simler et Lequette, n° 838 (812); Viney et Jourdain, n° 811-3 (1018) 참조.
2 Ass. plén. Cass., 25. fév. 2000, Bull. ass. plén., n° 2.

해서 책임을 부담하지 않는다. 그런데 원심판결은 피용자의 책임을 인정하기 위해 피용자가 기상학적 조건을 이유로 해당 일자에 유독물질의 살포를 진행하지 않았어야 한다고 하였다. 그러나 이렇게 설시하면서도 사용자가 그에게 부여한 임무의 한계를 피용자가 일탈했다는 점을 적시하지 않음으로써 항소법원은 앞서 언급한 규정들을 위반하였다."

이제 이 새로운 판례에 의하면, 사용자책임이 성립하는 경우 피용자는 일반 불법행위의 요건이 충족되고 있음에도 불구하고 사용자가 부여한 임무한계를 일탈하지 아니하는 한 피해자에 대해 손해배상 의무를 부담하지 않는다. 즉 그러한 경우 사용자와 피용자의 전부채무obli-gation in solidum 관계가 성립하는 것이 아니라, 사용자만이 단독으로 손해배상 의무를 부담하는 것이다. 사건을 검토한 파기원 검사Avocat général의 논고는 이러한 결과를 크게 두 가지 관점에서 정당화한다. 한편으로 사용자책임의 근거에 대한 새로운 이해에서 출발한다. 이에 의하면 사용자책임은 사용자의 영업이라는 관점에서 사용자가 경제활동을 영위함으로써 발생시키는 손해비용을 사용자에게 돌리는 제도로 이해된다. 그렇다면 그 과정에서 발생한 손해는 영업활동을 조직하고 통제할 수 있는 사용자가 부담해야 하며, 그에 편입되어 사용자의 지시에 복종하고 사용자의 이익을 위해 임무의 한계 내에서 행위하는 피용자가 부담해서는 안 된다는 것이다.[1] 다른 한편으로 국가배상법상 확고한 행정판례와의 균형이 고려된다. 비록 역사적인 이유로 국가배상이 행정재판에 의해 다루어지고 있기는 하지만, 서로 비교될 수 있는 사안유형에서 민사판례와 행정판례가 동일한 방법으로 사건을 해결하는 것이 사

---

1 Kessous, JCP 2000, II 10295, 744, 746("그러므로 근로자의 상황은 모순적이다. 자신의 사용자에 대해서는 보호를 받으면서도, 반대로 그는 제3자에 대해서는 일반적인 규정의 적용을 받으며, 이러한 상황은 그를 매우 취약하게 한다. 상사부가 도출한 해법은 타당성이 없지 않다. 자신의 직무 범위 내에서 행위한 피용자는 그가 개인적 과책을 범한 경우에만 제3자에 대해 책임을 부담해야 할 것이다").

법정책상 바람직하다de bonne politique judiciaire는 것이다.[1]

(b) Costedoat 판결은 전통적인 학설·판례와 단절하고 사용자책임에 대한 새로운 이해에 기초해 판례를 전개하고 있다는 점에서 "완전한 전복un complet bouleversement,"[2] "혁신적 방향전환un revirement spectaculaire,"[3] 심지어 "이단적 견해hérésie,"[4] "사법 쿠데타"coup d'État judiciaire[5]라고까지 평가되었다. 종래 유사한 견해를 주장하던 학자들이 기본적으로 이러한 새로운 판례를 환영하였음은 물론이다.[6] 그러나 학계에서는 Costedoat 판결에 대한 비판도 강하게 제기되었다. 물론 이들도 사용자책임의 경우 피용자가 종국적으로 손해비용을 부담하게 되는 전통적 법리에 개선이 필요하다는 점은 인정한다.[7] 그러나 판례가 이를 피용자의 면책을 인정하는 방법으로 해결하는 것에 대해서는 의문을 제기한다. 몇 가지 비판점들을 요약하면 다음과 같다.

첫째, Costedoat 판결에 의하면 피용자는 일반 불법행위의 요건을 충족하였음에도 불구하고 임무의 한계를 일탈하지 않은 한에서는 면책되는데, 이는 전통적 불법행위 법리에 의할 때 이론적으로 설명하기 어려운 예외일 뿐만 아니라,[8] 입법자의 의사에도 역행하는 해석이다.[9] 이로써 사용자책임은 타인의 불법행위에 대한 대위책임으로서

---

1 Kessous, JCP 2000, II 10295, 747.
2 Flour, Aubert et Savaux II, n° 219 (230).
3 Bénabent, n° 585.
4 Durry, "Plaidoyer pour une révision de la jurisprudence Costedoat: une hérésie facile à abjurer," *Ruptures, mouvement et continuité. Autour de Michelle Gobert*, 2004, 549, Viney et Jourdain, n° 812, note 235 (1021)에서 재인용.
5 Billiau, JCP 2000, II 10295, 748 (n° 2).
6 예를 들어 Viney, JCP 2000, I 241, 1245 (n° 19). 그러나 같은 저자는 다른 곳에서는 새 판례를 긍정하면서도, 피용자의 완전한 면책보다는 피용자에게 일종의 '검색의 항변권'을 부여하여 피용자책임을 보충적인 것으로 하는 것이 보다 적절한 해결책일 수 있다는 것을 시사하기도 한다. Viney et Jourdain, n° 812 (1021-1022).
7 Billiau, JCP 2000, II 10295, 749 (n° 4); Brun, D 2000, 674 (n° 8), 675 (n° 13); Flour, Aubert et Savaux II, n° 222 (237).
8 Billiau JCP 2000, II 10295, 748 (n° 1); Brun, D 2000, 674 (n° 9).
9 Billiau JCP 2000, II 10295, 748 (n° 1). 이 저자는 Discours de Tarribe au Corps législatif, séance du 19 pluviôse an XII, Locré, *Législation civile, commerciale et crimi-*

의 성질을 상실하고 사용자의 독자적 경영위험책임으로 변모하는데, 그 결과 새로운 이론적 설명이 필요하게 된다.[1] 더 나아가 새로운 판례는 불법행위를 구성하는 과책이 있음에도 불구하고 면책을 인정함으로써 불법행위법의 예방적 효과라는 측면에서도 바람직하지 않다.[2]

둘째, 새로운 판례는 손해전보라는 관점에서 피해자에게 불리하다.[3] 실무상 피해자는 통상 자력이 있는 사용자에 대해 손해배상을 청구하고, 사용자는 피용자에게 구상을 하지 않는 것이 관행이었으므로 파기원의 새로운 입장이 실무상 가져오는 변화가 크지 않다고 평가할 수도 있다. 그러나 대상판결의 사실관계에서 이미 명백한 바와 같이, 사용자가 도산한 경우 등 피해자가 피용자를 상대로 손해배상을 청구해야 할 경우는 충분히 상정할 수 있다. 그러한 경우 새로운 판례에 따를 때 피해자는 더 이상 피용자에게 청구할 수 없어 불리한 지위에 있게 된다. 피용자를 면책시킴으로써 사용자의 손해비용을 피해자가 부담하게 하는 것은 마찬가지로 부당하지 않겠는가?[4] 새로운 판례는 기업적 사용자가 책임보험을 체결하고 있다는 것을 암묵적으로 전제할 때에 비로소 의미를 가질 것이지만, 이는 필연적이라고 할 수 없다.[5]

셋째, 새로운 판례는 사용자책임을 사용자의 기업 내지 영업 조직의 결과 발생하는 손해비용의 부담이라는 관점에서 파악하고 있다. 이러한 관점은 말하자면 피용자는 일종의 조직의 '부품'으로서 자유의지libre-arbitre가 없음을 전제로 한다. 그런데 우선 모든 피용자가 근로

---

nelle, tome XIII, 58–59를 인용하고 있으며("진정한 가해자는 […] 피용자로서 그 자격이 어떠하든 항상 그 손해를 배상할 의무가 있다"), 그러한 의미에서 파기원 대법정 판결이 입법자의 권한에 개입하였다고 평가하여 위헌의 소지가 있다고 주장한다(748, n° 2).

1 Billiau, JCP 2000, II 10295, 752 (n° 15); Brun, D 2000, 674–675 (n° 11).
2 Brun, D 2000, 676 (n° 16).
3 Flour, Aubert et Savaux II, n° 222 (237).
4 Billiau, JCP 2000, II 10295, 748-9 (n° 3); Brun, D 2000, 674 (n° 10), 675 (n° 15).
5 Billiau, JCP 2000, II 10295, 749 (n° 4).

자인 것은 아니다. 판례의 논리는 피용자가 근로자인 때에 정당화될 수 있을 것인데, 파기원은 그러한 제한을 두지 않고 모든 피용자에 대해 면책법리를 선언하였고, 이는 사회의 다양한 지시종속관계를 도외시하는 결과이다.[1] 마찬가지 논리로 피용자라고 하더라도 그에는 매우 상이한 형태의 종속관계가 자리잡고 있다. 예를 들어 종래 판례에 의하면 의사결정을 내리는 관리직 근로자들도 피용자에 속하는 것으로 인정되고 있다. 또한 피용자가 피용관계에서 상대적으로 자율적 판단을 할 수 있는 사안이나 전문직 자격이 있어 직무수행에 재량이 있는 사안도 있을 수 있다. 임무의 한계를 일탈하지 않았다면 피용자가 "범한 과책의 엄중한 정도나 무엇보다 수행된 직무가 항상 '맹목적이고 수동적인 복종'을 강요하는 것과는 거리가 먼 성질이라는 사실을 고려하지 않고" 면책을 인정하는 것은 부당하다.[2]

(c) 그러나 이러한 비판에도 불구하고 Costedoat 판결은 이후 판결들에 의해 확인되어 이제 판례로서 정착하였다고 말할 수 있다.[3] 그러나 혁신적인 판례법리는 여러 가지 미해결의 법률문제를 제기할 수밖에 없었다. 아래에서는 학설의 논의와 이후 파기원 판결들을 단서로 하여 이들 문제들의 해결이 시도되는 과정을 살펴본다.

(2) Costedoat 판결에 따르면 피용자는 불법행위 요건을 충족하더라도 "사용자가 그에게 부여한 임무의 한계를 일탈하지 않고서 행위"하였다면 면책된다. 그러므로 이 법리의 실제 적용에서는 피용자가 임무의 한계를 일탈하였는지 여부를 판단하는 것이 중심적인 과제가 된다. 1993년의 Rochas 판결은 '임무의 범위', '개인적 과책'이라는 개념을 사용하였고, 2000년의 Costedoat 판결은 '임무의 한계 일탈'이라

---

1 Brun, D 2000, 675 (n° 12).
2 Brun, D 2000, 676 (n° 16). 또한 Delebecque, D 2000, 467; Flour, Aubert et Savaux II, n° 222 (237).
3 Viney et Jourdain, n° 811-4 (1020).

05_ 사용자구상과 피용자면책   221

는 개념을 사용하고 있으나 내용적인 차이가 있는 것은 아니라고 이해되고 있다.[1] 즉 행위자가 임무의 범위를 일탈하여 불법행위를 한 때에는 그에게는 개인적 과책이 있는 것으로 평가되어 더 이상 면책의 효과를 누리지 못하게 되는 것이다.

그런데 여기서 피용자의 '임무의 한계 일탈'이 사용자책임의 요건으로서 사무집행관련성을 배제하는 사정인 '직무남용'abus de fonction과 어떠한 관계에 있는 것인지 문제가 제기된다. 이미 살펴본 바와 같이제4장 III. 3. (3) 참조, 1988년 이후 확립된 판례에 의하면 사용자책임의 요건인 사무집행관련성과 관련하여, 피용자가 사용되는 직무에서 벗어나 행위하였고, 그 행위에 사용자의 동의가 없으며, 그것이 임무와 무관한 목적을 위한 것인 경우에는 피용자의 '직무남용'이 인정되어 사용자는 책임을 부담하지 않는 것으로 해석되고 있다.[2] 여기서 그 내용상의 유사함에 착안하여 사무집행관련성을 부정하는 피용자의 사정인 '직무남용'과 피용자의 면책을 배제하는 사정인 '임무의 한계 일탈'을 동일하게 해석할 수 있는 가능성이 제기되는 것이다. 만일 두 개념을 동일하게 이해한다면 사용자의 책임과 피용자의 책임이 경합하는 경우는 존재하지 않을 것이다. '직무남용'이 있으면 사용자책임은 성립하지 않는 동시에 '임무의 한계 일탈'을 이유로 피용자가 책임을 부담하게 되는 반면, '직무남용'이 없으면 사용자책임은 성립하지만 '임무의 한계 일탈'은 없으므로 피용자는 면책되기 때문이다.

그러나 압도적인 통설은 새로운 판례의 취지에 따를 때 '임무의 한계 일탈'과 '직무남용'은 동일한 의미로 해석할 수는 없다고 파악하고 있다.[3] 이미 살펴본 바와 같이 그러한 해석을 채택할 경우 사용자책

---

1 Fabre-Magnan II, n° 130 (301). Viney et Jourdain, n° 812-1 (1022)도 참조.
2 Viney et Jourdain, n°ˢ 804, 805 (1022-1008) 참조.
3 Billiau, JCP 2000, II 10295, 750 (n° 8); Brun, D 2000, 676 (n° 19); Fabre-Magnan II, n° 131 (308); Flour, Aubert et Savaux II, n° 220 (232-233); Viney et Jourdain, n° 812-2 (1026) 등.

임과 피용자의 개인적 책임은 서로 배타적인 관계에 있게 된다. 그런
데 종래 사용자책임을 배제하는 '직무남용'을 객관적 기준에 따라 엄
격하게 해석하여 사용자책임을 넓게 인정하는 파기원의 판례를 '임무
의 한계 일탈'의 내용에 도입한다면, 피용자가 개인적 책임을 부담하
는 경우는 극히 드물게 될 수밖에 없다. 심지어 이는 피용자가 사용자
의 지시에 정면으로 위반하여 개인적 목적의 중한 비행을 저지른 경
우에도 그러할 수 있는데, 그러한 결과는 받아들이기 어렵다는 것이
다.[1] 또한 판례도 이러한 통설의 전제에 서 있다고 이해되고 있다.
파기원이 확립된 '직무남용' 법리의 존재에도 불구하고 다른 표현을
사용하여 피용자면책 법리를 선언하였다는 점에서 그러할 뿐만 아니
라,[2] 이후 일련의 판결들에서특히 아래에서 살펴볼 Cousin 판결 참조 사용자책
임이 성립하더라도 피용자에게 '개인적 과책'이 있으면 피용자가 책임
을 부담할 수 있다는 내용을 전제함으로써 통설과 같은 견해를 간접
적으로 표명하는 것으로 볼 수 있다고 한다.[3]

그러므로 피용자의 직무남용을 인정하기 어려워 사용자책임이 성립
하는 경우에도 임무의 범위에 머물러 피용자가 면책되는 사안과 임무
의 한계를 일탈하여 피용자가 개인적 책임을 부담하는 사안이 있을 수
있다. 마지막 사안에서는 사용자와 함께 피용자도 손해배상책임을 부
담하므로, 이들은 우리의 부진정연대채무에 상응하는 전부채무관계ob-
ligation in solidum에 있게 된다.[4] 이상의 내용을 도표로 요약한다면 다음
과 같다.[5]

---

1 Fabre-Magnan II, n° 131 (308); Flour, Aubert et Savaux II, n° 220 (233); Viney et
   Jourdain, n° 812-2 (1026).
2 Flour, Aubert et Savaux II, n° 220 (233).
3 Viney et Jourdain, n° 812-2 (1026-1027).
4 Flour, Aubert et Savaux II, n° 221 (233).
5 Billiau, JCP 2000, II 10295, 751 (n° 9); Galand-Carval, n. 41.

사실관계	사용자	피용자
피용자가 사무집행관련성이 있으며 임무의 한계 내에 있는 행위를 한 경우	사용자책임	책임 없음
피용자가 사무집행관련성은 있으나 임무의 한계를 일탈한 행위를 한 경우	사용자책임	일반 불법행위책임
피용자가 사무집행관련성이 없는 행위('직무남용')를 한 경우	책임 없음	일반 불법행위책임

(3) 피용자면책을 결정하는 요건인 '임무의 한계 일탈'에 '직무남용'의 법리를 원용할 수 없다면, 해석에 의하여 그 기준을 탐색할 과제가 학설과 판례에 부여된다. 이에 대해서는 학설에서 여러 견해가 제시되었고, 파기원도 몇 차례 이 문제에 대해 판시할 기회가 있었지만, 아직 만족스러운 상태에 도달하였다고 평가하기는 어렵다고 보인다.

(a) 새로운 판례에 직면하여 학설에서는 '임무의 한계 일탈'의 판단과 관련하여 두 가지의 기준을 생각할 수 있다고 지적되고 있었다.[1] ① 피용자의 불법행위와 피용자에게 부여된 임무의 실질적 관련성lien effectif에 따라 판단하는 견해[2]와 ② 피용자 불법행위에서 과책의 엄중한 정도gravité de la faute를 기준으로 하는 견해[3]가 그것이다. 물론 이들 견해가 반드시 상호 배타적인 것은 아니므로, 중첩적으로 적용할 여지는 존재한다.

이 문제에 대한 파기원의 중요한 입장표명은 2001년 12월 14일 대

---

1 전거와 함께 Flour, Aubert et Savaux II, n° 221 (235); Viney et Jourdain, n° 812-1 (1022-1023) 등 참조.
2 예를 들어 평석 중에서 Viney, JCP 2000, I 241, 1245(n° 18)가 그러한 입장으로, 사용자책임의 취지와 및 '임무의 한계 일탈'이라는 대법정 판결의 표현을 주된 근거로 하고 있었다.
3 예를 들어 평석 중에서 Brun, D 2000, 677 (n° 22)이 그러한 입장으로, 임무와 불법행위의 관련성을 기준으로 할 경우 발생할 판단의 불확실성을 생각할 때 명료한 해결을 위해 과책의 중한 정도를 기준으로 하는 것이 타당하고 하면서 피용자 보호는 사용자의 구상을 제한함으로써 달성할 수 있다고 주장하였다.

법정 판결Cousin 판결1이다. 이 사건에서 회사의 회계원인 피고그의 이름이 Cousin이었다는 사용자의 지시에 따라 회사가 보조금을 수령하도록 허위의 계약서를 작성하여 제출하였고, 그 결과 피용자는 문서위조 및 그 행사, 사기를 이유로 유죄판결을 받았다. 그의 불법행위로 손해를 입은 사회보장분담금 추심회사나 노동총동맹 조직이 손해배상을 청구하자 항소심은 이를 인용하였고, 이에 대해 피고는 새로운 판례를 원용하여 자신은 임무의 범위를 일탈하지 않았으므로 면책되어야 한다고 상고하였다. 파기원 대법정은 다음과 같은 이유로 상고를 기각하고 원심을 확정하였다.

> "비록 사용자의 지시에 의한 것이더라도 제3자에게 손해를 가하는 범죄행위(infraction)를 고의로 범하였음을 이유로 형사상 유죄판결을 받은(condamné pénalement) 피용자는 그 제3자에 대하여 민사책임을 부담한다. 그러므로 피고의 범죄행위의 내용을 적시함으로써 항소심은 판결에 법적으로 정당한 이유를 제시한 것이다."

이 판결은 '임무의 한계 일탈'에 대한 일반론을 표명하지는 않고 있으므로, 파기원이 이 문제에 대해 어떠한 포괄적인 해결을 제시하고 있다고는 말하기는 어려울 것이다. 그러나 적어도 형사상 유죄판결을 받은 고의의 범죄행위infraction intentionelle의 경우에는 비록 사용자의 지시에 따른 것이더라도 피용자가 피해자에게 책임을 부담한다는 결과를 시인함으로써, 적어도 '임무의 한계 일탈'을 판단할 때에 피용자 과책의 중한 정도를 고려하는 견해②를 판단기준으로 채택하였거나 적어도 판단기준의 하나로 고려하고 있다는 사실은 분명하다고 보인

---

1 Ass. plén. Cass., 14. déc. 2001, Bull. ass. plén., n° 17. 이 판결은 2000년 2월 25일의 판례변경 이후에 고의의 범죄행위로 유죄판결을 받은 피용자에 대해서도 임무의 한계를 일탈하지 않았음을 이유로 면책을 인정한 형사부 판결(Cass. crim., 23 jan. 2001, Bull. crim. 2001, n° 21)에 대한 정정으로 이해된다.

다. 이 사건에서 사용자의 지시를 수행한 피용자로서는 임무의 한계 내에 머물러 있었다고 볼 여지가 있음에도 그의 행위가 유죄선고를 받은 범죄행위라는 이유로 면책이 부정되었기 때문이다.

이 사건을 검토한 파기원 검사는 임무와 불법행위의 관련성을 기준으로 하는 견해①에 따라 당해 사건에서 사용자가 지시한 업무를 피용자가 수행한 이상 피용자의 면책을 인정할 것을 주장하였다고 한다.[1] 이러한 견해를 채택하게 되면 피용자는 형사적으로는 책임을 부담하지만 민사적으로는 책임을 부담하지 않는다는 결과가 발생한다. 그런데 이는 프랑스의 통설과 판례가 오랫동안 유지하고 있는 도그마인 형사과책과 민사과책의 단일성형사책임과 민사책임의 관계와 관련하여 형사과책이 인정되면 필연적으로 민사과책도 인정된다는 법리2과 충돌하는 것으로 나타난다. 파기원 대법정은 파기원 검사의 견해를 따르지 않음으로써 그러한 귀결을 회피하고자 하였던 것으로 보인다.[3] 그러한 선택의 결과 파기원은 '임무의 한계 일탈'을 판단하는 과정에서 피용자의 과책의 정도를 고려하는 기준을 채택하게 되었다.

그런데 피용자가 사용자의 지시에 따라 임무를 수행하는 과정에서 고의의 범죄행위를 범하였음을 이유로 면책이 부정되는 결과가 Cos-tedoat 판결이 명료하게 선언한 '임무의 한계 일탈'이라는 일반론과 조화될 수 있는지 의문은 남는다. 피용자가 사용자의 지시에 따라 임무를 수행하였음에도 그의 범죄행위를 이유로 임무의 한계를 일탈하였다고 평가하는 것은 논리적으로는 무리한 설명일 수 있기 때문이다. 그러한 의미에서 Cousin 판결이 Costedoat 판결과 조화되기 어렵다고 주장하면서 판례를 재변경하기 위한 단초로서 평가하는 견해도 있다.[4] 즉 두 대법정 판결을 양립시킬 경우 피용자는 그의 과책의 엄중

---

1 Billiau, JCP 2002, II 10026, 345 (n° 1) 참조.
2 이에 대해서는 우선 제2장 III. 2. (1) 및 Bell, Boyron and Whittaker, 369 sqq. 참조.
3 Julien, D 2002, 1231 (n° 2).
4 Billiau, JCP 2002, II 10026, 347 (n° 5: "양립불가능"); Julien, D 2002, 1232-1233 (n°ˢ 6, 7).

한 정도에 따라 피해자에 대해 책임을 부담하는지 여부가 결정되는데, 이는 과책의 엄중한 정도를 묻지 않고 민사책임을 인정하는 불법행위법의 대원칙에 위배되므로 지지하기 어려우며, 그 결과 Costedoat 판결은 폐기되어야 한다는 것이다. 그러나 주류의 견해는 두 대법정 판결이 모순된다고 이해하지는 않는 것으로 보인다. 예를 들어 Cousin 판결이 Costedoat 판결과 배치된다기보다는 그것과 독립한 별개의 면책배제사유즉 임무의 한계 내에 있더라도 피용자가 고의의 범죄행위를 한 때에는 책임을 부담한다는 법리를 도입한 것으로 이해하는 견해도 있다.[1] 비슷한 의미에서 Cousin 판결의 표현이 다른 기준들을 반드시 배제하는 것으로 볼 수는 없으므로, 파기원이 이후 다른 기준에 따라 '임무의 한계 일탈'을 인정하는 것도 가능할 것이라는 지적도 있다. 피해자의 이익을 고려한다면, 고의의 범죄행위가 있었던 경우 이외에도, 예를 들어 피용자가 사용자의 지시에 정면으로 위반하여 불법행위를 한 경우나 사용자의 이익과 무관하게 사적인 동기로 불법행위를 한 경우에는 임무의 한계를 일탈한 것으로 보아 면책을 부정해야 한다는 것이다.[2]

(b) 그런데 Cousin 판결은 그 불명확한 표현 때문에 여러 가지 추가적인 의문을 발생시킨다.

우선 피고인 피용자가 고의의 범죄행위로 손해를 야기하기는 하였지만 형사적으로 소추되지 않는 등 유죄판결을 받지 않은 경우에는 피용자에게 면책을 인정할 수 있는가? 파기원 형사부는 "제3자에 대하여 손해를 야기하는 범죄행위를 고의로 범한 피용자는, 범죄의 모든 요건이 성립하였음을 선언한 형사법원juridiction répressive이 오로지 민사상 청구에만 관여하고 있음을 이유로 피용자에 대해 형사상 유죄

---

1 Mazeaud, D 2002, 1318("하나의 새로운 법리를 선언하는 보충적 판결").
2 Viney, JCP 2002, I 124, 605 (n° 23); Viney et Jourdain, n° 812-1 (1024). Flour, Aubert et Savaux II, n° 221 (236)도 비슷한 취지로, 피용자면책의 근거를 사용자에 대한 종속에서 찾는다면 피용자가 개인적인 이익을 추구하여 사용자의 이익을 도외시하는 불법행위를 한 때에는 면책을 인정할 수 없을 것이라고 한다.

선고를 하지 않은 경우에도, 그 제3자에 대하여 민사상 책임이 있다"[1]고 하여 면책을 부정한다. 즉 법원이 고의의 범죄행위의 성립을 인정한 이상 피용자는 피해자에 대해 손해배상책임을 부담하며, 실제로 유죄판결이 선고되었는지 여부는 중요하지 않다는 것이다.[2]

그렇다면 형사적으로 처벌되는 비고의범非故意犯; infraction non inten-tionelle[3]의 경우에, 피용자가 고의가 없는 불법행위로 유죄판결을 받은 때에도 피용자면책은 인정될 수 있는가? 파기원 판례의 표현을 그대로 적용한다면 고의가 아닌 과실의 범죄행위에 의해 손해가 발생한 것이라면 반대해석으로 피용자의 면책은 그대로 인정되어야 할 것으로도 보이지만,[4] 반대로 파기원 판례를 유추하여 형사상 범죄를 구성

---

1 Cass. crim., 7 avril 2004, Bull. crim. 2004, n° 94. 또한 파기원 민사2부의 Cass. civ. 2ᵉ, 21 sept. 2004, Bull. civ. II, n° 402도 같은 취지이다. 프랑스법에서 범죄의 피해자는 민사상 당사자(partie civile)로서 형사절차를 개시할 수 있고(이 경우에는 예심판사가 증거를 조사하여 공소제기를 검토한다), 또한 형사절차에서 가해자에 대해 민사상 손해배상을 청구할 수도 있다(제4장 145면 주 3 참조). 인용된 형사부 판결에서도 피해자인 법인이 민사상 당사자로서 형사절차에서 손해배상을 청구한 사건이 문제되었다.

2 이러한 판례에 의해 피용자가 형사상 유죄판결을 받아야 한다는 Cousin 판결의 일반론은 포기되었다고 볼 수 있다. Billiau, JCP 2002, II 10026, 346 (n° 4) 참조("無로 귀착").

3 프랑스 형법에서도 원칙적으로 고의가 없으면 범죄가 성립하지 많지만(동법 제121-3조 제1항), 예외적으로 법률이 정하는 경우 비고의범도 처벌하고 있다. 즉 경솔(imprudence), 부주의(négligence) 또는 법률이나 명령이 예정하는 주의의무 내지 안전의무(obligation de pru-dence ou de sécurité)의 불이행이 있는 경우에, 행위자가 그의 임무·직무·관할의 성질 및 그가 가지는 권한 및 수단을 고려할 때 통상 요구되는 주의를 이행하지 아니하였다는 사실이 증명되는 때에는, 법률의 정함에 따라 비고의범이 성립할 수 있다(동조 제3항 참조). 이 규정은 경솔·부주의·주의의무 불이행으로 직접적인 가해가 있는 경우에 적용된다. 반면 행위자가 자연인으로서 경솔 등으로 간접적인 가해를 한 경우 즉 "손해를 실현하도록 하는 상황을 창출 내지 그에 기여하였거나 이를 회피하기 위한 조치를 취하지 아니한 경우"에는, 명백히 단호한 방법(façon manifestement délibérée)으로 법률이나 명령이 예정하는 특별한 주의의무 내지 안전의무(obligation particulière de prudence ou de sécurité)를 위반하였거나 또는 자신이 알 수 있었던 특히 중대한 위험에 타인을 노출시킨 가중된 과책(faute car-actérisée)이 있는 때에 비고의범이 성립한다(동조 제4항 참조). 이 제4항에 따른 비고의범이 아래에 살펴볼 2006년 3월 29일 파기원 형사부 판결(229면 주 5)에서 문제되었다. 프랑스 학자들은 제4항의 경우 행위자에게 미필적 고의(dol éventuel)가 있는 것으로 이해하지만, 이는 프랑스 형법이 전제하는 고의(dol)에는 해당하지 않으므로 비고의범에 해당한다. Fabre-Magnan II, n° 130 (303); Bell, Boyron and Whittaker, 221 sq. 참조.

4 Flour, Aubert et Savaux II, n° 221 (236); Terré, Simler et Lequette, n° 842 (816) 등 참조. 실제로 리용 항소법원이 이러한 입장을 채택한 바 있었다. CA Lyon 19. janv. 2006,

하는 이상 피용자의 면책은 부정되어야 한다는 결론도 불가능한 것은 아니므로, 판례의 입장을 추측하기 쉽지 않았다.[1] 이에 대해 2005년 파기원 형사부가 비고의범에 해당한다는 이유로 면책을 주장하는 피고의 주장을 판단하지 아니한 항소심 판결을 파기한 경우도 있었다.[2] 그러나 이는 어쨌든 절차법상 판단유탈을 이유로 한 파기이므로 판례가 입장을 표명하였다고 보기는 어려웠다.[3] 2006년에 비로소 파기원 형사부는 명시적으로 비고의범으로 유죄판결을 받은 피용자가 피해자에 대해 책임을 부담한다고 판시함으로써 견해를 분명히 하였다. 이 사건에서는 공사장에서 안전배려의무를 부담하고 있는 피용자가 이를 위반하여 과실치사·과실치상에 해당하는 범죄가 성립한 사안이 문제되었는데노동법전 제L263-2조, 1965년 1월 8일의 데크레 제65-48호 제5조 내지 제12조, 형법 제221-6조, 제222-19조 참조; 이 경우 안전배려의무의 위임에 따라 사용자가 아니라 위임을 받아 의무를 행사하는 피용자가 형사책임을 부담한다고 한다,[4] 파기원 형사부는 "권한을 위임받은 피용자는 형법 제121-3조가 정하는 바에 따른 과책 있는 행위자로서 직무의 수행과정에서 범한 범죄행위의 피해자에 대하여 민사적 책임을 부담한다"고 판시하였던 것이다.[5] 이러한 형사부 판례에 따른다면 Cousin 판결이 고의의 범죄행위를 요구한 부분은 포기

D 2006, 1516.

1 Billiau, JCP 2002, II 10026, 346 (n° 3) 참조.

2 Cass. crim., 28 juin. 2005, inédit, pourvoi n° 04-84281.

3 Paulin, D 2006, 1517 (n° 3).

4 Viney et Jourdain, n° 812-1 (1025).

5 Cass. crim., 29. mars 2006, Bull. crim., n° 91(같은 취지로 Cass. crim., 13 mars 2007, inédit, pourvoi n° 06-85422 등 참조). 이 판결에 대해서는 비고의범에 대해서도 면책을 부정하면 Costedoat 판결은 상당부분 잠탈될 것이라는 우려도 제기된다(Flour, Aubert et Savaux II, n° 221 (236); Mouly, JCP 2006, II 10188, 2176 참조). 그러나 비고의범의 경우에도 당해 법률들이 요구하는 피용자의 주관적 요건이 미필적 고의 내지 중과실에 상당하는 중한 것이어서 타당하다고 보는 견해도 있으며(Fabre-Magnan II, n° 130, (304); 228면 주 3 참조), 또한 피용자면책의 근거가 경영위험을 사용자에게 지우는 것임을 생각할 때 피용자의 범죄행위로 발생한 비정상적인 위험의 경우 ─ 사용자가 사용자책임을 지는 것은 별론으로 하더라도 ─ 피용자가 사용자에 대한 관계에서 반드시 면책될 근거는 없다는 이유로 이 판결을 지지하는 견해도 있다(Mouly, JCP 2006, II 10188, 2176; Jourdain, RTD civ. 2007, 137).

되었다 보이고, 그에 따라 형사상 범죄의 요건을 충족하면 피용자면
책은 배제되는 것으로 해석된다.[1]

(c) 이상의 서술에서 알 수 있는 바와 같이, Cousin 판결 이후 파기
원의 판례는 피용자가 형사상 범죄행위를 한 경우를 중심으로 전개되
었다. 그 결과 예를 들어 피용자가 형사구성요건에 해당하지는 아니
하는 고의의 가해행위를 한 때에도 면책이 인정될 수 있을 것인지의
문제에 대해서는 이를 정면으로 다루고 있는 판례는 없는 것으로 보
인다. 그러나 학설에서는 이상의 판례를 바탕으로 일반적으로 피용자
가 고의의 불법행위로 손해를 야기한 때에는 피해자에 대해 면책을
주장할 수 없다고 설명하는 견해가 유력하고,[2] 파기원 판결도 일반론
으로 그러한 설시를 하는 것이 있다본장 230면 주 1 참조. 또한 고의에 상응
할 정도의 중과실의 경우에도 마찬가지라고 한다.[3]

(4) 판례에 의하면 임무의 한계를 일탈하지 아니한 피용자는 피해
자에 대한 관계에서 손해배상 의무를 부담하지 않는다. 즉 그러한 경
우 사용자만이 사용자책임에 기하여 피해자에 대해 손해배상책임을
진다. 그런데 사용자가 피해자에게 손해를 배상한 다음 피용자에 대
해 구상하는 것은 가능하겠는가? 즉 피용자의 면책은 피해자에 대한
관계에서만 인정되는가 아니면 사용자에 대한 관계에서도 인정되는
가? 이에 대해서는 일치하여 피용자는 사용자에 대해서도 면책된다고
해석되고 있다. 무엇보다도 새로운 판례의 취지는 피용자가 임무의
한계 내에서 행위한 한에서는 손해비용을 사용자가 부담하도록 하는
것이다. 그러므로 그러한 구상을 인정하는 것은 판례의 취지를 몰각

---

1 예를 들어 이후 민사2부의 Cass civ. 2e, 20 dec. 2007, Bull. civ. II, n° 274는 피용자면책
이 부정되는 예외사유를 손해가 "형사범죄나 고의의 과책으로부터"(d'une infraction pénale
ou d'une faute intentionnelle) 발생한 경우로 표현하고 있다.
2 Fabre-Magnan II, n° 130 (302); Flour, Aubert et Savaux II, n° 221 (236); Viney et
Jourdain, n° 812-1 (1024-1025).
3 Flour, Aubert et Savaux, n° 221 (236); Viney et Jourdain, n° 812-1 (1025-1026).

시키는 결과를 가져와 허용할 수 없을 것이다.[1]

반면 피용자가 임무의 한계를 일탈하여 피해자에 대해 책임을 부담하는 경우에는 사용자와 피용자는 부진정연대채무에 상응하는 전부채무obligation in solidum 관계에 있게 되므로본장 III. 2. (2) 참조 피해자에게 손해배상을 한 사용자가 피용자에 대해 구상을 할 수 있을 것이다. 그러한 경우에는 사용자는 피해자의 손해배상청구권을 변제자대위하여 구상을 한다는 종래 판례의 구성을 사용할 수 있을 것이다. 여기서 사용자가 피용자에 대하여 어느 범위에서 구상을 할 수 있을 것인지의 문제가 제기되는데, 이에 대해 명확히 판단하는 판례는 보이지 않는다. 학설에서는 피용자의 과책의 정도에 따라 사용자와 피용자가 손해를 분담해야 한다는 견해가 주장되고 있다.[2] 예를 들어 피용자가 사용자의 지시를 무시하고 전적으로 자신의 이익을 추구하는 불법행위를 한 때에는 사용자가 피용자에 대해 전액구상을 할 수 있어야 하겠지만, Cousin 판결의 사안에서와 같이 피용자가 사용자의 지시에 따라 사용자의 이익을 위해 범죄행위를 수행한 결과 책임을 부담하게 되었다면 사용자의 전액구상은 부당하다는 것이다. 그러한 경우에 사용자의 구상은 부분구상일 수밖에 없다고 한다. 그리고 만일 피해자가 피용자를 상대로 손해배상을 청구하여 피용자가 이를 변제하였다면, 피용자 역시 사용자에 대해 그의 분담부분에 대해 부분구상을 할 수 있다고 한다.

(5) Costedoat 판결이 임무의 한계를 일탈하지 아니한 피용자에게 피해자에 대한 관계에서 면책을 인정하는 이유는, 이미 앞서 살펴보았지만본장 III. 2. (1) 참조, 피용자는 사용자의 조직과 통제에 따라 사용자의 경제활동의 부분으로 작용하므로 피용자가 직무상 야기한 손해비

---

1 Billiau, JCP 2000, II 10295, 751 (n° 10); Delebecque, D 2000, 467; Terré, Simler et Lequette, n° 844 (816) 등 참조.
2 Viney et Jourdain, n° 812-3 (1028). Terré, Simler et Lequette, n° 844 (816-817)도 대체로 비슷한 취지이다.

용은 사용자가 영업상 위험으로 감수해야 한다는 것이다. 그러므로 이러한 전제는 피용자가 사용자에 종속되어 그의 조직과 통제에 따르는 방식으로 활동하는 것이 아니라 독자적인 지식과 기술에 기초하여 독립적으로 노무를 제공하는 경우에는 잘 들어맞지 않는다. 그러므로 그러한 독립적인 피용자의 경우에는 Costedoat 판결의 취지가 적용될 수 없어 피해자에 대한 관계에서 손해배상책임을 부담해야 한다는 주장이 제기될 수 있다. 파기원 민사1부의 1995년 10월 30일 판결본장 III. 1. (4) 참조이 그러한 내용으로 파악될 수 있는 여지가 있다는 것은 이미 앞서 살펴본 바 있다.

(a) 파기원 민사1부는 2002년 일련의 판결들에 의하여 그러한 방향으로 나아가기 시작하였다. 2002년 4월 9일 판결에서는, 사용자 병원의 마취의로 고용되어 있는 피용자의 의료과실로 손해를 입은 피해자가 사용자 및 그의 보험자에 대해 손해배상을 청구하자, 사용자는 피용자에 대해 손해배상과 관련한 면책청구"garantir […] de toute les condamnations"를 제기하였고, 피용자는 이에 대해 Costedoat 판결을 원용한 사실관계가 문제되었다. 이에 대해 민사1부는, 사용자는 피해자에 대해 사용자책임이 아니라 계약상 책임을 부담하는 것이고, 반면 피용자는 피해자에 대해 불법행위책임을 부담하므로 피용자의 면책은 인정되지 않는다고 하여 피용자의 주장을 받아들이지 않았다.[1] 이 판결을 어떻게 이해할 것인지에 대해서는 논란이 있을 수 있다. 관점에 따라서는 판결의 표현을 충실히 받아들여 사용자가 계약책임을 지는 맥락에서는 피용자면책에 관한 Costedoat 판결의 법리는 적용되지 않는다는 내용으로 이해할 수도 있을 것이다. 그러나 이에 대해서는 사용자가 계약책임을 지는지 아니면 사용자책임을 지는지 여부에 따라 구별할 합리적인 이유가 없다는 비판과 함께,[2] 2002년 4월 9일 판결의 설

---

1 Cass. civ. 1re, 9 avril 2002, Bull. civ. I, n° 114.
2 Viney, JCP 2002, I 186, 2169 (n° 21).

명은 곧 살펴볼 2002년 11월 13일 판결의 이유제시에 의해 포기되었다고 이해하는 분석도 있다.[1] 단정하기는 어려우나, 이후의 판례전개를 살펴볼 때 후자의 관점이 보다 설득력을 가지는 것으로 보인다.

  2002년 11월 13일 판결에서도 유사한 사안이 문제되었다. 피용자인 의사의 의료과실로 사망한 피해자의 근친들이 사용자에 대해 손해배상을 청구하자, 사용자가 피용자의 보험자에 대해 손해배상에 대한 면책청구를 제기하였고, 피용자는 Costedoat 판결을 원용하였다. 원심은 Costedoat 판결의 법리를 충실하게 적용하여 피용자는 사용자에 대한 구상관계에서도 면책의 이익을 받는다고 하였으나, 파기원 민사1부는 피용자가 피해자에 대한 관계에서 책임을 부담하는 것을 전제로 사용자에 대한 관계에서도 구상의무가 있음을 인정하여 원심을 파기하였다.[2] 피용자인 의사의 직무수행 결과로 사용자가 책임을 부담하더라도 이는 사용자의 피용자에 대한 구상에 장애가 되지 아니하는데, 이는 "의사가 비록 피용자이더라도 자신의 의술을 수행함에 있어서 누리는 불가침의 직업적 독립성independance professionelle intangible을 이유로" 그러하다는 것이다.

  이러한 민사1부의 판례는, 단순히 피용자가 의사인 경우에 국한되지 않고 오히려 피용자가 사용자의 조직과 통제에 따라 직무를 수행하는 것이 아니라 직업적 독립성을 가지고 활동하고 노무제공을 하는 경우에는, Costedoat 판결에 따른 면책은 인정될 여지가 없다는 의미로 이해된다.[3] 파기원 민사1부는 바로 이어서 보험모집 수탁자의 불

---

1 Viney, JCP 2003, I 154, 1408 (n° 51) note 80; Viney et Jourdain, n° 812-4 (1028). Terré, Simler et Lequette, n° 840 (814)도 참조.
2 Cass. civ. 1re, 13 nov. 2002, Bull. civ. I, n° 263.
3 Billiau, JCP 2003, II 10096, 1105 (n° 8). 여기서 기준이 되는 직업적 독립성의 의미에 대해서는 논란이 있을 수 있으나, 계약 및 법령의 해석상 사용자가 피용자에 대해 구체적 업무수행에 관해 지시할 권한이 없는 지위를 말한다고 해석된다. 이를 사실상의 독립성으로 이해하면 상당한 수의 피용자들이 이에 해당하여 Costedoat 판결의 법리는 현저하게 잠탈될 우려가 있다. 이에 대해서는 Hontebeyrie, D 2004, 84 참조.

법행위가 있는 경우 민법상 사용자책임에 준하여 위탁자인 보험업자에게 배상책임을 명하는 보험법전 제L511-1조우리 보험업법 제102조 참조가 적용되는 사건에서, 보험회사의 보험설계사agent général de assurance에 대해서도 면책을 부정하고 보험업자의 구상을 전부 인정함으로써 이러한 입장을 명확히 하였다.[1] 이러한 일련의 민사1부의 판결들은 피용자면책의 근거로 노무제공의 종속성을 요구함으로써 Costedoat 판결에 따라 피용자가 면책되는 범위를 좁히려 했던 시도로 평가된다.[2]

(b) 그러나 이러한 판례에 대해서는 학설에서 비판이 제기되었다. 이는 피용자인 의사의 실질적인 직무수행에 주목한다.[3] 비록 의사인 피용자가 그 의술의 수행에서 독립성을 가진다고 하더라도 피용자로서 활동하는 이상 사용자가 부여하는 물질적 조건의 제약예를 들어 부족한 인력, 과중한 업무, 불충분한 병원조직 등을 받을 수밖에 없다는 것이다. 즉 피용자인 의사는 사용자가 지정한 과제를 사용자가 제공한 수단으로 처리해야 하는데, 이 점에서 다른 피용자와 구별하기는 어려우며, 따라서 직무수행의 독립성을 이유로 면책을 부정하는 것은 설득력이 없다고 한다.

이러한 비판에 직면하여 파기원 민사1부는 2004년 11월 9일에 선고한 두 판결에서 피용자인 의사 및 산파에 대해서도 Costedoat 판결에 따른 면책을 다시 인정함으로써 판례를 변경하였다. 하나의 판결에서는 의료과실의 피해자가 사용자인 병원과 피용자인 의사를 상대로 손해배상을 청구한 사건이, 다른 판결에서는 의료과실의 피해자가 사용자인 병원, 그 보험자, 피용자인 의사, 피용자인 산파를 상대로

---

1 Cass. civ. 1re, 10 déc. 2002, Bull. civ. I, n° 299. 판결문은 프랑스 민법 제1384조를 지시하는 보험법전 제511-1조가 보험설계사의 고객이 손해배상을 받도록 보장하는 목적만을 추구한다는 이유로 보험설계사의 대외적 책임 및 사용자에 대한 구상의무를 정당화한다. 사건을 검토한 파기원 검사는 한편으로는 보험설계사가 상당한 독립성을 가지고 활동할 수 있어 피용자로 보기 어렵다는 점을, 다른 한편으로는 보험설계사는 피용자는 아니며 보험법전의 규정은 사용자책임을 확인하는 것이 아니라 고객의 보호를 위해 보험업자의 배상책임이라는 법률효과를 예외적으로 부여하는 것이라는 점을 지적한다. Sainte-Rose, D 2003, 511.

2 Flour, Aubert et Savaux II, n° 221 (235).

3 Viney, JCP 2003, I 154, 1409 (n° 51).

손해배상을 청구한 사건이 문제되었다. 두 사건의 원심은 민사1부의 새로운 판례에 따라 피고들 모두에 대해 손해배상을 명하는 판결을 하였으나, 파기원은 "민영 의료기관이 부여한 임무의 한계를 일탈하지 않고 행위한 근로자인 의사는 환자에 대하여 책임을 부담하지 아니한다"[1]라거나 "민영 의료기관이 부여한 임무의 한계를 일탈하지 않고 행위한 근로자인 산파는 환자에 대하여 책임을 부담하지 아니한다"[2]고 하여 근로자인 의사 및 산파의 피해자에 대한 책임을 부정하였다. 이는 표현에 있어 그대로 Costedoat 판결에 따른 것으로 직업상 독립성에도 불구하고 의사 및 산파에 대해서는 피용자면책의 법리가 적용된다는 것을 선언한 것으로 볼 수 있다. 이러한 판례는 Costedoat 판결의 원칙으로서의 지위를 강화하였다고 평가된다.[3] 이후 파기원 민사2부는 럭비 경기의 심판인 피용자가 주의의무를 위반한 경기 진행으로 경기 중이던 선수의 부상을 야기한 사건에서 피해자에 대하여 직접 손해배상을 명한 원심을 Costedoat 판결을 원용해 파기함으로써 직업수행의 독립성에 따른 면책이 인정되지 않는다는 민사1부의 판례를 확인하였다.[4]

(c) 그런데 이러한 판례의 변경은 두 가지 의문을 수반한다.

첫 번째는 사용자가 계약책임을 지는 경우에 피용자인 의사의 불법행위책임을 긍정했던 민사1부의 2002년 4월 9일 판결의 법리는 여전히 유지되는 것인지 여부이다. 이 판결의 이유제시가 의사의 직업적 독립성을 근거로 하였던 2002년 11월 13일 판결의 이유제시에 따라 이후 포기되었다고 보는 관점을 채택하지 않는다면본장 233면 주 1 참조, 사용자의 책임근거가 계약인 경우에는 2002년 4월 9일 판결이 선례로서 존속하여 의사의 면책이 부정되어야 한다고 이해할 여지가 없지

---

1 Cass. civ. 1re, 9 nov. 2004, Bull. civ. I, n° 262.
2 Cass. civ. 1re, 9 nov. 2004, Bull. civ. I, n° 260.
3 Porchy-Simon, JCP 2005, II 10020, 331 (n°s 7, 8).
4 Cass. civ. 2^{e}, 5 oct. 2006, Bull. civ. II, n° 257.

는 않다. 그러나 이제 2004년 11월 9일 판결에 따라 변경된 판례에 의해 2002년 4월 9일 판결의 법리는 유지되기 어렵다고 평가하는 것이 학설의 경향으로 보인다.[1]

두 번째는 민사1부의 변경된 판례에 따를 때 Costedoat 판결에 따른 피용자면책의 법리가 보험설계사에 대해서도 적용되어야 할 것인지 여부이다. 종래 판례가 보험설계사를 피용자로 보면서도 그 직업적 독립성을 이유로 면책을 부정하였던 것이라면 민사1부의 새로운 판례는 보험설계사에 대해서도 적용된다고 볼 여지도 있다. 그러나 종래 판례가 보험업자의 책임은 본질상 사용자책임이 아니지만 고객의 보호를 목적으로 사용자책임의 법률효과를 준용하는 것에 불과하다고 이해하였다면 민사1부의 판례 변경은 이에 영향이 없어야 한다고 볼 수도 있다.[2] 그러나 판결의 명시적인 이유제시는 후자에 따른 것이므로 보험설계사에 관한 판례는 유지되고 있다고 생각된다. 직업적 독립성을 이유로 면책을 부정하던 종래 민사1부 판례에 비판적이었던 견해도 보험설계사의 경우에는 그 업무의 성격상 피용자로 볼 수 없으며 법률이 고객의 보호를 위해 사용자책임의 법률효과만을 부여한 것이라는 이유로 보험설계사의 면책은 부정하는 것이 타당하다고 지적한다.[3]

(d) 이러한 상황에서 파기원 민사1부는 2007년 Costedoat 판결에서 출발하면서도 그 이론적 설명에 대해 여러 가지 논쟁을 야기할 만한 판결을 내리게 된다.[4] 여기서는 사용자의 병원에 파트타임으로 고용되어 있는 의사가 자신의 개인진료실에서 접수한 환자를 진료하다가 이후 사용자의 병원에서 치료를 계속하였고 그 과정에서 의료과실

1 Chabas, D 2005, 256; Flour, Aubert et Savaux II, n° 221 note 2 (234); Jourdain, RTD civ. 2005, 144. Fabre-Magnan II, n° 130 (305)도 참조.
2 Chabas, D 2005, 256.
3 Viney, JCP 2005, I 132, 727 (n° 7); Viney et Jourdain, n° 812-4 (1029). Flour, Aubert et Savaux II, n° 221, note 3 (235)도 같은 취지이다.
4 Cass. civ. 1re, 12 juillet 2007, Bull. civ. I, n° 270.

을 범하여 손해를 야기한 사실관계가 문제되었다. 피해자가 사용자, 사용자의 보험자, 피용자, 피용자의 보험자를 상대로 손해배상을 청구하였는데, 원심은 Costedoat 판결의 법리에 따라 피용자의 면책을 인정하고 사용자만이 책임을 부담한다고 하면서도, 사용자의 보험자가 피용자의 보험자에 대해 제기한 면책청구를 받아들였다. 이에 대해 사용자와 그의 보험자 그리고 피용자의 보험자가 파기원에 상고를 제기하였다. 사용자와 그의 보험자는 피용자가 파트타임으로 고용되어 있는 의사로서 자신의 개인진료에서 받아들인 환자를 치료한 것이므로 사용관계가 없어 사용자책임이 성립하지 않는다고 주장하였다. 그러나 파기원 민사1부는 문제의 가해는 의사가 피용자로서 근무시간에 사용자의 병원에서 사용자의 기자재를 가지고 직무를 수행하는 과정에서 발생한 것이고, 피용자는 Costedoat 판결의 법리에 따라 임무의 한계를 일탈하지 않은 이상 면책되므로, 이 사건에서는 사용자만이 책임을 부담한다고 하여 상고를 기각하였다. 이에 대하여 피용자의 보험자는, 한편으로는 Costedoat 판결을 원용하여 피용자는 피해자에 대해 책임을 부담하지 아니하므로 사용자의 보험자는 보험자대위의 방법으로 피용자 및 피용자의 보험자에 대해 구상 내지 그에 상응하는 면책을 청구할 수는 없다고 주장하고, 다른 한편으로는 사용자의 보험자에 대해 피용자에 대한 보험자대위를 금지하는 보험법전 제L121-12조본장 III. 1. (2) (a) 참조의 취지상 피용자의 보험자에게 구상을 명한 원심은 부당하다고 주장하였다. 이에 대해 파기원 민사1부는, 보험법전 제L121-12조 제3항의 면책은 당해 규정이 명시적으로 언급하는 사람들여기서는 피용자에 대해서만 인정되는 것이므로 피해자에게 손해를 배상하는 보험자가 면책의 이익을 받는 사람여기서는 피용자의 보험자에 대해 보험자대위의 방법으로 구상을 청구하는 것은 허용되고, 또한 "이러한 면책은 그 이익을 받는 사람에게 책임이 없다는 결과를 수반하는 것은 아니므로," 피용자의 보험자에 대해 면책청구에 응할 것을 명한 원심은 정당하다고 하여 상고를 기각하였다.

여기서 파기원 민사1부는 그 논리의 흐름에 있어서 보험법전 제 L121-12조에 대한 파기원의 선례에 의지해서 결론을 내린 것으로 보인다. 즉 종래 파기원의 확립된 판례는 보험법전 제L121-12조가 규정하는 보험자대위와 관련한 면책은 당해 규정에 명시적으로 언급된 사람에게만 인정되고 그들의 보험자에게는 인정되지 않는다고 판시하고 있었다.[1] 그러므로 이 사건에서도 민사1부는 사용자의 보험자가 보험자대위의 방법으로 행사하는 구상에 대해 피용자가 아닌 그의 보험자는 보험법전에 따른 면책을 주장할 수 없다고 판시한 것이다. 그러나 민사1부의 결론은 이러한 선례에 의지하는 것만으로는 충분히 정당화되지 않는다. 피용자는 보험법상의 면책에 더하여 Costedoat 판결에 따른 이중의 면책을 누리고 있기 때문이다.[2] Costedoat 판결에 따라 피용자가 피해자에 대해 손해배상책임을 부담하지 않는다면, 사용자의 보험자로서는 보험자대위에 의해 대위할 권리가 없어 피용자에 대해 구상으로 아무것도 청구할 수 없는 동시에, 피용자의 보험자에 대해서도 마찬가지로 아무것도 청구할 수 없어야 하는 것이다. 그럼에도 불구하고 민사1부가 사용자의 보험자가 피용자의 보험자에 대해 구상을 청구하는 것을 허용한다면 그러한 결과를 Costedoat 판결과 어떻게 조화시킬 수 있는지의 의문이 제기된다.

학설은 피용자면책의 성질을 절차적인 것에 국한함으로써 이러한 모순을 해소하고자 하는 것으로 보인다.[3] 즉 피용자가 피해자에 대해 책임을 지지 않는다고 말하는 Costedoat 판결의 법적 의미는, 귀책이 없어 배상책임이 아예 존재하지 않는다는 의미에서의 책임 없음irre-sponsabilité이 아니라, 단지 피해자가 그 손해배상청구권을 재판상 청

---

1 Hocquet-Berg, JCP 2007, II 10162, 30.
2 Porchy-Simon, D 2007, 2910 (n° 5).
3 Jourdain, RTD civ. 2008, 111; Porchy-Simon, D 2007, 2910-2911 (n°ˢ 7, 8).

구하여 법적으로 강제할 수 없다는 내용의 면책immunité에 불과하며, 그러한 면책은 피용자에 일신전속적인 성질을 가진다고 이해하는 것이다. 이렇게 이해한다면 피용자의 피해자에 대한 배상의무는 존재하지만, 단지 피해자로서는 이를 피용자에 대해 재판상 청구하여 지급을 명하는 판결을 받는 것_{또는 그 이면으로 사용자가 구상을 재판상 청구하여 지급을 명하는 판결을 받는 것}이 저지되어 있을 뿐이다. 그러므로 보험자대위에 의해 사용자의 보험자가 이를 승계한 때에는, 일신전속적 성질의 면책을 주장할 수 없는 피용자의 보험자에 대해서 구상을 청구할 수 있다고 설명할 수 있다.[1] 이러한 이론구성은 피용자의 면책은 그에게 책임이 없다는 결과를 수반하는 것은 아니라는 민사1부 판결의 언명에서 근거를 찾을 수도 있을 것이다.[2] 그러나 이러한 정당화에 궁색한 면이 있다는 점은 부정하기 어렵다. 확립된 보험자대위의 법리에 따른다면, 이 사건에서 사용자의 보험자가 피용자 본인에 대해 행사할 수 있는 것 이상의 권리를 피용자의 보험자에 대해 행사할 수 있다는 결과는 설득력이 없기 때문이다. 피용자의 기판력, 소멸시효, 불가항력 등을 주장할 수 있는 피용자의 보험자가 유독 Costedoat 판결에 따른 면책만을 주장할 수 없다고 보는 것은 납득하기 쉽지 않다.[3]

일반적으로 피용자가 자신의 명의로 책임보험에 가입되어 있는 경우는 많지 않으므로 위와 같은 민사1부의 판결의 실무상 여파는 크지 않을 수도 있다_{이 사건에서 의사와 의료기관은 모두 법률에 의해 보험가입이 강제되어 있었다. 공중보건법전(Code de la santé publique) 제L1142-2조 참조}. 그러나 그것이 Coste-doat 판결의 이론적 문제에 미치는 충격은 작지 않다고 보인다. 학설로서는 판례의 명백한 모순을 해소하기 위해 피용자면책의 의미를 절

---

1 파기원 민사1부의 2007년 판결이 판단하고 있지는 않는 사항이지만, 학설의 이러한 이론구성에 따른다면, 피해자는 피용자에 대해서는 손해배상을 청구할 수 없지만 피용자의 보험자에 대해서는 직접청구권의 행사에 의해 손해배상을 청구할 수 있다는 결과가 인정되어야 할 것이다.
2 물론 민사1부가 당해 표현으로 그러한 내용의 논리를 의도하고 있었는지 여부는 완전히 불명확하다. Porchy-Simon, D 2007, 2911 (n° 11) 참조.
3 Hocquet-Berg, JCP 2007, II 10162, 32.

차적인 것으로 한정함으로써 새로운 판례와 Costedoat 판결을 조화시키는 것이 불가피할지도 모른다.[1] 그러나 양자를 조화시키는 해석에 따른다면 사용자책임이 문제되는 사건에서의 손해비용은 사용자가 아닌 피용자의 보험자가 종국적으로 부담하는 결과가 발생한다. 이러한 결과가 피용자의 보험료 상승에 미치는 영향은 별론으로 하더라도, 이는 사용자의 영업활동의 증가에 의하여 발생한 손해비용을 사용자 스스로 부담하여 이를 내부화한다는 취지에는 더 이상 잘 부합하지 않게 된다.[2] 그러므로 민사1부의 2007년 판결은, 비록 Costedoat 판결의 실무적 결과가 여전히 유지되고 있다고 하더라도, 그것의 이론적 기초에 대해서는 중대한 의문을 제기하도록 한다.

3. 프랑스 채권법개정 예비초안

2000년대 중반 프랑스 법무부Ministre de la Justice는 민법전의 채권법과 시효법의 개정작업을 준비하였다.[3] 그 과정에서 예비초안을 작성할 위원회가 위촉되었고, 이 위원회는 2005년 법무부에 예비초안 및 그 이유서를 제출하였다. 이 예비초안은 특히 사용자책임과 관련하여 Costedoat 판결 이후의 판례전개를 고려한 규정들을 두고 있다. 아래에서는 이를 간략하게 살펴보기로 한다.

예비초안 제1359조는 제 1 항 제 1 문에서 "사용자는 피용자가 야기한 손해에 대하여 책임을 진다"고 하면서, 제 2 문에서 "피용자의 직무의 수행과 관련하여 지시와 지도를 할 권한이 있는 사람이 사용자이다"라고 하여 사용자의 정의규정을 둔다. 그리고 제1359조 제 2 항

---

1 Porchy-Simon, D 2007, 2911 (n° 11): "채무 없는 책임보험의 운용, 이전할 채권 없는 보험자대위를 인정하는 것보다는 Costedoat 판결의 의미를 굴곡(inflexion)시키는 편을 우리는 선호한다. 그 방법만이 이 파기원 판결의 정합성을 확보할 수 있도록 한다."
2 Porchy-Simon, D 2007, 2911 (n° 9).
3 Pierre Catala/Ministère de la justice, *Avant-projet de réforme du droit des obligations et de la prescription*, 2006.

은 "피용자가 사용되는 직무에서 벗어나 행위하였고, 그 행위에 동의가 없으며, 그것이 임무와 무관한 목적을 위한 것임을 사용자가 입증한 때에는 사용자는 책임을 부담하지 아니한다. 피용자가 사용자를 위하여 행위하였음을 피해자가 정당하게 신뢰할 수 없었던 경우에도 마찬가지이다"라고 하여 파기원 판례에 의해 확립된 사무집행관련성 요건제4장 III. 3. (3), (4) 참조을 규정한다.

본고의 주제와 관련된 내용은 그 다음 규정에서부터 다루어지고 있다. 제1359-1조는 피용자의 대외적 책임과 관련하여 피용자의 보충적 책임을 인정하는 규정을 둔다. 즉 "자신의 권한에 부합하는 목적을 위해 사용자의 지시에 위반하지 아니하면서 사용자의 직무의 범위 내에서 행위하였고 고의의 과책을 범하지 아니한 피용자는, 피해자가 사용자나 그 보험자로부터 손해배상을 받지 못하였음을 입증한 경우에만 그 피해자에 대해 손해배상의 의무가 있다." 이렇게 예비초안이 피용자의 보충적 책임을 규정하는 태도가 Costedoat 판결에 의해 형성된 현재 법상태의 변경을 목적으로 하는 것임은 분명하다. 그 이유서에 의하면 이는 피용자의 충분한 보호를 보장하면서도 피해자의 이익을 보호하기 위한 것이라고 한다.[1]

이어지는 제1360조의 제 1 항은 다음과 같은 내용을 규정하고 있다. "사용관계가 없는 경우에, 타인의 전문적 활동을 지위하고 조직하여 경제적 이익을 취하는 사람은 그 타인이 그 활동을 수행함에 있어 다른 사람에게 가한 손해에 대해 책임이 있다. 이는 의료기관이 고용하는 의사에 의해 손해가 발생한 경우 그 의료기관에 대해 특히 그러하다. 원고는 가해행위가 관계 활동으로부터 발생한 것임을 입증해야 한다." 그리고 이어서 제 2 항은 다음과 같이 규정한다. "종속적 상황에 있는 직업인의 경제적 또는 재산적 활동을 통제하는 사람은,

---

1 Viney, "Exposé des motifs," Catala, Avant-projet, 167.

그 사람이 자신의 이익을 위해 활동하는 경우이더라도, 가해행위가
그러한 통제의 수행과 관련되어 있음을 피해자가 입증한 때에는 마
찬가지로 책임을 진다. 이는 자회사에 의해 손해가 발생한 경우 그
모회사에 대해, 가맹상에 의해 손해가 발생한 경우 가맹업자에 대해
특히 그러하다." 이유서는 현재 통설과 판례와 비교할 때 개정초안의
사용관계가 엄격하게 규정되었으므로앞의 개정초안 제1359조 제 1 항 제 2 문 참조
신설한 규정이라고 한다.[1] 즉 제 1 항의 경우는 피용자가 직무수행에
서 사용자의 지시를 받지 아니하는 독립성을 가진 경우에도 사용자
의 경제활동의 일부로 임무를 수행하는 이상 사용자책임을 인정하는
것으로, 구체적으로는 2004년 민사1부의 판결본장 III. 2. (5) (b) 참조 이후
파기원의 판례를 반영하고 있다고 보인다. 마찬가지로 제 2 항은 문
언에서 명백히 나타나는 바와 같이 사용관계가 없더라도 자회사와
모회사, 프랜차이즈의 가맹업자와 가맹상과 같이 경제활동의 종속성
이 인정되는 경우에는 자회사 내지 가맹업자의 책임을 인정하고자
하는 규정이다.

개정초안의 내용을 요약한다면, 기본적으로 Costedoat 판결 이후의
판례의 전개를 바탕으로 입법을 하면서도, 그에 대해 제기되었던 중
요한 비판 즉 피해자의 보호에 불충분하다는 비판을 고려하여 피용자
의 책임을 완전한 면책이 아닌 사용자에 대한 보충적 책임으로 규정
한 것이 그 특징이라고 할 수 있다.

| 1   Viney, "Exposé des motifs," Catala, Avant-projet, 167 참조.

Ⅳ. 평가와 시사

1. 프랑스 판례에 대한 평가

(1) Costedoat 판결을 중심으로 한 프랑스 판례의 전개는 사용자책임의 제도적 취지에 대하여 프랑스 학설과 판례가 새로운 이해에 도달하는 과정이라고 말할 수 있다. 이는 사용자책임을 파악하는 관점이 피해자 전보를 위해 자력이 있는 사용자에게도 손해배상책임을 부담하게 한다는 것에서 사용자의 경제활동에 수반하는 손해위험을 사용자 자신에게 부담하게 한다는 것으로 이행함을 의미하였다. 이러한 관점의 변화는 피용자의 피해자에 대한 책임 및 사용자의 피용자에 대한 구상에 관한 여러 법률문제에서 심대한 변화를 초래하였다. 이러한 변화는 고도화된 현대경제를 배경으로 사용자책임의 제도적 의의를 보다 적절하게 파악하고자 하는 시도로서 긍정될 수 있을 것이다.

(2) 그러나 Costedoat 판결 및 그 이후의 파기원 판례가 전적으로 만족스러운 모습으로 형성되고 있는지 여부에 대해서는 섣불리 단정하기 어렵다고 보인다. 이는 해결되었다고 보기 어려운 여러 가지 문제들예를 들어 피해자의 충분한 전보, '임무의 한계 일탈'의 판단기준, 직업적 독립성을 가진 피용자의 책임, 면책의 법적 성질 등이 그대로 남아 있다는 사실에서 잘 나타난다. 물론 그러한 현상은 한편으로는 상고가 제기된 사건을 중심으로 최고법원의 판례가 형성될 수밖에 없는 재판의 특성에서 기인하는 것이기도 하다. 그러나 다른 한편으로는 프랑스의 학설과 판례가 사용자책임에 대한 새로운 관점을 추진하는 과정에서 아직 논의가 성숙하지 못한 영역으로 과감하게 전진하였다는 인상도 지우기 어렵다. 그 결과 Costedoat 판결 이후 10여 년의 시간이 흘렀지만, 아직도 이 분야에서 판례의 안정화는 달성되지 못하였고, 여전히 실무상 법적 불안

정성이 존재한다. 사용자책임에서 사용자구상과 피용자책임에 관한 프랑스의 판례의 '동향'이 아닌 '확고한 입장'을 보고하기 위해서는 많은 시간이 흐른 후 별도의 서술이 필요하게 될지도 모른다.

2. 우리 민법에 대한 시사

이러한 프랑스 판례의 동향은 우리 민법학에 어떠한 점을 시사하는가?

(1) 우선 해석론의 관점에서 볼 때, Costedoat 판결과 같은 내용의 법리를 우리 민법의 해석으로 받아들이기 어렵다는 점은 분명하다. 이는 제756조 제3항이 사용자책임이 성립하는 경우에 사용자와 피용자가 모두 피해자에 대해 손해배상책임을 부담하고 있음을 전제로 하고 있는 것에서 잘 나타난다. 그러므로 피용자의 불법행위가 사용자의 조직과 통제에 따른 경제활동의 일환으로 발생하여서 그 비용을 사용자가 부담하는 것이 정당화되는 사안에서도, 피용자는 피해자에 대해 책임을 부담한다. 피해자에 대한 피용자의 책임을 감경하는 방법은 법률이 인정하는 다른 수단과실상계, 제765조에 따른 감경청구 등에 의해 이루어질 수밖에 없다.

그러나 프랑스 판례가 사용자의 경제활동 위험을 사용자에게 돌리는 제도로 사용자책임을 이해하고 그에 따라 당해 손해비용에 대해 피용자의 부담을 경감하려고 노력하는 태도는 우리 민법의 사용자책임을 운용할 때에도 충분히 참고해야 할 부분이라고 생각된다. 예를 들어 판례에 의한 구상권 제한에 있어서 그러한 사용자책임의 제도적 취지를 보다 적극적으로 고려하는 태도가 필요하다고 보인다.

(2) 입법론적으로도 프랑스의 판례 및 다른 외국의 경험은 우리에게 여러 생각할 점을 시사한다. 이상의 내용에서 명백하게 되었지만, 사용자책임이 성립한다는 사실만으로 사용자가 이를 피용자에게 전액

구상할 수 있다는 규율은 ― 영국을 예외로 하면본장 202면 주 1 참조 ― 우리를 포함한 각국의 입법과 판례에서 일반적으로 거부되고 있다. 특히 본고에서 중심적으로 살펴본 프랑스의 학설과 판례가 전개한 논의과정은 구상제한의 타당성을 잘 보여 주고 있다고 보인다. 이러한 비교법적인 인식을 배경으로 할 때 우리 민법 제756조 제3항의 법정책적 정당성에는 의문이 제기된다.

(3) 그렇다면 사용자책임에서 사용자구상 및 피용자책임과 관련해서는 어떠한 입법이 보다 타당할 것인가?

(a) 우선 피용자가 고의 또는 중과실의 불법행위를 하였을 경우에 사용자가 피용자에 대해 구상을 할 수 있도록 하는 것은 타당하다고 생각된다. 이는 앞서 살펴본 독일과 프랑스의 판례 법리에 비추어 볼 때에도 정당화될 수 있을 것이다본장 II. 2. (2), III. 2. (3) (c) 참조. 그러한 경우 피용자는 의식적으로 사용자의 경제활동에 추가적인 위험을 증가시킨 것이므로 그에 대한 손해비용을 사용자에게 전가할 수 있는 합리적 이유는 발견할 수 없다.[1] 물론 이러한 경우에도 사용자가 피용자에 대해서 어느 범위에서 구상을 할 수 있을 것인지의 문제는 남을 것이다. 그러나 여기서도 고의 또는 중과실이 있었다는 이유로 사용자의 전액구상이 당연히 정당화되는 것은 아니라는 점을 지적해야 할 것이다. 피용자에게 고의나 중과실이 있었던 경우에도 그것이 나타나는 사실관계는 매우 다양하며 그 각각의 내용에 따라 손해비용을 누가 어느 범위에서 종국적으로 부담해야 하는지는 상이할 수 있다. 이는

---

[1] 물론 Cousin 판결에서와 같이 피용자가 사용자의 지시에 따라 고의의 불법행위를 한 때에는 사용자가 피용자에 대해 구상을 청구하는 것이 부당하게 생각될지도 모른다. 그러나 그러한 경우에도 피용자가 사용자의 교사를 받아들여 고의의 가해를 한 이상 일체의 책임으로부터 벗어나는 것은 부당하다. 따라서 사용자와 피용자는 손해배상의 부담을 내부적으로 분담해야 한다. 이러한 결과는 그러한 사안에서 사용자와 피용자가 공동불법행위자로서의 책임도 지게 된다는 것(제760조)을 상기하면 보다 쉽게 이해할 수 있다. 결국 내부적인 과실비율과 기여에 따라 사용자와 피용자의 부담부분이 정해지고, 그에 따라 구상이 이루어져야 하는 것이다.

Cousin 판결 및 그에 대한 논의를 살펴볼 때 잘 나타난다본장 III. 2. (4) 및 245면 주 1 참조; 또한 중과실의 경우 감경을 인정하는 독일 판례에 대해 본장 II. 2. (2)도 참조.

(b) 피용자가 경과실의 불법행위를 한 경우에는 두 가지 입법적 선택지가 있다. 하나는 피용자에 대한 사용자의 구상을 인정하지 않는 입장이고, 다른 하나는 제반사정에 따라 개별적으로 구상범위를 결정하도록 하는 입장이다. 여기서 첫 번째 입장을 채택할 때에도 다시 두 가지의 규율이 있을 수 있는데, 하나는 피용자의 피해자에 대한 불법행위책임을 인정하는 것이고, 다른 하나는 경과실인 이상 그러한 책임도 부정하는 것이다.[1] 이를 종합하면 ① 경과실의 피용자가 피해자에 대한 관계에서는 책임을 부담하고 사용자에 대해서는 전부 면책되는 입법네덜란드 신민법에 대해 본장 202면 주 2; 우리 국가배상법 제2조 참조, ② 경과실의 피용자가 피해자에 대한 관계에서 책임을 부담하고 사용자에 대해서는 개별적으로 면책되는 입법독일과 우리의 판례; 본장 II. 1. (2), 2. (2) 참조, ③ 경과실의 피용자가 피해자에 대한 관계에서 책임을 부담하지 않고 사용자에 대한 관계에서도 전부 면책되는 입법프랑스 판례; 본장 III. 2 참조으로 요약할 수 있다.

(c) 이러한 입법의 가능성 중에서 어떠한 것을 선택할 것인지의 문제는 답하기 쉽지 않다. 그러나 피용자가 경과실의 불법행위를 한 사안의 이익상황 및 입법으로서의 효율성을 고려할 때, 법원이 개별사안에 따라 책임감경을 하도록 하는 입법보다는 명시적 규정으로 일률적으로 사용자의 구상을 배제하는 입법이 보다 바람직하다고 생각한다.[2] 앞서 여러 차례 반복하여 서술되었지만, ① 사용자의 피용자에 대한 구상을 제한하는 취지는 사용자가 피용자를 활용함으로써 확장한 활동영역에 상응하는 손해위험을 사용자가 부담하는 것이 타당하다는 것이다. 그런데 사용관계에서 피용자의 삶의 상당부분은 그 성질상 노무제공과 관련되어 있고 그 과정에서 일정한 한도의 "실수"는

1 Galand-Carval, n. 54 참조.
2 같은 취지로 김봉수, "사용자책임의 비교법적 경향," 236-237.

피할 수 없다. 그렇다면 직무의 수행과정에서 통상의 경과실로 인하여 발생하는 손해비용은 사용자가 자신의 조직운영의 필수적 비용으로 부담하는 것이 정책적으로 온당하며, 이를 피용자에게 전가해서는 안 될 것이다. 사용자는 이를 보험에 의하여 해결해야 하는 것이다. 또한 ② 피용자 경과실의 경우 개별적으로 제반사정을 고려하여 책임을 감경하는 입법은 우리 국가배상법의 규정제2조 제2항과 차이를 보이게 될 것인데, 적어도 손해배상책임의 영역에서 차이를 인정할 만한 합리적인 이유를 쉽게 발견할 수 없다. 공법적인 공무원의 법률관계와 민사상 사용관계의 법률관계가 많은 점에서 다를 수 있음은 물론이다. 그러나 타인을 사용하는 사람이 그 활동의 결과 통상적으로 발생한 손해비용을 부담해야 한다는 점에서는 그 사용하는 사람이 국가인지 사인인지 여부에 따라 피용자의 지위가 달라진다는 것은 납득하기 어렵다. 견해에 따라서는 공무원으로서 안정적 직무수행을 위한 지위의 보장이라는 측면을 언급할지도 모른다. 그러나 자신이 통제할 수 없는 타인의 경제활동의 일부분으로서 행위하는 사법관계의 피용자 역시 때로는 피할 수 없는 실수의 가능성으로부터 안정적으로 근로관계를 영위할 정당한 이해관계를 가지는 것도 부인할 수 없다. 게다가 국가배상법 실무의 경험은, 고의 또는 중과실의 경우로 구상을 한정하는 규정으로부터 어떠한 불합리한 결과도 나오지 않는다는 것을 사실상 입증하고 있다. 더 나아가 ③ 개별사안의 제반사정에 좇아 책임을 감경하는 입법은 법적인 확실성과 안정성을 담보하지 못한다. 당사자들이 사전적으로 어느 정도의 구상이 가능한지 통상 예견할 수 없기 때문이다. 그리고 그러한 불확실성은 법원의 부담으로 그대로 반영될 수밖에 없다. 마지막으로 ④ 피용자의 경과실의 경우에 구상을 일률적으로 부정함으로써 사용자의 보험자가 피용자에 대해 구상하는 만족스럽지 못한 결과도 예방할 수 있다영국의 상황에 대해 본장 202면 주 1; 프랑스의 상황에 대해 본장 III. 1. (2) (a) 참조.

(d) 그 다음으로 제기되는 문제는 피용자에게 경과실만이 있을 때에 사용자에 대한 구상관계에서만 면책을 인정할 것인지 아니면 피해자에 대한 불법행위책임도 면책시킬 것인지 여부이다. 이것 역시 앞서 살펴본 프랑스의 경험에서 짐작할 수 있는 바와 같이 쉽게 대답하기 어려운 문제이다.

일반적으로 피해자는 사용자를 상대로 소를 제기하므로 많은 경우에 피용자의 면책을 인정해도 난점은 발생하지 않는다. 또한 직무수행에서 경과실의 불법행위를 범한 것에 그친 피용자에게 관련 손해배상의 부담을 지우는 것은 결국 사용자의 비용을 피용자에게 부담하게 하는 것으로서 만족스러운 결과라고 말하기 어렵다. 이러한 관점에서는 당해 손해비용을 피용자가 아닌 사용자가 부담한다는 취지를 관철하기 위해서 피용자를 대외적으로도 면책시키는 것이 일관된 태도일 것이다. 그리고 그것이 실제로 우리 대법원이 국가배상법 제 2 조와 관련해서 채택하고 있는 입장과도 합치한다.[1] 그러나 그럼에도 피해자의 완전한 전보라는 관점에서 본다면 사용자가 도산 등 무자력 상태에 있고 피용자에게 일정 정도 자력이 있는 경우에는 피해자의 관점에서 피용자에게 손해배상을 청구하는 것이 현실적으로 중요한 의의를 가진다. 사용자 무자력의 경우 피해자보다는 피용자가 그 손해비용을 부담해야 하는 지위에 보다 근접하다는 사실näher dran은 부정하기 어렵다. 국가는 현실적으로 도산의 가능성이 거의 없다는 점에서 공무원의 개인적 책임을 부정해도 피해자에게 가혹한 어려움은 발생하지 않겠지만, 사용자책임의 경우 잠재적 피고로서 피용자를 남겨두는 것의 의미를 부정할 수 없는 것이다.

그러므로 피용자의 피해자에 대한 책임은 인정하지만, 그것을 사용자의 책임에 대해 보충적인 관계에 두는 것이 적절하다고 보인다. 이

---

1 大判(全) 1996. 2. 15., 95다38677, 집 44-1, 165.

러한 피용자의 보충적 책임도 두 가지의 방법으로 구현할 수 있다. 하나는 내부관계에서 보충적 책임을 인정하는 것으로, 피용자에게 사용자에 대한 면책청구권을 인정하는 방법이다독일 판례에 대해 본장 II. 2. (2) 참조; 이 경우 피용자가 먼저 청구를 받아 손해를 배상하면 면책청구권은 금전청구권 형태의 구상채권으로 바뀐다. 다른 하나는 대외적인 보충적 책임을 인정하는 것으로, 피해자에 대한 관계에서 피용자에게 검색의 항변권을 인정하여 피해자가 사용자에게 먼저 집행을 하여 만족을 받지 못한 때에 한하여 피용자에 대해 손해배상을 청구할 수 있도록 하는 방법이다프랑스 채권법개정 예비초안에 대해 본장 III. 3. 참조. 전자는 피해자에게, 후자는 피용자에게 보다 유리한 내용의 입법이라고 할 수 있으나, 일차적인 손해의 부담을 사용자에게 돌리면서 사용자의 무자력의 경우에 비로소 피용자가 이를 종국적으로 부담한다는 점에서는 차이가 크지 않다. 어느 편이나 선택가능한 입법이라고 생각되지만, 피해자 보호라는 관점에서 전자의 규율이 보다 입법론적으로 바람직할 것이다.

6

결 론

Ⅰ. 주요 내용의 요약

아래에서는 사용자책임과 관련해 이 책이 주장하는 견해를 간략하게 요약하기로 한다.

1. 사용자책임의 입법주의로는 피용자의 불법행위가 있는 경우 사용자에게 무과실책임을 부담시키는 대위책임주의와 사용자의 추정된 과실에 기초해 과실책임을 인정하는 자기책임주의가 있다제2장Ⅰ. 1. 법제사적으로 로마법에서는 무과실의 보조자책임이 우세하였다제2장Ⅱ. 이에 대해 보통법학에서는 자기책임주의가 지배적이었으나제2장Ⅲ. 1, 근세 이후 대위책임주의가 점차로 힘을 얻어 현재에는 보다 널리 인정되는 사용자책임의 입법주의가 되었다제2장Ⅲ., Ⅳ. 법정책적으로도 대위책임주의가 자기책임주의보다 타당한 것으로 평가된다제2장Ⅴ. 3.

2. 우리 입법자는 추정된 과실에 기한 사용자책임을 정하고자 하였으나제2장Ⅴ. 1, 실무는 실제로는 이를 대위책임적으로 운영하고 있다제2장Ⅴ. 2. 이는 결과적으로 정당하다고 볼 것이며, 이러한 결과는

253

이후 입법론적으로 반영되어야 할 것이다제2장 V. 4.

3. 사용자책임제756조의 요건으로서 사용관계를 판단할 때에는 사실상의 지휘·감독이 중요하게 고려되지만, 그것만으로는 충분하지 않다. 오히려 불법행위를 한 노무제공자가 타인의 사업에 경제적으로 일체화된 부분으로서 활동한 것인지를 지시하는 요소들을 함께 상관적으로 고려하여 판단하여야 한다제3장 IV. 1. (2), (3).

4. 통상의 명의대여의 경우에 명의대여자의 사용자성 판단 역시 같은 기준에 따른다. 반면 허가나 면허에 의해 부여되는 명의가 대여된 경우, 앞서의 기준을 적용한다면 명의부여의 근거가 되는 법령의 취지상 명의대여자가 사용자이다. 여기서 명의대여자에게 지휘·감독의 가능성이 있었는지 여부는 고려할 필요가 없다제3장 IV. 2. (1).

5. 복수의 사용자가 매개되는 사안에서도 앞서의 기준에 따라 누가 사용자책임을 부담할 사용자인지 확정한다. 노무자가 파견된 경우에는 피해자에 대한 관계에서 파견한 당사자와 파견받은 당사자 모두 사용자로서 연대하여 사용자책임을 진다. 이들은 내부관계에서 앞서 기준에 따라 사용자성을 판단하여 손해비용을 분담한다제3장 IV. 2. (2).

6. 사용자책임 및 사무집행관련성 요건의 취지를 고려할 때, 사용자가 자신이 스스로 사무를 집행한 경우와 비교하여 피용자를 사용함으로써 불법행위의 위험이 증가하였다면 그 한도에서 사무집행관련성을 긍정해야 한다제4장 IV. 1. (2). 이에 의하면 피용자가 사무집행에 의해 가능하게 되었거나 용이하게 된 기회를 이용하여 사적인 동기로 불법행위를 저지르는 사안에서도 원칙적으로 사무집행관련성은 인정되는 것이 타당하며, 이는 대법원의 판례와 외국의 재판례에 비추어

볼 때에도 정당화된다.

7. 각국의 재판례를 살펴보면 사무집행관련성이 문제되는 전형적인 사안유형이 발견된다. 이들을 중심으로 우리 민법의 다른 제도와의 관련성을 고려하면서 당사자들의 이익을 형량하여, 원칙적으로 사무집행관련성을 인정할 수 있는 사안유형들을 적출할 수 있다제4장 IV. 2., 3., 4. 및 제4장 뒤의 부록.

8. 피용자의 폭행·강간·절도 또는 자동차 사고 등에 의해 불법행위가 행해진 경우, 종래 '사실적 불법행위'라고 지칭되던 사안들에서도, 사무집행관련성을 인정하기 위해 당사자들 사이의 거래적 접촉 및 정상적인 사무집행에 대한 피해자의 정당한 신뢰를 고려할 필요가 있다. 그러므로 외형 및 그에 대한 신뢰가 문제되지 않는다는 의미에서 '거래적 불법행위'에 '사실적 불법행위'를 대비하는 유형론은 포기되어야 한다제4장 IV. 3. (4).

9. 자동차 사고의 경우 사무집행관련성은 민법의 독자적인 관점에서 해석되어야 하고, 자동차손해배상보장법상의 운행자성 판단의 기준과 일치시키는 것은 타당하지 않다제4장 IV. 4. (4).

10. 사용자책임이 성립하는 경우에, 사용자가 원칙적으로 그 전부에 대해 피용자에 대해 구상을 할 수 있다는 규율은 타당하지 않다제5장 IV. 2. (2). 판례가 인정하는 구상권 제한의 법리를 운용할 때 사용자책임의 제도적 취지를 적극적으로 고려할 필요가 있으며, 특히 피용자가 경과실인 때에는 사용자의 구상을 배제하는 결론이 보다 형평에 부합한다제5장 IV. 2. (3).

II. 입법론

이러한 인식을 배경으로 할 때 우리 민법의 사용자책임 규정은 앞으로 어떠한 내용으로 개정되는 것이 바람직할 것인가? 해석론적 작업은 필연적으로 입법론적인 논의로 이끈다.

1. 사용자책임의 입법주의, 사용자구상 및 피용자면책에 관해서는 이미 본문에서 입법론적인 논의를 개진한 바 있다제2장 V. 4., 제5장 IV. 2. 결론적으로 사용자책임은 대위책임적 사용자책임을 규정하는 것이 타당하고, 사용자구상은 피용자 경과실의 경우 배제되어야 한다. 대위책임적 사용자책임을 규정하는 경우, 사용자의 의무위반을 전제로 규정하는 대위감독자책임제756조 제2항은 자기책임주의적 사용자책임과 관련성을 가지는 조항이므로 삭제되어야 한다.

2. 사용관계와 관련해서는, 앞서 서술에서 현재 우리 민법의 규정은 대체로 비교법적인 경향에 부합한다는 사실을 확인할 수 있었다. 학설과 판례는 사실상의 지휘·감독을 기준으로 사용관계를 판단하고 있는데, 다른 여러 요소들을 고려할 필요가 있다고 하더라도 일차적인 기준으로 기능할 수 있음을 보았다제3장 IV. 1. 이러한 사용관계를 굳이 엄밀한 의미의 고용관계에 한정할 실질적 이유는 없다. 한편으로 엄밀한 고용계약이 아닌 다른 유상계약에서도 지시종속관계가 있는 한 사용자책임을 부정할 이유가 없고, 다른 한편으로 무상의 법률관계에서도 다른 사람을 사용하여 활동영역을 넓히는 이상 그에 따르는 손해비용을 부담해야 하는 것도 당연하다. 우리 민법 제756조 제1항은 "사용자," "피용자," "타인을 사용하여 어느 사무에 종사하게 한 자" 등의 표현을 사용하고 있어, 엄밀한 의미의 고용계약에 한정하여 사용하지 않으면서 지시종속적 지휘·감독이 요구됨을 충분히

표현하고 있다고 생각된다.

물론 사용관계를 규정하면서, 판례상 발전된 법리명의대여나 파견근로 등를 반영할 것인지 여부의 고려는 필요하다. 그러나 이에 대한 명문의 규정을 둘 필요는 없다고 생각된다. 이들 법리는 기본적으로 사용관계 판단에 관한 기준을 합리적으로 적용할 때 도출될 수 있는 결론이므로, 굳이 확인적으로 규정할 필요는 크지 않다. 또한 이렇게 구체적인 사안유형을 포괄하는 일반적인 문언을 쉽게 구성하기 어렵고, 앞으로 나타날 수 있는 다종다양한 사용관계를 염두에 둘 때 굳이 이들 사안유형만을 고려하여 문언에 반영할 필요가 있는지도 의문이다. 그렇다면 명의대여, 파견근로 등의 구체적인 법리는 사용관계의 해석의 문제로 두고, 문언에 반영할 필요는 없다고 보인다.[1]

3. 사무집행관련성 요건과 관련해서도 종래 규정을 그대로 유지하는 태도가 바람직할 것이다. 앞서 해석론적으로 확정한 사무집행관련성의 판단기준 및 사안유형들제4장 Ⅳ. 및 부록 참조을 모두 표현하는 사무집행관련성의 요건을 구성하는 것은 현실적으로 불가능하다. 사무집행관련성 판단은 여러 형량요소들과 사안의 제반사정이 함께 고려되어 심사되어야 하므로 간략한 규정하에 이들 모두를 의미상 포함하는 문언을 안출하는 것은 용이하지 않고 또 입법기술적으로 바람직하다고 보기도 어렵기 때문이다. 네덜란드 신민법이 "불법행위의 위험이 사무처리 위탁에 의해 증대되었다는 사정이 있는 경우"제6:170조 제1항라고 규정하는 것이 사무집행관련성에 관한 가장 원리적인 내용을 입법

---

1 일본의 민법개정연구회(民法改正硏究會)의 개정시안 제666조 제2항은 "전항의 규정[사용자 책임]은 어떤 사업을 위해 타인에게 자기의 명의를 사용할 것을 허락한 자에 관하여 준용한다"고 하여 명문의 규정을 두는 것을 예정하고 있다. 그러나 이러한 소략(疏略)한 준용규정만으로는 입법적으로 유의미한 변화를 기대할 수 없다. 앞서 살펴본 바와 같이 판례는 명의의 성질에 따라 피용자성 판단도 달리하고 있으므로(제3장 Ⅱ. 4 참조), 위와 같은 규정만으로는 종래 판례와 같은 해석적 작업을 피할 수 없고 그 결과 입법적인 명확성이 담보되지 않는다.

화한 것이라고 볼 수 있다. 그러나 이러한 표현을 채택한다고 해서 사무집행관련성 판단이 보다 용이해지는 것도 아니다. 그렇다면 사무집행관련성은 현재와 마찬가지로 모든 내용을 포괄할 수 있는 포괄적인 문언을 채택하여 판례와 학설에 그 해석을 위임할 수밖에 없을 것이다. 우리 민법의 입법자 역시 그러한 의도로 "사무집행에 관하여"라는 문언을 채택하였음은 이미 살펴보았다제2장 V. 1. (2), 제4장 I. 2. 참조.

4. 제757조의 도급인책임은 어떠한가? 제757조는 다음과 같은 점에서 문제가 있다고 생각된다.

(1) 제757조 본문은 수급인이 독립적 계약자이므로 피용자에 해당하지 않고 그 결과 사용자책임도 문제될 여지가 없다는 점을 밝히는 주의적인 규정이다. 그러나 현재 우리 통설과 판례는 도급계약이 있더라도 도급인이 수급인에 대해 실질적으로 지휘·감독을 하는 경우에는 도급인에게 사용자책임이 성립할 수 있다고 한다제3장 II. 1. (3) 참조. 이는 제756조의 취지를 고려하여 제757조 본문을 축소해석하는 것인데, 해석상 당연한 결론이라고 하더라도 제757조 본문의 문언만을 살펴보면 오해의 여지가 있다는 것을 부정하기는 어렵다.

(2) 또한 제757조 단서 역시 정당화하기 쉽지 않다. 이 규정이 연원한 일본 민법의 해석에 따르면 동법 제716조의 규정은 주의적 규정으로 해석되고 있다.[1] 실제로 일본 민법의 법전조사회 심의에서는 일본 민법 제716조를 두지 않아도 해석상 당연한 결과가 도출된다는 점이 논의되었다고 한다.[2] 또한 학설에서도 동조 단서를 규정할 필요는 없다고 생각되고 있다. 즉 경영자가 도급 또는 지시한 것과 손해발생 사이에 인과관계가 있으면 도급인은 불법행위의 일반원칙에 따라 당연

1　平井, 230.
2　森島昭夫, 注釋民法(19), 299; 田上, 57 이하.

히 책임을 부담하고, 또 수급인이 불법행위책임을 지는 경우에는 함께 연대하여 책임을 부담할 것이므로, 특히 단서를 규정할 필요도 없다는 것이다.[1] 다만 판례에서는 동법 제716조 단서에 의해 도급인의 도급 또는 지시가 있었을 때에는 무과실의 입증책임이 전환된다고 해석하거나 넓은 의미의 인과관계로 충분하다고 하여 학설보다는 너그러운 해석을 한다고 한다. 그러나 실제로 책임을 인정한 사건은 별로 없기 때문에 결국 학설의 결론과 큰 차이가 있는 것은 아니라고 한다.[2] 이러한 규정의 취지에 비추어 일본 민법 제716조의 도급인 규정은 타인의 지휘·감독을 받지 않고 전문적 지식에 의하여 타인에게 노무를 제공하는 사람 일반에 유추되어야 한다는 주장도 제기된다.[3]

그런데 우리 민법은 이 규정을 수용하면서도 도급인에게 중과실이 있는 경우로 한정하여 책임을 정하고 있다. 그런데 이러한 태도는 다음과 같은 의문을 야기한다. 제757조 단서가 도급인책임을 명시적으로 중과실로 한정하고 있으므로, 이는 (일본 민법에서처럼) 제750조에 따른 일반 불법행위책임이 성립할 수 있다는 가능성을 지시하는 주의적 규정으로 볼 수는 없을 것이다. 만일 그렇다면 민법은 부당하게도 경과실 있는 도급인을 면책시키는 결과를 예정하는 것으로 이해할 수밖에 없는데, 이는 해석상 수긍하기 어렵다. 그러므로 제757조 단서는 도급인이 도급 또는 지시에 관해 중과실일 때 일반 불법행위책임과는 별도로 사용자책임에 준하는 특수한 책임이 성립하는 것으로 해석되어야 한다. 통설이 제757조의 취지가 단서에 있다고 하는 것도 그러한 의미에서이다.[4] 그런데 이러한 해석에 의하더라도 제757조 단서의 의미는 극히 경미하다. 우선 도급인이 도급 또는 지시에 중과실이 있는 경우 즉 고의에 근접하는 태만상태에 있었던 경우라면 실

---

1 森島昭夫, 注釋民法(19), 299; 吉村, 211 등.
2 森島昭夫, 注釋民法(19), 299-300.
3 平井, 230.
4 곽윤직, 채권각론, 418 등 참조.

제로 일반 불법행위제750조가 성립하는 것이 일반적이다. 이는 요컨대 도급인이 도급계약의 내용 또는 자신의 지시의 내용에 기초하여 수급인이 불법행위를 하게 될 것이라는 점에 대해 고의이거나 그에 육박하는 부주의 상태에 있었다는 것이기 때문이다. 그렇다면 일단 책임의 성립이라는 점에서 보면 제757조 단서는 없어도 무방한 규정이다. 그러므로 제757조가 일반 불법행위책임과 별도로 의미를 가지기 위해서는, 일본 민법의 일부 학설이 주장하는 것처럼 피해자는 일단 도급인에 대해 손해배상을 청구할 수 있고 도급인이 자신의 도급이나 지시에 중과실 없음을 입증해야 한다는 내용으로 해석하여 입증책임의 전환 등과 결부되어야 한다. 그러나 이러한 해석은 우선 제757조 단서의 입증책임 분배와 일치하지 않는다. 더 나아가 무슨 이유로 그러한 입증책임 전환의 혜택을 피해자에게 주어야 하는지도 입법정책적으로 명백하지 않다. 도급인은 독립적 계약자로서 원칙적으로 수급인의 불법행위에 책임이 없다. 자신의 계약상대방에 대해 자신이 통제력이 없고 그 결과 자신이 직접 활동하는 것과 마찬가지로 자신의 활동범위를 확장한 것은 아니기 때문이다. 이러한 상황에서 수급인의 불법행위가 있다고 하여 도급인이 자신의 도급이나 지시에 중과실이 없다고 입증해야 한다는 것은 도급인의 관점에서 지나치게 불리한 결과이다. 이러한 관점에서 볼 때 제757조 단서는 결국 일반 불법행위법에 의해서도 달성될 수 있는 결과에 덧붙여 동일한 내용의 추가적 책임을 인정하는 것에 지나지 않는다. 이러한 규정을 둘 합리적인 이유에 대해 의문이 제기된다.

이상의 고찰에 기초해 볼 때, 제757조 본문은 당연한 결과를 규정한 것이면서도 오해의 여지가 있고, 동조 단서는 그것이 없더라도 일반 불법행위에 의해 도급인의 책임이 성립하므로 무용한 규정이다. 결국 제757조는 별다른 의미가 없는 규정으로, 오해의 여지만 남길 뿐이다. 삭제하는 것이 타당하다고 생각된다.

5. 이상의 내용을 종합한 사용자책임 규정은 다음과 같다.

현 행	개정시안
제756조(사용자의 배상책임) ① 타인을 사용하여 어느 사무에 종사하게 한 자는 피용자가 그 사무집행에 관하여 제삼자에게 가한 손해를 배상할 책임이 있다. 그러나 사용자가 피용자의 선임 및 그 사무감독에 상당한 주의를 한 때 또는 상당한 주의를 하여도 손해가 있을 경우에는 그러하지 아니하다. ② 사용자에 갈음하여 그 사무를 감독하는 자도 전항의 책임이 있다. ③ 전2항의 경우에 사용자 또는 감독자는 피용자에 대하여 구상권을 행사할 수 있다. 제757조(도급인의 책임) 도급인은 수급인이 그 일에 관하여 제삼자에게 가한 손해를 배상할 책임이 없다. 그러나 도급 또는 지시에 관하여 도급인에게 중대한 과실이 있는 때에는 그러하지 아니하다.	제756조(사용자의 배상책임) ① 타인을 사용하여 어느 사무에 종사하게 한 자는 피용자가 그 사무집행에 관하여 <u>고의 또는 과실로 인한 위법행위로 제삼자</u>에게 가한 손해를 배상할 책임이 있다. <u>(단서 삭제)</u> ② <u>(삭제)</u> ③ <u>제1항에 따라 손해를 배상할 책임이 있는 사용자는 고의 또는 중대한 과실이 있는 피용자에 대하여 구상할 수 있다.</u> ④ <u>제1항에 따라 손해를 배상할 책임이 있는 사용자에 대하여 고의 또는 중대한 과실이 없는 피용자는 자신을 면책시킬 것을 청구할 수 있다.</u> 제757조 <u>(삭제)</u>

참고문헌

[국내문헌]

강봉석, "사용자책임과 그 면책사유의 법적 성질," 저스티스, 제85호, 2005, 122. [강봉석, "사용자책임"]

江平, 中國民法, 노정환·중국정법학회·사법연수원 중국법학회 역, 2007.

곽윤직, 채권각론, 제 6 판, 2003. [곽윤직, 채권각론]

곽윤직 편집대표, 민법주해[XVIII], 2005. [민법주해[XVIII]/필자]

곽윤직 편집대표, 민법주해[XIX], 2005. [민법주해[XIX]/필자]

권오승, "使用者責任에 대한 검토," 商事法論叢: 霽南 姜渭斗博士 華甲紀念, 하권, 1996, 629. [권오승, "사용자책임에 대한 검토"]

권용우, "사용자배상책임," 민법학의 회고와 전망(민법전시행 삼십주년기념논문집), 1993, 635. [권용우, "사용자배상책임"]

_____, "사용자책임과 구상권의 제한," 법학의 현대적 제문제: 덕암 김병대 교수 화갑기념논문집, 1998, 427. [권용우, "구상권의 제한"]

김기선, 한국채권법각론, 제 3 전정판, 1988. [김기선, 채권각론]

김봉수, "사용자책임의 비교법적 경향," 고려법학, 제54호, 2009, 201. [김봉수, "사용자책임의 비교법적 경향"]

김재형, "사용자책임에서 사무집행관련성(1)," 법조, 제44권 제 6 호, 1995, 24. [김재형, "사용자책임에서 사무집행관련성(1)"]

_____, "사용자책임에서 사무집행관련성(2)," 법조, 제44권 제 7 호, 1995, 18. [김재형, "사용자책임에서 사무집행관련성(2)"]

김주 편, 상용 중국법률용어사전, 2009.

김증한, 채권각론, 1988. [김증한, 채권각론]

김증한·김학동, 채권각론, 제 7 판, 2006. [김증한·김학동, 채권각론]

김형배, "민법 제391조와 제756조를 비교·검토함," 민법학연구, 1986, 398.

[김형배, "민법 제391조와 제756조를 비교·검토함"]

_____, "사용자책임과 구상권의 제한," 민법학연구, 1986, 532. [김형배, "사용자책임과 구상권의 제한"]

_____, "사용자책임과 판례: 비교법적 시각에서," 고려법학, 제48호, 2007, 1. [김형배, "사용자책임과 판례"]

남효순, "나뽈레옹법전(프랑스민법전)의 제정에 관한 연구," 서울대학교 법학, 제35권 제1호, 1994, 283.

문영화, "파견근로자보호 등에 관한 법률에 의한 근로자 파견에 있어서 파견사업주가 파견근로자의 파견업무에 관련한 불법행위에 대하여 사용자책임을 부담하는지 여부," 대법원판례해설, 제47호, 2003, 230. [문영화, "근로자 파견"]

민의원 법제사법위원회 민법안심의소위원회, 민법안심의록, 상권, 1957. [민법안심의록, 상권]

박세일, 법경제학, 개정판, 2000. [박세일, 법경제학]

박수근, "파견근로자의 불법행위와 사용자배상책임," 노동판례 비평(2003), 2004, 221. [박수근, "파견근로자의 불법행위와 사용자배상책임"]

법무부, 민법(재산편) 개정 자료집, 2004.

비아커, "판덱텐 법학과 산업혁명," 서울대학교 법학, 제47권 제1호, 2006, 341.

서광민, "민법 제756조의 입법정책적 부당성 및 적용한계의 극복방법에 관한 소고," 황적인 화갑기념 손해배상법의 제문제, 1990, 193. [서광민, "민법 제756조"]

양창수, 민법연구, 제1권, 1991.

_____, "1987년 판례 개관," 민법연구, 제2권, 1991, 353. [양창수, "1987년 판례 개관"]

_____, "독일의 민사실무에서의 헌법적 고려 — 피용자의 책임제한의 법리와 관련하여 —," 민법연구, 제6권, 2001, 465. [양창수, "독일의 민사실무에서의 헌법적 고려"]

_____, "회사 경리직원의 어음위조와 사용자책임," 민법산고, 1998, 262. [양창수, "회사 경리직원의 어음위조와 사용자책임"]

양창수 역, 독일민법전 총칙·채권·물권, 2008.

엄동섭, "명의대여자의 손해배상책임과 구상권," 민사판례연구[XXXIII-(상)], 2011, 541. [엄동섭, "명의대여자의 손해배상책임과 구상권"]

여하윤, "프랑스 민법상 계약책임과 불법행위 책임의 관계," 서울대학교 법학, 제50권 제2호, 2009, 503. [여하윤]

이상광, 사용자책임론, 1992. [이상광, 사용자책임론]

이은영, 채권각론, 제5판, 2007. [이은영, 채권각론]

이주흥, "독일법상 사용자책임에 있어서의 면책가능성 2," 대한변호사협회지, 제120호, 1986, 63. [이주흥, "독일법상 사용자책임에 있어서의 면책가능성 2"]

이태재, 개정 채권각론, 1985. [이태재, 채권각론]

지원림, "사용자책임에 있어서 외형이론의 한계," 민사판례연구[XIV], 1992, 230. [지원림, "사용자책임에 있어서 외형이론의 한계"]

_____, "사용자책임에 있어서 '사무집행에 관하여' 판단기준," 수원지방변호 사회지, 제4호, 1993, 183. ["사용자책임에 있어서 '사무집행에 관하여' 판단기준"]

최병조, 로마법 연구(I), 1995. [최병조, 연구]

_____, 로마법·민법 논고, 1999. [최병조, 논고]

황적인, 현대민법론 IV, 증보판, 1987. [황적인, 현대민법론 IV]

[서양문헌]

Arabeyre, Halpérin et Krynen éd., Dictionnaire historique des juristes français, 2007.

Argou, Institution au droit françois, Paris, 1762.

Association Henric Capitant et Société de Législation Comparée, Projet de cadre commun de réference. Principes contractuels communs, 2008.

Association Henric Capitant et Société de Législation Comparée, Projet de cadre commun de réference. Terminologie contractuelle commune, 2008.

Atiyah, Vicarious Liability in the Law of Torts, 1967. [Atiyah]

von Bar, "Deliktsrecht," Bundesminister der Justiz, Gutachten und Vorschläge zur Überarbeitung des Schuldrechts, Band II, 1981, 1681. [von Bar, "Deliktsrecht"]

Bamberger/Roth, Kommentar zum Bürgerlichen Gesetzbuch, Band 2, 2. Aufl., 2008. [Bamberger/Roth/Bearbeiter]

Bartolus, *In primam noui partem*, Venetiis, 1570. [Bartolus]

Basedow, Hopt, Zimmermann and Stier ed., *The Max Planck Encyclopedia of European Private Law*, Volume I, 2012.

Basler Kommentar. Obligationenrecht I, 3. Aufl., 2003. [BK/Bearbeiter]

Baudry-Lacantinerie, *Précis de droit civil*, tome 2, 8ᵉ éd., 1903. [Baudry-Lacantinerie II]

Bell, Boyron and Whittaker, *Principles of French Law*, 2nd, 2008. [Bell, Boyron and Whittaker]

Bénabent, *Les obligations*, 12ᵉ éd., 2010. [Bénabent]

Benöhr, "Zur Haftung für Sklavendelikte," ZSS 97, 1980, 273.

Biller, *Die Eigenhaftung des Verrichtungsgehilfen*, 2006. [Biller]

Billiau, "Note," JCP 2000, II 10295, 748.

———, "Note," JCP 2002, II 10026, 345.

———, "Note," JCP 2003, II 10096, 1103.

Boehmer, *Introductio in ius digestorum*, sexta editio, Halae Magdeburgicae, 1741. [Boehmer]

Brüggemeier, *Haftugnsrecht*, 2006. [Brüggemeier]

Brun, "Note," D 2000, 673.

———, *Responsabilité civile extracontractuelle*, 2005. [Brun]

Bundesminister der Justiz, *Abschlußbericht der Kommission zur Überarbeitung des Schuldrchts*, 1992.

Burrows ed., *English Private Law*, 2nd ed., 2007. [English Private Law]

Busby, Clark, Paisley and Spink, *Scots Law: A Student Guide*, 3rd ed., 2006.

Busnelli, Bargelli and Comandé, "Liability for Damage Caused by Others under Italian Law," J. Spier ed., *Unification of Tort Law: Liability for Damage Caused by Others*, 2003, 159. [Busnelli, Bargelli and Comande]

von Caemmerer, "Reformprobleme der Haftung für Hilfspersonen," *Gesammelte Schriften*, Band III, 1983, 284. [von Caemmerer, "Reformprobleme der Haftung für Hilfspersonen"]

———, "Haftung des Mandanten für seinen Anwalt," *Gesammelte Schriften*,

Band III, 1983, 314. [von Caemmerer, "Haftung des Mandanten für seinen Anwalt"]

Calabresi, "Some thoughts on risk distribution and the law of torts," 70 Yale L.J. 499.

Canaris, *Die Vertrauenshaftung im deutschen Privatrecht*, 1971. [Canaris]

Casals and Feliu, "Liability for Damage Caused by Others under Spanish Law," J. Spier ed., *Unification of Tort Law: Liability for Damage Caused by Others*, 2003, 231. [Casals and Feliu]

Catala, Pierre/Ministère de la justice éd., *Avant-projet de réforme du droit des obligations et de la prescription*, 2006. [Catala, Avant-projet]

Chabas, "Note," D. 2005, 253.

Clerk and Lindsell, *Torts*, 19th ed., 2006. [Clerk and Lindsell]

Code civil de l'empire du Japon accompagné d'un exposé des motifs, tome 2, 1891. [Exposé II]

Coing, *Europäisches Privatrecht*, Band I, 1985. [Coing I]

_____, *Europäisches Privatrecht*, Band II, 1989. [Coing II]

van Dam, *European Tort Law*, 2006. [van Dam]

Delebecque, "Observations," D 2000, 467.

Dernburg, *Pandekten*, 2. Band, 7. Aufl., 1903. [Dernburg II]

Deroussin, *Histoire du droit des obligations*, 2007. [Deroussin]

Dobbs, *The Law of Torts*, 2000.

Domat, Les lois civiles dans leur ordre naturel, *Oeuvres complètes de J. Domat*, tome premier, nouvelle edition par J. Remy, Paris, 1835. [Domat]

Erman, *Bürgerliches Gesetzbuch*, 2 Bände, 13. Aufl., 2011. [Erman/Bearbeiter]

Esser/Schmidt, *Schuldrecht*, Band I, Teilband 2, 8. Aufl., 2000. [Esser/Schmidt I/2]

Esser/Weyers, *Schuldrecht*, Band II, Teilband 2, 8. Aufl., 2000. [Esser/Weyers II/2]

European Group on Tort Law, *Principles of European Tort Law. Text and Commentary*, 2005. [PETL]

Fabre-Magnan, *Droit des obligations*, tome 2, 2007. [Fabre-Magnan II]

Fenet, *Recueil complet des travaux préparatoires du code civil*, tome 13e, 1827. [Fenet XIII]

Ferid, *Das französische Zivilrecht*, Band 1, 1971. [Ferid I]

Ferid/Sonnenberger, *Das französische Zivilrecht*, Band 1/1, 2. Aufl., 1994. [Ferid/Sonnenberger I/1]

Ferid/Sonnenberger, *Das französische Zivilrecht*, Band 2, 2. Aufl., 1986. [Ferid/Sonnenberger II]

Finkentscher/Heinemann, *Schuldrecht*, 10. Aufl., 2006. [Fikentscher/Heinemann]

Flour, Aubert et Savaux, *Les obligations*, 2. Le fait juridique, 10e éd., 2003. [Flour, Aubert et Savaux II]

Fridman, *The Law of Agency*, 5th ed., 1983. [Fridman]

Galand-Carval, "Comparative Report (Part I)," J. Spier ed., *Unification of Tort Law: Liability for Damage Caused by Others*, 2003, 289. [Galand-Carval]

von Gierke, *Der Entwurf eines bürgerlichen Gesetzbuchs und das deutsche Recht*, 1889.

_____, *Deutsches Privatrecht*, 3. Band, 1917. [von Gierke III]

Giliker, *Vicarious Liability in Tort. A Comparative Perspective*, 2010. [Giliker]

Glück, *Ausführliche Erläuterung der Pandecten*, 10. Teil, 2. Abteilung, 1808. [Glück X/2]

Grotius, *Jurisprudence of Holland*, ed. by Lee, 1926.

Grundmann/Zaccaria (Hrsg.), *Einführung in das italienische Recht*, 2007.

Gschnitzer, *Österreiches Schuldrecht. Besonderer Teil und Schadensersatz*, 2. Aufl., 1988. [Gschnitzer]

Guhl, *Das schweizerische Obligationenrecht*, 9. Aufl., 2000. [Guhl/Bearbeiter]

Hanau/Adomeit, *Arbeitsrecht*, 14. Aufl., 2007. [Hanau/Adomeit]

Hausmaninger, *Das Schadensersatzrecht der lex Aquilia*, 5. Aufl., 1996. [Hausmaninger]

Heumann/Seckel, *Handlexikon zu den Quellen des römischen Rechts*, 10. Aufl., 1958.

Historischer-kritischer Kommentar zum BGB, Bd. 2/1, 2007. [HKK/ Bearbeiter]

Hocquet-Berg, "Note," JCP 2007, II 10162, 29.

Honsell, *Schweizerisches Haftpflichtrecht*, 3. Aufl., 2000. [Honsell]

Hontebeyrie, "La responsabilité des cliniques du fait des médicins," D 2004, 81.

Institutionum sive primorum totius iurisprudentiae elementorum libri quatuor, Lugduni, 1627. [glossa]

Jauernig, *Bürgerliches Gesetzbuch*, 14. Aufl., 2011. [Jauernig/Bearbeiter]

Jordan, Barney, "Employment Relations," Zimmermann and Visser ed., *Southern Cross: Civil Law and Common Law in South Africa*, 1996, 389.

Jourdain, "Responsabilité civile," RTD civ. 2005, 143.

_____, "Responsabilité civile," RTD civ. 2007, 135.

_____, "Responsabilité civile," RTD civ. 2008, 109.

Julien, *La Responsabilité civile du fait d'autrui. Ruptures et continuités*, 2001.

_____, "Note," D 2002, 1230.

Kaser, *Das römische Privatrecht*, 1. Abschnitt, 2. Aufl., 1971. [Kaser I]

_____, *Das römische Privatrecht*, 2. Abschnitt, 2. Aufl., 1976. [Kaser II]

Kaser/Knütel, *Römisches Privatrecht*, 19. Aufl., 2008. [Kaser/Knütel]

Kaufmann, Arthur, *Analogie und „Natur der Sache". Zugleich ein Beitrag zur Lehre vom Typus*, 2. Aufl., 1982.

Kessous, "Conclusions," JCP 2000, II 10295, 743.

Köbler, *Rechtschinesisch*, 2002.

Kötz, *Europäisches Vertragsrecht*, 1996. [Kötz]

Kötz/Wagner, *Deliktsrecht*, 11. Aufl., 2010. [Kötz/Wagner]

Koziol/Bydlinski/Bollenberger, *ABGB. Kommentar*, 3. Aufl., 2010. [KBB/ Bearbeiter]

Koziol and Vogel, "Liability for Damage Caused by Others under

Austrian Law," J. Spier ed., *Unification of Tort Law: Liability for Damage Caused by Others*, 2003, 11. [Koziol and Vogel]

Koziol/Welser, *Bürgerliches Recht*, Band II, 13. Aufl., 2007. [Koziol/ Welser II]

Larenz, *Lehrbuch des Schuldrechts*, Band I, 14. Aufl., 1987. [Larenz I]

Larenz/Canaris, *Lehrbuch des Schuldrechts*, Band II/2, 13. Aufl., 1994. [Larenz/Canaris II/2]

Larenz/Wolf, *Allgemeiner Teil des Bürgerlichen Rechts*, 9. Aufl., 2004. [Larenz/Wolf]

Lauterbach, *Collegium theoretico-practicum pandectarum*, Pars prima, edition nova prioribus correctior, Tubingae, 1744. [Lauberbach]

Levy, *Weströmisches Vulgarrecht. Das Obligationenrecht*, 1956. [Levy]

Lévy et Castaldo, *Histoire du droit civil*, 2002. [Lévy et Castaldo]

Leyser, *Meditationes ad pandectas*, volumen II, editio tertia, Lipsiae, Brunsvigae et Guelpherbyti, 1774. [Leyser]

Looschelders, *Schuldrecht. Allgemeiner Teil*, 6. Aufl., 2008. [Looschelders, SAT]

_____, *Schuldrecht. Besonderer Teil*, 6. Aufl., 2011. [Looschelders, SBT]

von Lübtow, *Untersuchungen zur lex Aquilia de damno iniuria dato*, 1971. [von Lübtow]

Malaurie, Aynès et Stoffel-Munck, *Les obligations*, 2e éd., 2005. [Malaurie, Aynès et Stoffel-Munck]

Markesinis and Deakin, *Tort Law*, 6th ed. by Deakin, Johnston and Markesinis, 2008. [Markesinis and Deakin]

Mazeaud, "Observations," D 2002, 1317.

Medicus/Lorenz, *Schuldrecht* I, 18. Aufl., 2008. [Medicus/Loren I]

Mincke, *Einführung in das niederländische Recht*, 2002.

Mouly, "Note," JCP 2006, II 10188, 2174.

Mugdan (Hrsg.), *Die gesammten Materialien zum Bürgerlichen Gesetzbuch für das Deutsche Reich*, Band 2, 1899. [Mugdan II]

Münchener Kommentar zum Bürgerlichen Gesetzbuch, Band 2, 5. Aufl., 2007. [MünchKomm/Beartbeiter]

Münchener Kommentar zum Bürgerlichen Gesetzbuch, Band 5, 5. Aufl., 2009. [MünchKomm/Beartbeiter]

Murphy, *Street on Torts*, 12th ed., 2007. [Murphy]

Niethammer, *Entwicklung der Haftung für Gehilfenhandeln*, Dissertation München, 1973. [Niethammer]

Palandt, *Bürgerliches Gesetzbuch*, 71. Aufl., 2012. [Palandt/Bearbeiter]

Paulin, "Note," D 2006, 1516.

Porchy-Simon, "Note," JCP 2005, II 10020, 330.

_____, "Note," D 2007, 2909.

Pothier, *Traité des obligations*, tome premier, Paris, 1825. [Pothier]

Puchta, *Pandekten*, 3. Aufl., 1845. [Puchta, Pandekten]

_____, *Cursus der Institutionen*, 2. Band, 9. Aufl. besorgt von Krüger, 1881. [Puchta, Cursus II]

Pufendorf, *De officio hominis et civis juxta legem naturalem*, Francofurti ad Moenum, 1719. [Pufendorf, De officio]

de Quenaudon, Art. 1991 à 2002: fasc. 10, *Juris classeurs civil*, 2002. [de Quenaudon]

Reid and Loubser, "Strict Liability," Zimmermann, Visser and Reid ed., *Mixed Legal Systems in Comparative Perspective*, 2004, 605.

Rey, *Ausservertragliches Haftpflichtrecht*, 3. Aufl., 2003. [Rey]

Reynolds, *Bowstead on Agency*, 15th ed., 1985. [Reynolds]

Rüfner, "Die Rezeption des römischen Sklavenrechts im Gelehrten Recht des Mittelalters," Finkenauer (Hrsg.), *Sklaverei und Freilassung im römischen Recht. Symposium für Hans Josef Wieling zum 70. Geburtstag*, 2006, 201.

Sainte-Rose, "Conclusions," D 2003, 510.

Salmond, *The Law of Torts*, 12th ed. by Hueston, 1957. [Salmond]

Schlosser, *Grundzüge der neueren Privatrechtsgeschichte*, 9. Aufl., 2001. [Schlosser]

Schmidt, Eike, "Zur Dogmatik des § 278 BGB," AcP 170 (1970), 502.

Schneider/Fick (Hrsg.), *Das Schweizerische Obligationenrecht*, 1882.

Seiler, "Die deliktische Gehilfenhaftung in historischer Sicht," JZ 1967, 525.

Seorgel, *Bürgerliches Gesetzbuch*, Schuldrecht 10: §§ 823-853, 13. Aufl., 2005. [Soergel/Bearbeiter]

Shavell, *Foundations of Economic Analysis of Law*, 2004. [Shavell]

Starck, Roland et Boyer, *Obligations*, 1. Responsabilité délictuelle, 5ᵉ éd., 1996. [Starck, Roland et Boyer I]

Staudinger, *Kommentar zum Bürgerlichen Gesetzbuch*, §§ 830-848, 2008. [Staudinger/Bearbeiter]

Struve, *Jurisprudentia romano-germanica forensis*, editio decima septima, Bambergae, 1759. [Struve]

Stryk, *Specimen usus moderni pandectarum*, editio IV. revisita et emendata, Halae Magdeburgicae, 1717. [Stryk]

Study Group on a European Civil Code and Research Group on EC Private Law, *Principles, Definitions and Model Rules of European Private Law (Draft Common Frame of Reference)*, ed. by C. von Bar and E. Clive, volume IV, 2010. [DCFR IV]

Svarez, *Vorträge über Recht und Staat (1746-1798)*, Hrsg. von Conrad/Kleinheyer, 1960. [Svarez, Vorträge]

Terré, Simler et Lequette, *Droit civil. Les obligaitons*, 9ᵉ éd., 2005. [Terré, Simler et Lequette]

Le Tourneau, *Droit de la responsabilité et des contrats*, 2004. [Le Tourneau]

Viney, "Chronique: Responsabilité civile," JCP 2000, I 241, 1237.

_____, "Chronique: Responsabilité civile," JCP 2002, I 124, 600.

_____, "Chronique: Responsabilité civile," JCP 2002, I 186, 2164.

_____, "Chronique: Responsabilité civile," JCP 2003, I 154, 1405.

_____, "Chronique: Responsabilité civile," JCP 2005, I 132, 727.

_____, *Traité de droit civil. Introduction à la responsabilité*, 3ᵉ éd., 2008. [Viney]

Viney et Jourdain, *Traité de droit civil, Les conditions de la responsabilité*, 3ᵉ éd., 2006. [Viney et Jourdain]

Vinnius, *In quatuor libros institutionum imperialium commentarius academicus et forensis*, Lugduni, 1708. [Vinnius] de Visscher, *Le régime romain de la noxalité*, 1947. [de Visscher]

Voet, Johannes, *Commentarius ad pandectas*, tomus primus, editio ultima accuratior, Coloniae Allobrogum, 1757. [Voet]

Voet, Paul, *In quatuor libros institutionum imperialium commentarius*, Pars posterior, Gorichemi, 1668.

Voirin et Goubeaux, *Droit civil*, tome 1, 33ᵉ éd., 2011. [Voirin et Goubeaux I]

Wagner, Gerhard, "Grundstrukturen des Europäischen Deliktsrechts," Zimmermann (Hrsg.) *Grundstrukturen des Europäischen Delitsrechts*, 2003, 189. [Wagner]

Watson, Alan, *Failures of the legal imagination*, 1988. [Watson]

Weir, *An Introduction to Tort Law*, 2nd ed., 2006. [Weir]

Wicke, *Respondeat superior*, 2000. [Wicke]

Widmer, "Liability for Damage Caused by Others under Swiss Law," J. Spier ed., *Unification of Tort Law: Liability for Damage Caused by Others*, 2003, 259. [Widmer]

Widmer/Wessener, *Revision und Vereinheitlichung des Haftpflichtrechts. Erläuternder Bericht*, o. J. [Widmer/Wessener]

Windscheid/Kipp, *Lehrbuch des Pandektenrechts*, Band 2, 9. Aufl., 1906. [Windscheid/Kipp II]

Winfield and Jolowicz, *Tort*, 6ᵗʰ ed. by Rogers, 2002. [Winfield and Jolowicz]

von Wyss, *Die Haftung für fremde Culpa nach römischem Recht*, 1867. [von Wyss]

Zeiller, *Commentar über das allgemeine bürgerliche Gesetzbuch*, 3. Band, 2. Abteilung, 1813. [Zeiller III/2]

Zimmermann, "Effusum vel deiectum," *Festschrift für Hermann Lange*, 1992, 301. [Zimmermann, "Effusum vel deiectum"]

_____, *The Law of Obligations*, 1996. [Zimmermann]

_____, *Roman Law, Contemporary Law, European Law*, 2001.

Zimmermann and MacQueen ed., *European Contract Law: Scots and South African Perspectives*, 2006.

Zweigert/Kötz, *Einführung in die Rechtsvergleichung*, 3. Aufl., 1996. [Zweigert/Kötz]

[일본문헌]

未定稿本 民法修正案理由書(서울대 도서관 소장본). [未定稿本 民法修正案理 由書]

梅謙次郎, 民法要義, 卷之三, 1909.

岡松參太郎, 註釋 民法理由, 下卷, 第九版, 1899.

岡松參太郎, 無過失損害賠償責任論(1916), 1953.

大塚直, "民法七一五條·七一七條(使用者責任·工作物責任)," 民法典の百年 III, 1998, 673. [大塚]

加藤一郎, 不法行爲法, 增補版, 1974. [加藤]

加藤一郎 編, 注釋民法(19) 債權(10), 1965. [注釋民法(19)]

四宮和夫, 不法行爲, 1985. [四宮]

田上富信, 使用關係における責任規範の構造, 2006. [田上]

中島玉吉, "表見代理論," 京都法學會雜誌, 第5卷 第2號, 1910, 1.

平井宜雄, 債権各論 II: 不法行爲, 1992. [平井]

平野晋, アメリカ不法行爲法, 2006.

吉村良一, 不法行爲法, 第4版, 2010. [吉村]

我妻榮, "損害賠償理論における「具體的衡平主義」"(1922), 民法研究 VI, 1969, 193. [我妻, "具體的衡平主義"]

찾아보기

김 형 석

약 력
서울대학교 법과대학 졸업(법학사)
서울대학교 대학원 법학과(법학석사)
독일 트리어 대학교(법학박사)
현재 서울대학교 법학대학원 부교수

저서 및 논문
Zessionsregreß bei nicht akzessorischen Sicherheiten (Berlin: Duncker & Humblot, 2004)
김용담 편집대표, 주석 민법 물권(1), 제4판, 2011(공저)
양창수·김형석, 민법 III: 권리의 보전과 담보, 2012(공저)
"법에서의 사실적 지배," "저당권자의 물상대위와 부당이득" 등 논문 다수

사용자책임의 연구

초판인쇄	2013년 8월 5일
초판발행	2013년 8월 10일
지은이	김형석
펴낸이	안종만
편 집	김선민·엄주양
기획/마케팅	조성호·홍현숙
표지디자인	김지은
제 작	우인도·고철민
펴낸곳	(주) **박영사**
	서울특별시 종로구 평동 13-31번지
	등록 1959. 3. 11. 제300-1959-1호(倫)
전 화	02)733-6771
f a x	02)736-4818
e-mail	pys@pybook.co.kr
homepage	www.pybook.co.kr
ISBN	978-89-6454-814-1 93360

copyright©김형석, 2013, Printed in Korea

정 가   23,000원